技能型人才培训用书
国家职业资格培训教材

管 工（初 级）

国家职业资格培训教材编审委员会 编

朱向楠 主编

机 械 工 业 出 版 社

本书是根据《国家职业标准》初级管工的理论知识要求和技能要求，按照岗位培训需要的原则编写的。内容包括：管工基本知识、管工识图基本知识、管道预制与连接、管道安装、常用阀门及仪表安装和管道试压与防腐技术等。书末附有与之配套的试题库和答案，以便于企业培训、考核鉴定和读者自测自查。

本书主要用作企业培训部门、职业技能鉴定培训机构、再就业和农民工培训机构的教材，也可作为技校、中职、各种短训班的教学用书，还可供有关工人自学使用。

图书在版编目（CIP）数据

管工（初级）/朱向楠主编 . —北京：机械工业出版社，2005.9（2024.12 重印）

国家职业资格培训教材

ISBN 978-7-111-17097-6

Ⅰ. 管… Ⅱ. 朱… Ⅲ. 管道工程—技术培训—教材 Ⅳ. U172

中国版本图书馆 CIP 数据核字（2005）第 088025 号

机械工业出版社（北京市百万庄大街 22 号 邮政编码 100037）
责任编辑：俞逢英 版式设计：霍永明 责任校对：王 欣
责任印制：常天培
固安县铭成印刷有限公司印刷
2024 年 12 月第 1 版·第 17 次印刷
148mm×210mm·10.875 印张·316 千字
标准书号：ISBN 978-7-111-17097-6
定价：49.80 元

电话服务　　　　　　　　　网络服务
客服电话：010-88361066　机 工 官 网：www.cmpbook.com
　　　　　010-88379833　机 工 官 博：weibo.com/cmp1952
　　　　　010-68326294　金 书 网：www.golden-book.com
封底无防伪标均为盗版　机工教育服务网：www.cmpedu.com

国家职业资格培训教材
编审委员会

序　一

当前和今后一个时期，是我国全面建设小康社会、开创中国特色社会主义事业新局面的重要战略机遇期。建设小康社会需要科技创新，离不开技能人才。"全国人才工作会议""全国职教工作会议"都强调要把"提高技术工人素质、培养高技能人才"作为重要任务来抓。当今世界，谁掌握了先进的科学技术并拥有大量技术娴熟、手艺高超的技能人才，谁就能生产出高质量的产品，创出自己的名牌；谁就能在激烈的市场竞争中立于不败之地。我国有近一亿技术工人，他们是社会物质财富的直接创造者。技术工人的劳动，是科技成果转化为生产力的关键环节，是经济发展的重要基础。

科学技术是财富，操作技能也是财富，而且是重要的财富。中华全国总工会始终把提高劳动者素质，作为一项重要任务，在职工中开展的"当好主力军，建功'十一五'，和谐奔小康"竞赛中，全国各级工会特别是各级工会职工技协组织注重加强职工技能开发，实施群众性经济技术创新工程，坚持从行业和企业实际出发，广泛开展岗位练兵、技术比赛、技术革新、技术协作等活动，不断提高职工的技术技能和操作水平，涌现出一大批掌握高超技能的能工巧匠。他们以自己的勤劳和智慧，在推动企业技术进步，促进产品更新换代和升级中发挥了积极的作用。

欣闻机械工业出版社配合新的《国家职业标准》，为技术工人编写了这套涵盖41个职业的172种"国家职业资格培训教材"。这套教材由全国各地技能培训和考评专家编写，具有权威性和代表性；将理论与技能有机结合，并紧紧围绕《国家职业标准》的知识点和技能鉴定点编写，实用性、针对性强；既有必备的理论和技能知识，又有考核鉴定的理论和技能题库及答案，编排科学，便于培训和检测。

这套教材的出版非常及时，为培养技能型人才做了一件大好事，我相信这套教材一定会为我们培养更多更好的高技能人才做出贡献！

（李永安　中国职工技术协会常务副会长）

序 二

为贯彻"全国职业教育工作会议"和"全国再就业会议"精神，落实国家人才发展战略目标，促进农村劳动力转移培训，全面推进技能振兴计划和高技能人才培养工程，加快培养一大批高素质的技能型人才，我们精心策划了这套与劳动和社会保障部最新颁布的《国家职业标准》配套的"国家职业资格培训教材"。

进入 21 世纪，我国制造业在世界上所占的比重越来越大，随着我国逐渐成为"世界制造业中心"进程的加快，制造业的主力军——技能人才，尤其是高级技能人才的严重缺乏已成为制约我国制造业快速发展的瓶颈，高级蓝领出现断层的消息屡屡见诸报端。据统计，我国技术工人中高级以上技工只占 3.5%，与发达国家40%的比例相去甚远。为此，国务院先后召开了"全国职业教育工作会议"和"全国再就业会议"，提出了"三年 50 万新技师的培养计划"，强调各地、各行业、各企业、各职业院校等要大力开展职业技术培训，以培训促就业，全面提高技术工人的素质。那么，开展职业培训的重要基础是什么呢？

众所周知，"教材是人们终身教育和职业生涯的重要学习工具"。顾名思义，作为职业培训的重要基础，职业培训教材当之无愧！编写出版优秀的职业培训教材，就等于为技能培训提供了一把开启就业之门的金钥匙，搭建了一座高技能人才培养的阶梯。

加快发展我国制造业，作为制造业龙头的机械行业责无旁贷。技术工人密集的机械行业历来高度重视技术工人的职业技能培训工作，尤其是技术工人培训教材的基础建设工作，并在几十年的实践中积累了丰富的教材建设经验。作为机械行业的专业出版社，机械工业出版社在"七五"、"八五"、"九五"期间，先后组织编写出版了"机械工人技术理论培训教材"149 种，"机械工人操作技能培训教材"85 种，"机械工人职业技能培训教材"66 种，"机械工业技师考评培训教材"22 种,以及配套的习题集、试题库和各种辅导性教材约 800 种,基本满足了机械行业技术工人培训的需要。这些教材以其针对性、实用性强,覆盖面广,层次齐备,成龙配套等特点,受到全国各级培训、鉴定和考工部门和技术工人的欢迎。

2000 年以来,我国相继颁布了《中华人民共和国职业分类大典》和新的《国家职业标准》,其中对我国职业技术工人的工种、等级、职业的活动范围、工作内容、技能要求和知识水平等根据实际需要进行了重新界定,将国家职业资格分为 5 个等级:初级(5 级)、中级(4 级)、高级(3 级)、技师(2 级)、高级技师(1 级)。为与新的《国家职业标准》配套,更好地满足当前各级职业培训和技术工人考工取证的需要,我们精心策划编写了这套"国家职业资格培训教材"。

这套教材是依据劳动和社会保障部最新颁布的《国家职业标准》编写的,为满足各级培训考工部门和广大读者的需要,这次共编写了 41 个职业 172 种教材。在职业选择上,除机电行业通用职业外,还选择了建筑、汽车、家电等其他相近行业的热门职业。每个职业按《国家职业标准》规定的工作内容和技能要求编写初级、中级、高级、技师(含高级技师)四本教材,各等级合理衔接、步步提升,为高技能人才培养搭建了科学的阶梯型培训架构。为满足实际培训的需要,对多工种共同需求的基础知识我们还分别编写了《机械制图》、《机械基础》、《电工常识》、《电工基础》、《建筑装饰识图》等近 20 种公共基础教材。

在编写原则上,依据《国家职业标准》又不拘泥于《国家职业标准》是我们这套教材的创新。为满足沿海制造业发达地区对技能人才细分市场的需要,我们对模具、制冷、电梯等社会需求量大又已单独培训和考核的职业,从相应的职业标准中剥离出来单独编写了针对性较强的培训教材。

为满足培训、鉴定、考工和读者自学的需要,在编写时我们考虑了教材的配套性。教材的章首有培训要点、章末配复习思考题,书末有与之配套的试题库和答案,以及便于自检自测的理论和技能模拟试卷,同时还根据需求为 20 多种教材配制了 VCD 光盘。

增加教材的可读性、提升教材的品质是我们策划这套教材的又一亮点。为便于培训、鉴定、考工部门在有限的时间内把最需要的知识和技能传授给学员，同时也便于学员抓住重点，提高学习效率，对需要掌握的重点、难点、考点和知识鉴定点加有旁白提示并采用双色印刷。

为扩大教材的覆盖面和体现教材的权威性，我们组织了上海、江苏、广东、广西、北京、山东、吉林、河北、四川、内蒙古等地相关行业从事技能培训和考工的200多名专家、工程技术人员、教师、技师和高级技师参加编写。

这套教材在编写过程中力求突出"新"字，做到"知识新、工艺新、技术新、设备新、标准新"；增强实用性，重在教会读者掌握必需的专业知识和技能，是企业培训部门、各级职业技能鉴定培训机构、再就业和农民工培训机构的理想教材，也可作为技工学校、职业高中、各种短训班的专业课教材。

在这套教材的调研、策划、编写过程中，曾经得到广东省职业技能鉴定中心、上海市职业技能鉴定中心、江苏省机械工业联合会、中国第一汽车集团公司以及北京、上海、广东、广西、江苏、山东、河北、内蒙古等地许多企业和技工学校的有关领导、专家、工程技术人员、教师、技师和高级技师的大力支持和帮助，在此谨向为本套教材的策划、编写和出版付出艰辛劳动的全体人员表示衷心的感谢！

教材中难免存在不足之处，诚恳希望从事职业教育的专家和广大读者不吝赐教，提出批评指正。我们真诚希望与您携手，共同打造职业培训教材的精品。

国家职业资格培训教材编审委员会

前　言

　　本书是根据中华人民共和国劳动和社会保障部最新制定的《国家职业标准》编写的，为初级管工职业资格培训教材。教材包括专业知识与技能训练两方面的内容。教材特点是坚持按岗位培训需要编写的原则，以"实用、够用"为宗旨，突出技能；以技能操作为中心，理论为技能服务，将理论知识和操作技能有机地结合起来，以适应国家职业标准和职业技能培训的要求。力求做到"简、实、新、俗"。内容精练实用、通俗易懂，覆盖面广，通用性强。具有"知识新、工艺新、技术新、设备新、标准新"的五新特点，强调先进性。内容涵盖职业标准中所要求的知识点和国家技能题库的考点，对于一些公共基础知识和相关知识都有相应的介绍。在内容的重点、难点和考点处加有旁白说明，以引起读者学习的兴趣，便于读者抓住重点、难点，学起来有的放矢。

　　本书第一章、第五章由董平编写，第二章、第四章、试题库由朱向楠编写，第三章、第六章由刘晓明编写，全书由朱向楠、刘晓明统稿，朱向楠任主编，刘晓明任副主编；由高级工程师汤淑英主审。

　　本教材在编写过程中得到了王小刚、赵力电、王家珂、李晓明、刘晓玲、石瑞芬等同仁的大力支持和帮助，在此一并表示感谢。

　　由于时间仓促，不足之处在所难免，欢迎提出宝贵意见和建议。

编　　者

目录
MU LU

管工基本知识

培训学习目标　理解和遵守职业道德守则，牢记安全文明生产的一般知识。了解管道工程的基本分类，掌握管工常用的法定计量单位及其换算关系、流体的基本知识；了解常用手动工具和电动机具的种类及用途，掌握常用工、机具的使用方法。

第一节　职业道德与安全技术

一、职业道德

职业是指人们在社会生活中所从事的某种具有专门业务和特定职责，并以此为主要生活来源的生产活动。因为生产分工的不同，形成了各种职业，所以人类就必须在一定的职业中生活，通过一定的职业来谋取自己的利益，并以此来承担生活的责任和义务。

职业道德是适应职业生活需要而产生的。自觉遵守职业道德是对每个从业人员的职业要求。

1. 职业道德的内容和要求

我国职业道德建设的主要内容与要求如下：

（1）爱岗敬业　职业道德的核心与基础就是爱岗敬业。爱岗就是干一行爱一行，热爱自己的工作岗位，把自己看成单位、部门、企业的一分子，应该把所从事的工作视为生命存在的表现方式，尽心尽力地工作。

（2）诚实守信　诚实守信是职业在生活中生存与发展的基石。要求从业者在职业生活中应表里如一、言行一致，遵守劳动纪律。有一份力出一份力，出满勤，干满点，不怠工，不推委；不弄虚作假，不偷工减料，不以次充好，严格履行合同契约。

（3）办事公道　办事公道是处理职业内外关系的重要行为准则。要求从业人员应自觉遵守规章制度，平等待人，秉公办事，清正廉洁，不允许违章犯法、维护特权、滥用职权、损人利己、损公济私。从业人员在各行业的职业工作中，应互相合作，兼顾国家、集体、个人三者利益，追求社会公正，维护公共利益。

（4）为用户服务　从业人员应牢固树立为用户服务的思想，这里所说的"为用户服务"主要表现在两个方面：对企业外部，表现在为消费者服务；对企业内部，则表现在上道工序为下道工序服务。

（5）奉献社会　奉献社会是职业道德的本质。每一项职业，都有其各自的特殊社会职能，而每项职业的从业人员对各自职业应尽的职责，是对社会应尽的义务。从业人员爱岗敬业、诚实守信、办事公道和为用户服务，就是为社会、为他人做奉献。

2. 职业道德守则

一定要遵守职业守则。

职业道德守则即为职业道德规范。是指导和约束人们职业行为的具体标准和准则。是从业人员处理职业活动中各种关系、矛盾的行为准则。职业道德守则主要包括以下四个方面：

（1）热爱工作忠于职守　热爱本职就是热爱自己的职业工作，忠于职守就是忠实履行职业责任和职业义务。这两者关系是相辅相成，密不可分的。热爱本职，忠于职守反映了从业人员的工作态度，是做好本职工作的前提。

（2）遵章守纪团结协作　遵章守纪是职业道德中的重要规范之一，是发展生产，提高劳动效率的重要保证。企业为了保障生产，需要制定一系列规章制度，其中包括劳动纪律、操作规程、安全生产规程等。以上均为保证企业正常生产和进行各项社会经济活动的必要手段。

　　团结协作是社会大生产对从业人员的基本要求。生产产品需要若干工序互相配合，密切协作才能完成。团结协作要求从业人员必须顾大体，识大局，明确"团结就是力量"的道理，只有团结协作，才能创造出优异的劳动产品，从而获得良好的经济效益。

　　（3）勤俭节约关心企业　勤俭节约是企业发展生产力，积累再生产资金的基本原则。勤俭节约的实质是在保证产品质量、保障安全生产及良好的操作环境的前提下，精打细算，节省开支，降低成本，提高效率，以获得较好的经济效益。

　　关心企业即从业人员应将自己的利益与企业的利益密切联系起来，作为企业员工应关心企业的命运和发展，珍惜每一个工作岗位，尊重别人的劳动成果，树立"厂兴我荣，厂衰我耻"的价值观。敢于与损公肥私的行为作斗争，关心企业，爱厂如家。

　　（4）钻研技术勇于创新　"质量是企业的生命"，在市场经济条件下，企业只有依靠竞争才能生存发展，而企业的竞争力实际上是产品质量的优劣与对用户负责的精神。作为从业人员，应钻研技术，勇于创新，不断学习新技术、新工艺，以自身认真负责的工作态度和精湛的操作技术，为企业创造高质量产品。

二、安全技术

1. 安全操作的意义

　　安全技术与生产技术有着密切的联系。从某种意义上讲，安全技术问题也是生产技术问题，只有生产技术和安全技术工作双管齐下，同步进行，才能进行高效率的文明生产。"生产必须安全，安全为了生产"，"安全第一，预防为主"，"一人安全，全家幸福"，"一家出事，四邻不安"。可见做好安全技术工作，不仅关系到每个职工在生产中的安全与健康，也是关系到社会和国家安定团结的大事，对发展国民经济和实现四化建设，都具有十分重大的意义。

2. 安全防护知识

　　（1）正确使用劳保用品　作为一个初级管工，首先应正确使用劳保用品，这是保证安全生产的重要前提。

　　1）在进入施工现场时，必须戴好安全帽，穿好防护衣，正确使

4

用安全帽并扣好帽带，不准把安全帽抛、扔或坐、垫，不准使用缺衬、缺带及破损的安全帽。

2）在配合高处作业时，应戴好安全帽，扎好安全带。

3）在配合电气焊进行对口作业时，要戴好黑色护目镜，或戴防护面罩。

4）在电动机械类作业时，应穿好绝缘鞋，戴上绝缘手套，女工要戴好工作帽，将长发全部塞入工作帽内。

5）在进行酸洗除锈或脱脂作业时，应戴橡胶手套、橡胶围裙、脚盖及口罩。

（2）安全操作程序 初级工应该明白以下的安全操作程序：

1）新工人上岗前，必须接受安全技术教育，学习国家"安全生产法"及有关安全生产的各项规定、规程和制度，经考试合格后，方可上岗工作。

2）考试合格后的新工人进入施工现场，必须先在有实践经验的专业技工的指导下，熟悉施工现场和设备，充分了解有关施工要求后，才能独立作业。

3）特殊工种的工人，未经专门技术培训且未取得操作证前不得独立作业。

4）每天作业前，应根据工长具体交待的安全注意事项，识别工作区内的危险部位及危险设备。

5）集体操作的作业，操作前应明确分工，操作时统一指挥，密切配合，步调一致。

6）工作前及工作中严禁喝酒，工作时要精力集中，严禁吵闹。

7）对于可能引发火灾、爆炸、中毒或触电事故的作业现场，应采取相应的安全技术措施。

第二节 管道工程与管工

一、管道工程

随着国民经济的发展及人民生活质量的不断提高，管道工程的应用范围越来越广泛。从民用建筑中的生活供水、供热、供气（煤气、天然气）和污水排放用的管道工程，到现代工业中的动能供应、工艺操作、仪表测量，直至产品质量控制，无不借助管道来完成。尤其在社会主义建设蓬勃发展的今天，石油和天然气的远距离输送，高压气体的送达，化工液体的输配，直至部分废料的排放和固态物质的输送，都离不开管道工程。管道工程随着其广泛的应用，将发挥出更大的作用。

管道工程的种类繁多，通常把管道分为如下几类：

1. 按管道用途分类

（1）民用管道　用以供给生活用热、用水、空气调节用的管道，如给水管道、采暖管道、热水供应管道、空气调节管道和污水管道等。

（2）动力管道　用以传送生产所需动力的管道，如蒸汽管道、煤气管道、氧气管道、乙炔管道、压缩空气管道、凝结水管道和给水管道等。

（3）输送管道　以风力输送工艺材料的管道，如风送煤粉、风送型砂等管道。

（4）工艺管道　用以输送工艺生产过程中所需材料的管道，如化工原料管道、冷却油管道、润滑油管道、酸液管道、测量控制和仪表管道等。

2. 按设计压力来分

（1）真空管道　一般指 $p < 0.1MPa$ 的管道。

（2）低压管道　一般指 $0.1MPa < p \leq 1.6MPa$ 的管道。这类管道用得最多。

（3）中压管道　一般指 $1.6MPa < p \leq 10MPa$ 的管道。这类管道也经常用。

（4）高压管道　一般指 $10MPa < p \leq 100MPa$ 的管道。这类管道主要应用在工业管道上。

3. 按工作温度来分

（1）低温管道　一般指工作温度低于 $-20℃$ 的管道。

（2）常温管道　一般指工作温度为 $-20 \sim 200℃$ 的管道。

（3）高温管道　一般指工作温度高于 $200℃$ 的管道。

6

4. 按管道材质分类

（1）黑色金属管道　如铸铁管道、焊接钢管管道等。

（2）有色金属管道　如纯（紫）铜管道、黄铜管道、铝管道和铅管道等。

（3）非金属管道　如塑料管道、复合管道、混凝土管道、石棉水泥管道、陶土管道和玻璃管道等。

5. 按管道敷设方式分类

（1）明设管道　架设在支架或支墩上的管道。

（2）暗设管道　敷设在通行地沟、半通行地沟和不通行地沟里的管道。

（3）埋设管道　直接埋设在地下的管道。

二、管工

管工是负责管道工程的安装和维修的技术工人，是社会主义建设中不可缺少的一支重要的技术力量。

随着科学技术的日益发展，工业管道工程向大型化、立体化和自动化方向发展；民用管道随着高层建筑的迅速发展也在向高级优质化发展。管道工程设计标准和技术水准在不断地提高，施工技术难度也越来越大，工程质量和验收标准也越来越高。尤其近年来，新材料、新工艺、新技术和新设备的不断涌现，都为肩负重任的管工提出了新的任务和要求。

第三节　管工常用的计量单位及其换算

作为一名初级管工，熟悉和正确地使用常用计量单位是很重要的。我国实行法定计量单位已有 20 年了，在各种技术标准和设计文件中，一般都不再使用过去的工程计量单位和英制单位。但是，在改革开放形势下，在与对外经济往来日益发展的情况下，仅仅懂得现行的法定计量单位是不够的，因为国外和境外不少地方仍在使用工程计量单位或英制单位，因此，我们还应当知道法定计量单位和非法定计量单位之间的换算关系。

一、长度计量单位

法定计量单位中，长度的基本单位是米，符号是 m，米以下的单位依次是分米（dm）、厘米（cm）、毫米（mm）、微米（μm）。以上长度单位的符号只能采用小写字母，不能使用大写字母。

英制单位中较常用到的是英寸、英尺和码。英寸的单位符号是 in，英尺的单位符号是 ft，码的单位符号是 yd。管子螺纹只能用英制标准，而不能将英制尺寸换算为米制尺寸标注。如 2in 的管子螺纹，以往是在数值的右上角用"″"表示英寸，即为 2″。长度单位及其换算关系见表 1-1。

表 1-1　长度单位及其换算关系

制别	单位名称	单位符号及换算关系	不同制别的主要换算关系
米制	米	m（1m = 10dm）	1m = 1.094yd 1m = 3.281ft 1yd = 0.9144m 1ft = 30.48cm 1in = 25.4mm
	分米	dm（1dm = 10cm）	
	厘米	cm（1cm = 10mm）	
	毫米	mm（1mm = 1000μm）	
	微米	μm	
	码	yd（1yd = 3ft）	
英制	英尺	ft（1ft = 12in）	
	英寸	in	

二、压力、压强的单位

地球表面有几十千米厚稠密的大气层，大气对地面产生的压力称为大气压力。在同一地点，大气压力随着季节、气候的变化而变化，大气压力随着海拔高度的增加而减小。通常以空气温度为 0℃ 时，北纬 45°海平面上的平均压力 760mmHg，作为一个标准大气压。

各种管道、容器上压力表指示的压力是相对压力，也称为表压力。相对压力加上外部的大气压力（一般取标准大气压，大体相当于 0.1MPa），即为绝对压力。因此也可以说，相对压力就是绝对压力减去大气压力。

当管道或容器内的绝对压力小于周围环境的大气压力时，称为真空状态。

压力、压强的单位是帕斯卡，简称帕，符号是 Pa。1Pa 的定义是在 1m² 面积上均匀垂直作用 1N 的力所产生的压力，即：$1Pa = 1N/m^2$。千帕的符号是 kPa，兆帕的符号是 MPa。即：1000Pa 为 1kPa；1000kPa 即为 1MPa。由此，可以推算出工程中最常用的换算关系：

$$1N/mm^2 = 1MPa$$

> 要掌握压力、压强的单位

下面介绍几种初级管工应当了解和掌握的压力、压强单位。

1. 标准大气压

标准大气压（非法定计量单位）也就是物理大气压，单位符号是 atm，它相当于 760mmHg 所产生的压力。标准大气压与帕斯卡的换算关系是：

$$1atm = 0.101MPa$$
$$1MPa = 9.87atm$$

2. 工程大气压

工程大气压（非法定计量单位），单位符号是 kgf/cm^2，至今不少国家仍使用这个单位，它与帕斯卡、物理大气压的换算关系是：

$$1\ kgf/cm^2 = 0.098MPa$$
$$1MPa = 10.2kgf/cm^2$$
$$1kgf/cm^2 = 0.968atm$$
$$1atm = 1.033kgf/cm^2$$

3. 毫米水柱和米水柱

毫米水柱（非法定计量单位）单位符号是 mmH_2O，是指 1mm 高的水柱所产生的压力；米水柱（非法定计量单位）单位符号是 mH_2O，是指 1m 高的水柱所产生的压力。毫米水柱、米水柱与帕斯卡的换算关系是：

$$1mmH_2O = 9.8Pa$$
$$1mH_2O = 9.8kPa$$
$$1mH_2O = 0.1kgf/cm^2$$

$$1Pa = 0.102mmH_2O$$

4. 毫米汞柱

毫米汞柱（非法定计量单位）是指1mm高的汞（水银）柱所产生的压力，单位符号是 mmHg，它与帕斯卡的换算关系是：

$$1mmHg = 133.3Pa$$
$$1Pa = 7.5 \times 10^{-3}mmHg$$

5. 巴

巴（非法定计量单位）为压力单位，单位符号是 bar。它与帕斯卡的换算关系是：

$$1bar = 10^5Pa$$
$$1bar = 1.02kgf/cm^2$$

三、温度的单位

温度是表示物体冷热的程度。温度有不同的标准，称为温标。最常用的是摄氏温标和热力学温标。摄氏温标是把水在一个标准大气压下的冰点作为零度，把水的沸点作为 100 度，摄氏度用符号℃表示。热力学温标过去也称为绝对温标或国际温标，单位为开尔文，简称开，用 K 表示。它以宇宙间的最低温度作为零度（相当于 -273℃），其分度值与摄氏度是一样的，这样 0℃ 便相当于 273K，100℃便相当于 373K，即

$$开尔文 = 摄氏度 + 273$$

此外，在英、美等国还使用华氏度，符号是℉。摄氏度、华氏度及开尔文的换算关系见表1-2。

表1-2　温度单位的换算

温　　度	摄氏度 t/℃	华氏度 t_1/℉	开尔文 t_2/K
摄氏度 t/℃	t	$\dfrac{9}{5}(t+32)$	$t+273$
华氏度 t_1/℉	$\dfrac{5}{9}(t_1-32)$	t_2	$\dfrac{5}{9}(t_1-32)+273$
开尔文 t_2/K	t_2-273	$\dfrac{9}{5}(t_2-273)+32$	t_2
水的冰点	0	32	273
水的沸点	100	212	373

第四节　流体的基本知识

能流动的物质称为流体。流体是液体和气体的总称，流体具有流动性，这是与固体区别的特征。液体在重力作用下具有自由面，不可压缩，具有一定的容积，但其形状随着容器形状而改变。气体在重力作用下没有自由面，它总是占满所在的容器空间，很容易膨胀或被压缩。

初级管工应掌握以下流体的基本知识。

一、流体的特性

1. 流体的压缩性与膨胀性

> 一定要掌握流体的特性。

在温度不变的情况下，流体所受的压力增大时，体积会缩小的性质称为流体的压缩性。

在压力不变的情况下，流体温度升高时，体积会增大的性质称为流体的膨胀性。

（1）液体的压缩性与膨胀性　液体的压缩性和膨胀性是很小的，一般情况下可以忽略不计。但是在热水采暖系统中，管道系统的膨胀性则不能忽略。由于水在锅炉中加热，温度升高，体积膨胀，膨胀后水的容积超过了管道容积，就可能造成系统内设备破裂的危险，形成泄漏。为了保证采暖系统设备的正常运行，一般须在系统中设置膨胀水箱，用以容纳水膨胀后所增加的体积。

（2）气体的压缩性与膨胀性　虽然气体与液体不同，具有显著的压缩性和膨胀性，但当气体的压强和温度不变或变化很小时，仍可忽略其压缩性和膨胀性，将其看作为不可压缩气体。

在蒸汽采暖系统中由于压强很小，则可将其按不可压缩气体对待。

2. 流体的粘滞性

流体内部质点间或层流间因相对运动而产生内摩擦力，从而阻碍相对运动的性质，称为流体的粘滞性。如在相同条件下，油比水流得慢，证明流体具有粘滞性。

如图 1-1 所示，当流体在管内流动时，紧贴管壁处流体质点所受摩擦阻力最大，流速为零，位于管中心轴线上的质点，受管壁摩擦力影响最小，因而流速最大。即各流层间的质点的流速由管壁处的零逐渐依次增至中心线处的最大流速。由于各流层流速不同因而产生相对运动，由相对运动而产生的内摩擦力就是粘滞力。

粘滞力是流体运动时产生阻力的主要因素之一，它对流体的流动做负功，不断损耗流体的能量。

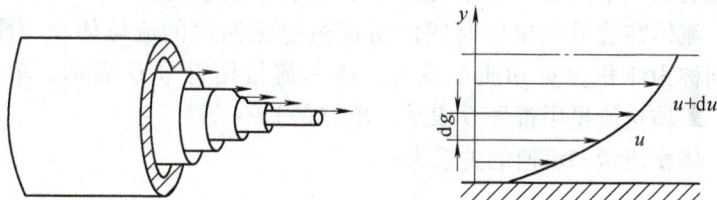

图 1-1　流体在管内分层示意图

二、流体的静压强

在静止的流体中物体受到流体的作用称为静压强。静压强是由于流体的重力而产生的。液体的静压强（见图 1-2）基本方程式为

$$p = p_1 + \gamma h$$

式中　p——静止液体内的任意一点的压强（kPa）；

p_1——液体自由表面上的压强（通常为一个大气压）（kPa）；

γ——液体的假密度（N/m³）；

h——欲求压强处到液体表面的垂直距离（m）。

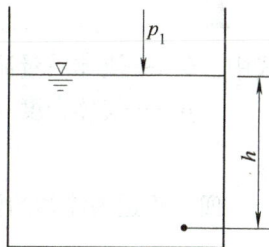

图 1-2　静压强示意图

由流体的性质和静压强定义可知：

1）液体内部到处都存在着压强。

2）在液体内同一深度处的不同地点，不同方向的压强都是相等的。

3）压强随液体深度的增加而增大。

三、流体的流速与流量

流体在管道中单位时间内所流过的距离（长度）称流速。常用单位是 m/s。

垂直于流体运动方向的流体横断面称为流体的过流断面，过流断面的面积单位为 m^2。管道工程中流体的过流断面都为圆形。

流体在管道中单位时间内所通过过流断面的流体体积、质量，分别称为体积流量和质量流量。体积流量用符号 Q 表示，单位是 m^3/s。质量流量用符号 G 表示，单位是 kg/s 等。

体积流量和流速的关系为：

$$Q = vA$$

式中　Q——体积流量（m^3/s）；

　　　v——流速（m/s）；

　　　A——过流断面积（m^2）。

体积流量和质量流量的关系为

$$G = \rho Q = \rho Av$$

式中　G——流体质量流量（kg/s）；

　　　ρ——流体密度（kg/m^3）。

> 要重点掌握减少管道流体的阻力措施。

四、管道内流体的阻力

流体运动时产生阻力的内因是流体本身的粘滞力和惯性，外因是固体壁面对运动流体的阻滞作用和扰动作用。

流体运动时所受到的阻力，一般分为沿程阻力和局部阻力两种。沿程阻力是指流体在运动时，由于与管壁的摩擦和流体内部的摩擦，造成流体本身能量的逐渐减少（表现为压力不断地降低）；局部阻力是指流体在管道中流动时，由于边界条件的改变（如三通、弯头、阀门等）造成的流速改变和产生的涡流所造成的阻力。管道中总阻力损失为所有局部阻力和沿程阻力之和。

　　管道中流体的阻力对介质的输送是有害的，应尽量减少管道中流体的阻力。沿程阻力的大小与管道速度成正比，与管径的大小成反比，而与流速的平方成正比；局部阻力的大小除了与流速的平方成正比以外，还与管道附件的多少和边界条件的变化有关。附件越多、边界条件变化越剧烈，则局部阻力也越大。

　　因此管道的阻力大小与其安装有着一定的关系。在管道安装中必须注意如下几点：

　　1）管道的管径不能随意改变。

　　2）系统中的阀门和配件等不能随意代用或增减。且要求阀门的安装方向不能装反。

　　3）采取必要措施减小不应有的管道阻力，使系统在设计状况下运行。如管道应平直不能有凹陷；管子切割后，切口内部应清除干净；管子煨弯应有足够的弯曲半径；弯曲发生的椭圆率应在允许的范围之内等。

第五节　管工常用的工、机具

　　管工在施工过程中，除必须配有一般机械安装钳工应有的工具外，还需有管工常用的管钳、管子台虎钳、管子割刀、管子铰板、套筒扳手与梅花扳手、板牙与丝锥、捻口工具、手动弯管器和一些管工常用机具等。

一、管工常用的手动工具

1. 管钳

管钳（又称管子钳、管子扳手）有张开式和链条式两种，如图1-3所示。它可用于夹持和旋转各种管子和管路附件，也可扳动圆形工件。

张开式管钳由钳柄、套夹和活动钳口组成。活动钳口与钳柄用套夹相连，钳口上有轮齿以便咬牢管子使之转动，钳口张开的大小

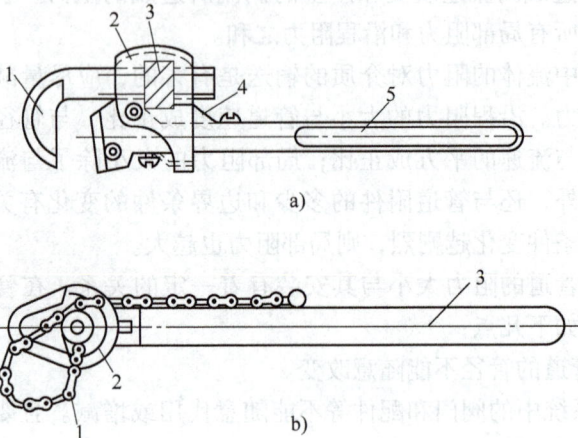

图1-3 管钳

a）张开式

b）链条式

1—活动钳口　2—套夹　3—螺母

4—弹簧　5—钳柄

1—链条　2—钳头　3—钳柄

用螺母进行调节。

　　链条式管钳是用于较大管径及狭窄的地方拧动管子。由钳柄、钳头和链条组成。它是依靠链条来咬住管子转动的。

　　两种形式管钳的规格是以它的长度划分的，分别应用于相应的管子和配件。其规格与使用范围见表1-3和表1-4。

表1-3　张开式管钳规格　　　　　　　（单位：mm）

扳手全长	150	200	250	300	350	450	600	900	1200
夹持管子最大外径	20	25	30	40	45	60	75	85	110

表1-4　链条式管钳规格　　　　　　　（单位：mm）

扳手全长	900	1000	1200
夹持管子公称直径	40~125	40~150	>150

　　使用管钳时，需两手动作协调，松紧合适，防止打滑。扳动管钳钳柄时，不要用力过大，更不允许在钳柄上加套管。当钳柄末端高出使用者头部时，不得用正面拉吊的方式扳动钳柄。不得用于拧

紧六角螺栓和带棱的工件，也不得将它作撬杠和锤子使用。管钳的钳口和链条上通常不应沾油，但在长期不用时应涂油保护。

2. 管子台虎钳

管子台虎钳（又称管压力钳、龙门压力钳）安装在钳工工作台上，可固定工件，便于对工件进行加工。如用来夹紧锯切管子或对管子套制螺纹等，如图1-4所示。管子台虎钳按夹持管子直径的不同，可分为 $\phi \leqslant 50mm$、$\phi \leqslant 80mm$、$\phi \leqslant 100mm$ 和 $\phi \leqslant 150mm$ 四种规格。

3. 管子割刀

管子割刀（又称割管器）用于切割各种金属管子，如图1-5所示。其规格见表1-5。常用的是可切割直径 $\phi 50mm$ 以下的管子，具有操作简便、速度快、切口断面平整的优点，缺点是管子断口受挤压后管径缩小变形。

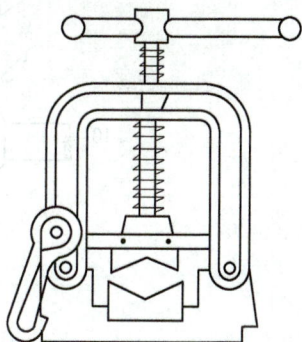

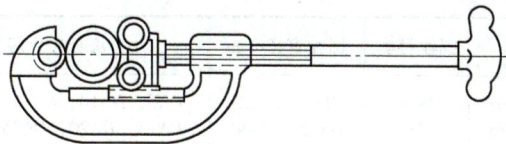

图1-4　管子台虎钳

图1-5　管子割刀

表1-5　管子割刀规格

型　　号	1	2	3	4
割断管子公称直径/mm	≤25	15 ~ 50	25 ~ 80	50 ~ 100

4. 管子铰板

管子铰板（俗称代丝）是用手工铰制外径为 6 ~ 100mm 各种钢管外螺纹（外丝扣）的主要工具，分为普通式和轻便式两种。

（1）普通式管子铰板　它主要由板体、扳手、板牙三部分组成，如图1-6所示。每种规格的管子铰板都分别附有几套相应的板牙，

16

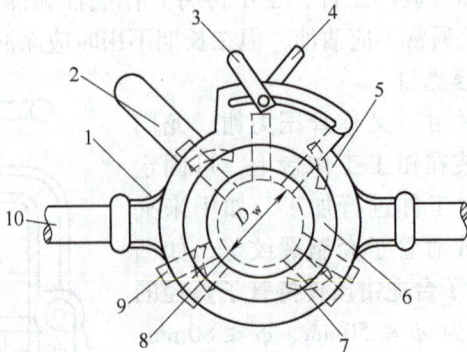

图 1-6 普通式管子铰板

1—铰板本体 2—后卡爪滑盘板 3—标盘固定螺钉板 4—板牙松紧螺钉 5—活动标盘
6—固定盘 7—板牙滑轨 8—板牙（共四块） 9—后卡爪三个顶件 10—扳手

每套板牙可以套两种尺寸的螺纹。

管子铰板规格见表 1-6。

表 1-6 管子铰板规格

型式	型号	螺纹种类	螺纹直径/mm	每套板牙规格/mm
轻便式	Q7A—1 SH—76	圆锥 圆柱	$DN6 \sim DN25$ $DN15 \sim DN40$	$DN6$、$DN10$，$DN15$，$DN20$，$DN25$ $DN15$，$DN20$，$DN25$。$DN32$，$DN40$
普通式	114 117	圆锥	$DN15 \sim DN50$ $DN5 \sim DN100$	$DN15 \sim DN20$，$DN25 \sim DN32$， $DN40 \sim DN50$ $DN50 \sim DN80$，$DN80 \sim DN100$

（2）轻便式管子铰板 如图 1-7 所示，它只有一个扳手。扳手端头内，备有 R 1/2 管螺纹，以便操作者根据施工场地具体情况，选配一根长短适宜的扳手把。在这种铰板上，挂有一个作用类似自行车飞轮的"千斤"。当调整扳手两侧的调位销 5 时，即可使"千斤"或按顺时针方向、或按逆时针方向起作用。由于这种铰板体积较小，除了在工作台上套制螺纹外，还可在已安装的管道系统中的管子端部就地套螺纹（如图 1-8 所示），给管道安装和维修工作带来了极大的方便。

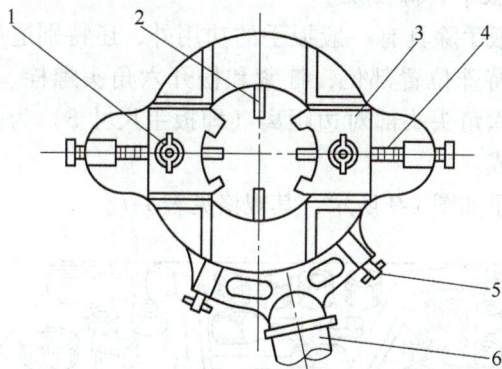

图 1-7 轻便式（小型）管子铰板结构
1—螺母 2—顶杆 3—板牙 4—定位螺钉 5—调位销 6—扳手

图 1-8 用轻型管子铰板在已装管道端部套螺纹

不论采用哪种方法套螺纹，所套出螺纹的质量标准应符合如下要求：

1）螺纹端正，不偏扣，不乱扣，表面光滑，无毛刺，断扣和缺扣的总长度不得超过螺纹全长的10%。

2）在螺纹纵方向上不得有断缺处相靠。

3）螺纹要有一定的锥度，松紧程度要适当。

4）螺纹长度以安装联接后尚外露2～3扣为宜。

5. 套筒扳手和梅花扳手

这两种扳手除具有一般扳手的功用外，还特别适用于各种工作空间狭窄和特殊位置部位，拧紧和松开六角头螺栓、螺钉和螺母。它们都是以六角头头部对边距离（即扳手尺寸 S）为公称尺寸大小不同成套组成。

套筒扳手如图 1-9 所示，其规格见表 1-7。

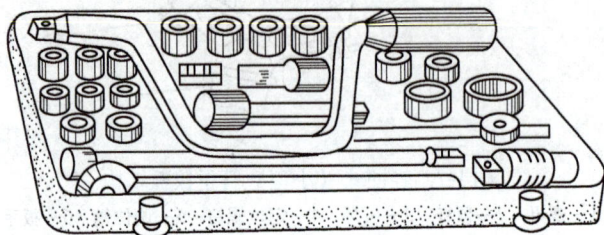

图 1-9　套筒扳手

表 1-7　套筒扳手规格表

品　种	配套项目			
	套筒头规格（螺母对边距离）/mm	方孔或方榫尺寸/mm	手柄及联接头	接头
小 12 件	4，5，5.5，7，8，9，10，12	7	棘轮扳手，活络头手柄，通用型手柄，长接杆	—
6 件	12，14，17，19，22	13	弯头手柄	—
9 件	10，11，12，14，17，19，22，24			
10 件	10，11，12，14，17，19，22，24，27	13	弯头手柄	—
13 件	10，11，12，14，17，19，22，24，27	13	棘轮扳手，活络头手柄，通用手柄	直接头
17 件	10，11，12，14，17，19，22，24，27，30，32			直接头、万向接头、旋具接头
28 件	10，11，12，13，14，15，16，17，18，19，20，21，22，23，24，26，27，28，30，32		棘轮扳手，滑行头手柄，摇手柄，长接杆，短接杆	直接头、万向接头、旋具接头

（续）

品 种	配 套 项 目			
	套筒头规格（螺母对边距离）/mm	方孔或方榫尺寸/mm	手柄及联接头	接 头
大19件	22，24，27，30，32，36，41，46，50，55，65，75	20	棘轮扳手，滑行头手柄，弯头手柄，加力杆，接杆	活络头、滑行头

梅花扳手如图 1-10 所示。它分为乙字型（俗称钥匙型）、扁梗型、矮颈型三种，其规格见表 1-8。

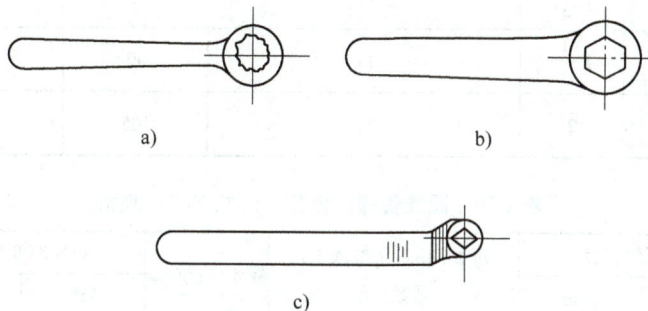

图 1-10 梅花扳手

a）梅花扳手 b）六角形 c）正方形

表 1-8 梅花扳手规格表 （单位：mm）

成套扳手	6件	5.5×7，8×10，12×14，14×17，19×22，24×27
	8件	5.5×7，8×10，9×11，12×14，14×17，17×19，19×22，24×27
单件扳手		5.5×7，8×10，（9×11），12×14，（14×17），17×19，（19×22），22×24，24×27，30×32，36×41，46×50

注：带括号的扳手尽可能不采用。

6. 管螺纹板牙和管螺纹丝锥

管螺纹板牙（又称管子板牙）分为圆柱管螺纹板牙和圆锥管螺纹板牙两种。使用时，将其安装在板牙架或机床上，用来套制管子或管件的外螺纹。其规格见表 1-9 和表 1-10。

管螺纹丝锥，使用时安装在铰杠上，用于手工加工管子和管件的内螺纹。

表1-9　圆柱管螺纹板牙（55°）规格

螺纹直径		每25.4mm（每英寸）牙数/牙	板牙外径/mm	板牙厚度/mm
mm	in			
15	$\frac{1}{2}$	19	38	10
20	$\frac{3}{4}$	14	55	16
25	1		65	18
32	$1\frac{1}{4}$	11	75	20
40	$1\frac{1}{2}$	11	90	22
50	2	11	105	32

表1-10　圆锥管螺纹板牙（55°、60°）规格

螺纹直径		每25.4mm（每英寸）牙数/牙	板牙外径/mm	板牙厚度/mm	
mm	in			55°	60°
15	$\frac{1}{2}$	19，18	38	18	18
20	$\frac{3}{4}$	14	45	18	18
25	1	11，11.5	65	30	28
32	$1\frac{1}{4}$	11，11.5	65	30	28
40	$1\frac{1}{2}$	11，11.5	75	32	30
50	2	11，11.5	105	36	32

7. 对丝钥匙和奶子扳手

对丝钥匙如图1-11a所示，用于拆卸对丝式散热器片。拆卸时，需用两把对丝钥匙伸进接口，穿入对丝，按连接的螺纹方向（左旋或右旋）旋转钥匙，把一对对的对丝卸下来，散热器片才能一片片卸下来。

奶子扳手如图1-11b所示，它也可用6in管钳代替，用于装卸奶

子管。使用时将扳手开槽的一端插入管子，与管子内壁中的两个凸棱吻合后，就能对散热片进行装卸工作。

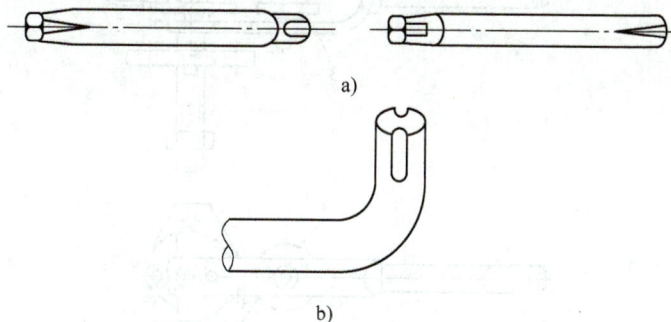

图 1-11 对丝钥匙和奶子扳手

a）对丝钥匙 b）奶子扳手

8. 铸铁管捻口工具

铸铁管捻口工具主要有锤子、麻錾（凿）子、灰錾（凿）子、熔铅小锅等。用于铸铁管连接处捻口用。

熔铅小锅，一般可用 $\phi 219\text{mm} \times 4.5\text{mm}$ 一段无缝钢管，加底和两边各加一个钢环焊制成。

9. 手动弯管器

手动弯管器结构形式很多。图 1-12 所示是一种自制的小型弯管器，用螺栓固定在工作台上使用。一般可以弯曲 $DN32\text{mm}$ 以下的管子。弯管时，把要弯曲的管子插入管子外径相符的定胎轮和动胎轮之间，一端夹持固定，推动煨杠，带动管子绕定胎轮转动，把管子弯成所需角度为止。一对胎轮只能煨一种管径的弯管，管子外径改变胎轮也必须更换。

10. 剪刀

剪刀是管道工程施工中经常用到的一种剪切工具。其种类有手剪（也叫白铁剪）、台剪和手动辊轮剪等。

（1）手剪 手剪用于剪切薄钢板（或薄铁皮）、橡胶垫、石棉橡胶板等。分直线剪和弯曲剪两种，外形如图 1-13 所示。直线剪用于

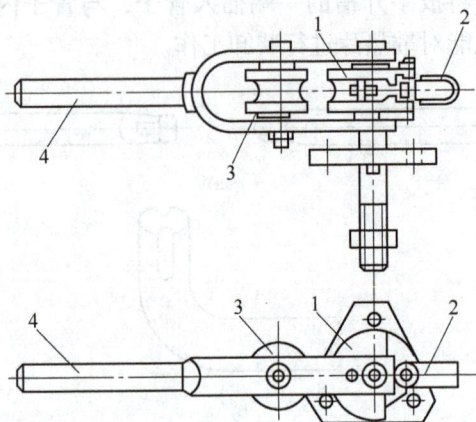

图 1-12　手动弯管器

1—定胎轮　2—管子夹持器　3—动胎轮　4—煨杠

剪切直线和曲线的外圆；弯曲剪用于剪切曲线的内圆。手剪剪切钢板的厚度小于或等于 1.2mm，适用于剪切剪缝不长的工件，不可剪切比刃口还硬的金属和用锤子锤击剪刀背。需剪板材中间孔时，应先用錾子开一个孔，以便剪刀尖插入孔内进行剪切。

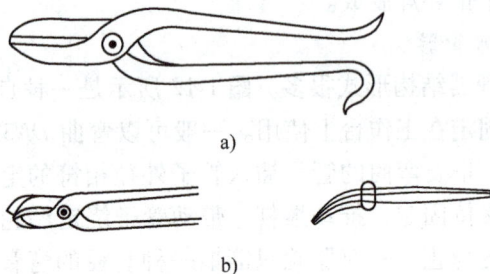

a)

b)

图 1-13　手剪

a）直线剪　b）弯曲剪

（2）台剪　台剪用于手工剪切厚度 0.6 ~ 2mm 的钢板（见图 1-14）。使用时，台剪的下柄固定，上柄可上下转动。

（3）手动辊轮剪　手动辊轮剪的机架下部有下辊刀，机架上部

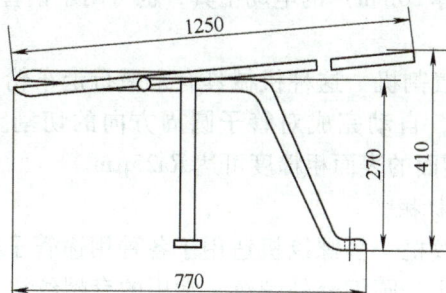

图 1-14　台剪

有上辊刀、棘轮和手柄。通过上下互成角度的辊轮相切转动将板料切断。剪切时，一手握住钢板送入两辊刀之间，一手扳动手柄，使上下辊刀旋转把板料切下。

二、管工常用的电动机具

管道工程是一个占用劳动力多、劳动强度大、劳动条件差和劳动生产率低的工程类型，只有采用机械施工，才能把人们从落后的手工操作和笨重的体力劳动中解放出来，才有可能从根本上改变管道工程施工的落后面貌。我国生产和使用于管道工程施工的常用机械有以下几类。

1. 切割机械

（1）电锯（又称钢锯）　电锯由电动机带动钢锯条作往复直线运动，用于切断管径较大的管子。电锯所使用的钢锯条规格可查阅有关标准。

（2）砂轮切割机（又称无齿锯）　它是由电动机带动砂轮片高速（$v > 40\text{m/s}$）旋转来切断金属管子的。其效率较高，比手工锯割工效高 10 倍以上，且被切断管子的端面光滑，但有少数飞边，只需用锉刀轻锉即可除去。

（3）电剪　电剪可用于薄钢板的直线和曲线的剪切，最大剪切厚度为 2.5mm，剪切最小半径为 30mm。

（4）自爬式电动割管机　这是一种切割金属管材（管径 $\phi200 \sim$

$\phi1000mm$，壁厚 20mm）的电动工具，也可用于钢管焊接时的坡口加工。

（5）磁轮气割机　这种机械具有永磁行走车轮，能直接吸附在低碳钢管表面，自动完成对管子圆周方向的切割。其切割管径 > $\phi108mm$，切割面的表面粗糙度可达 $Ra25\mu m$。

2. 套螺纹机械

（1）套螺纹机　套螺纹机适用于各种用途管子的切断、管端内口倒角和对管子、圆钢套外螺纹。常用的套螺纹机最大套螺纹直径为 $DN80mm$，切断管子最大直径为 $DN80mm$。

（2）电动钻孔套螺纹机　电动钻孔套螺纹机适用于在铸铁管子直径为 $DN20 \sim DN50mm$ 上钻孔及套螺纹。对已运行中的燃气管道上的接口，以及安装新的管线时尤其适用。

3. 钻孔机械

（1）冲击电钻（又称电锤）　它主要用于在混凝土、砖墙、岩石上面进行钻孔、开槽等作业。冲击电钻具有冲击、旋转、旋转冲击（通过调节工作头上调节手柄来实现）等多种功能。其技术规格主要有功率、转矩、钻头直径（$\phi12 \sim \phi22mm$）等。

（2）手枪电钻和手电钻　这类钻孔工具可以移动，能够迁就工件，还能钻不同方向的孔，适用于不便在固定钻床上加工的金属材料的钻孔和检修安装现场钻孔。手枪电钻小巧灵便，但钻孔直径有限，一般最大钻孔直径小于或等于 $\phi13mm$。手电钻的钻孔直径比手枪电钻大，最大钻孔直径可达到 $\phi32mm$。

4. 弯管机械

（1）液压弯管器　液压弯管器如图 1-15 所示。其操作方法与手动弯管器基本相同，省力省工，工效较高。弯管角度为 $90° \leqslant \alpha < 180°$。

（2）电动弯管机　电动弯管机的种类和形式很多，常用的有 WA—27—60、WB—27—108、WY—27—159 三种型号。电动弯管机最大能弯制外径为 $\phi159mm$ 的管子。电动弯管机由电动机通过减速机构带动固定在主轴上的弯管模旋转完成弯管工作。弯管时，使用的弯管模、导板和压紧模必须与所弯的管子外径相符，否则管子会

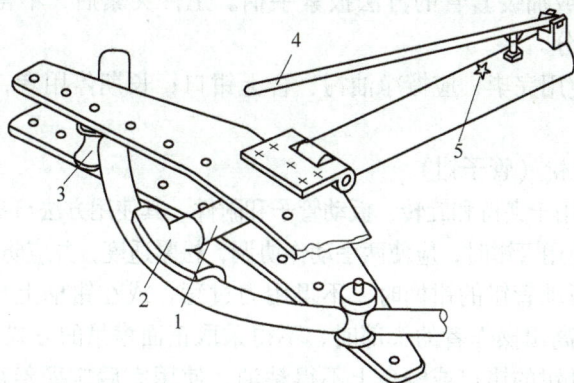

图 1-15 液压弯管器

1—顶杆 2—胎模 3—管托 4—手柄 5—回油阀

产生变形。

三、常用工、机具的使用与维护

管工在施工过程中，正确使用工机具是保证施工质量的关键。初级管工应掌握以下常用工具的操作程序：

> 常用工、机具的使用与维护要牢记并掌握。

1. 管子台虎钳（也称管压钳）

安装在钳工台上，用于夹紧管子对管端攻制螺纹或锯割管子等用。其使用方法与要求如下：

1）管子台虎钳必须垂直和牢固地固定在工作台上，钳口应与工作台边缘相平或稍往里一些，不得伸出工作台边缘。

2）待管子台虎钳固定好后，其下钳口应牢固可靠，上钳口在滑道内应能自由移动，且压紧螺杆和滑道，应经常加油。

3）装夹工件时，不得对不适合钳口尺寸的工件上钳；对于过长的工件，必须将其伸出部分支承稳固。

4）装夹脆性或软性的工件时，应用布、铜皮等包裹工件夹持部分，且不能夹得过紧。

5）装夹工件时，必须穿上保险销。旋转螺杆时，用力适当，严禁用锤击或加装套管的方法扳紧手柄。工件夹紧后，不得再去挪动其外伸部分。

6）使用完毕，应擦净油污，合上钳口；长期停用者，应涂油存放。

2. 管钳（管子钳）

管钳用于夹持和旋转、扳动管子和附件。其使用方法与要求如下：

1）使用管钳时，应使两手动作协调，松紧适度，并应防止打滑。

2）扳动管钳的钳柄时，不得用力过猛，或在钳柄上加套管；当钳柄尾部高出操作者的头部时，不得采取正面攀吊的方式扳动钳柄。

3）管钳的钳口或链条上不得粘油，使用完后应妥善存放，长期停用应涂油保护。

4）严禁用管钳拧紧六角头螺栓等带棱工件，不得将管钳当作撬杠或锤子使用。

5）当管子细而管钳大时，手握钳柄的位置应在前部或中部，以减少扭力，防止管钳因过力而损坏；当管子粗而管钳小时，要手握钳柄中部或后部，并用一只手按住钳头，使钳口咬紧不致打滑。扳转钳柄要稳，不允许因拧过头而用倒拧的方法进行找正。

6）管钳要经常清洗和涂油，避免锈蚀。不允许用小规格的管钳拧大口径的管子接头，也不允许用大规格的管钳拧小口径的管接头，这样易造成管钳损坏。

3. 管子铰板（管子丝板）

管子铰板的使用与维护，详见本书第一章训练 2 内容。

4. 活扳手

活扳手用于拧紧或松开六角头或方头螺栓、螺钉、螺母和管塞、管道内外螺纹接头、水嘴等。其使用方法与要求如下：

使用活扳手时，不得在钳口内加入垫片，且应使钳口紧贴螺母或螺钉的棱面。活扳手在每次使用前，应将活动钳口收紧。

5. 呆扳手

呆扳手应选用合适的规格，钳口套上螺钉或螺母的六角棱面后，不得有晃动的现象，并应平卡到底。如果螺钉或螺母的棱面上有毛刺时，应另外处理，不得用锤子等强力将扳手的钳口打入。

6. 管子割刀

管子割刀（又称切管器）用于切割金属管材。使用方法与要求如下：

1）使用割刀时，应始终让割刀在垂直于管子中心线的平面内平稳切割，不得偏斜。每转动 1~2 周进刀一次，但进给量不宜过大，并应对切口处加冷却润滑剂，以延长其使用寿命。

2）当管子快要切断时，即应松开割刀，取下割管器，然后折断管子，严禁一割到底。

3）管子切割后，应用刮刀或半圆锉、圆锉修整管口内侧的缩口和毛刺。

4）割刀使用完后，应除净油污，妥善保管，长期不用者应涂上防锈油。

7. 电动套螺纹切管机

电动套螺纹切管机适用于管子的切断、坡口倒坡、套螺纹。其使用方法与要求如下：

1）先支上脚或将套螺纹机放在工作台上，取下底盘里铁屑筛的盖子，灌入 4kg 润滑油，再插入电源，注意电压必须相符。合上开关，可以看到油在流淌。

2）套螺纹时先在套螺纹板架上装好板牙，再把套螺纹架拉开插进管子，并把管子前后卡实抱紧。用台虎钳支撑挑出的管端。放下扳牙架子把出油放下，润滑油就从油管孔内喷出，把油管调在适当的位置，合上开关，扳动进给手把，使板牙对准管子端头，稍加一点压力，便可进行套螺纹操作。板牙对上管子端后很快就套出一个标准螺纹口，关上电源开关，卸下管子。

3）扩口时先将扩孔铣锥头就位，用刀架上的进给手把压进管孔，再把扩扎锥的后部推进缺口，而后进行反时针方向旋转，就可以把锥头锁上。

4）切断管子时先将扩孔锥与板牙掀起，再把割刀放在钢管上，转动切口螺纹手柄，开始切割。切粗管子时，可把润滑油直接喷在刀口上。

8. 冲击电钻（电锤）

冲击电钻用于混凝土、实心粘土砖墙和岩石上的钻孔、开槽。其使用方法与要求如下：

1）使用冲击电钻时，可通过工作头上的调节手柄调节钻头的位置，使钻头处于只旋转无冲击或既旋转又冲击的操作状态。

2）使用时，先将钻头顶在工作物上，然后合上开关。待冲击电钻在钻头的位置正常后才能进行钻孔。钻孔时不宜用力推进，应尽量做到操作平稳，用力适度。如发现转速变慢、火花过大，温度升高、响声不正常或有异常气味等现象，应立即切断电源，停止使用。

3）在钢筋混凝土进行冲击钻孔时，应先使用金属探测器探明钢筋的位置和深度，避开钢筋进行钻孔。

4）钻头为顺时针方向旋转，而电动机的旋转方向出厂时已接好，故不得随意改动，并切忌反转，以免损坏工具。

5）冲击电钻连续使用时，如发现机壳温度超过70℃，应暂停使用，并注意加入适量的润滑油，经检查确认无故障后方可继续使用。

6）当钻头卡住时，安全离合器会自动打滑，而离合器出厂时已调整好，若打滑频繁，扭力不足，则可适当调整，旋紧压紧螺母。

7）装卸钻头时，需转动卡轴180°即可将钻头装入或取下。

9. 电动弯管机

弯管机的使用与维护方法如下：

1）操作人员必须熟悉弯管机的机械性能与操作方法。

2）操作人员操作前必须认真检查电器设备、限位开关等性能是否良好，润滑系统的存油器内油位是否在规定范围内。

3）胎具与机器应保持清洁光滑，胎具凹槽与管子外径相同，弯管前应做好90°角尺样板，并调好弯曲角度。

4）弯管机上不得放任何杂物，四周现场也应保持清洁，如发现运转情况异常，应立即停机检查。

5）弯管机用毕后，应做好机具的保养工作。

10. 液压弯管机

液压弯管机的使用方法与要求如下：

1）使用前首先检查油箱内的油是否充满，如不足应加满，否则会影响弯管能力。然后关闭回油开关。

2）根据所弯管径选择相应的弯管模，先将弯管模装到油塞杆顶端，再将两个与支承轮相应的尺寸凹槽转向弯管模，且放在两翼板相应尺寸的孔内，用插销销住。所弯管子的外径一定要与弯管模的内槽壁面贴合，否则弯曲的管子会产生凹瘪现象。

3）管壁与支撑轮的接触处应涂以润滑油保持光滑，焊接钢管的焊缝不要处在弯曲处的正外侧或正内侧。弯管过程两支承轮应同时转动，使管子在贴合面上滑动，如单面不动应停止操作，检查原因，重新调整合适后方可继续操作。

4）把所弯管子插入槽中，先用快泵使弯管模压到管壁上，再用慢泵将管子弯到所需要的角度。当管子弯好后，打开回油开关，工作活塞将自动复位。

5）液压弯管机使用完毕后，应认真清洗保养，液压油应经过滤后再加入，以免杂质堵塞油道，损伤密封面，影响弯管能力。

11．砂轮切割机

砂轮切割机的使用方法与要求如下：

1）先在被切割的管子表面画出切割线，把管子插入夹钳并夹紧。

2）切割时握紧手柄压住按钮开关将电源接通，稍加用力压下砂轮片，即可进行摩擦切割。在操作过程中不得松开按钮，操作者的身体不得对准砂轮片，以防事故发生。

3）砂轮片一定要正转（顺时针旋转），切勿反转，以防砂轮片飞出伤人。

4）松开手柄按钮即可切断电源，停止切割回到原位。

第六节　管工基本知识技能训练实例

● 训练1　搭拆简易脚手架

初级管工应能够搭拆简易的小跨度的脚手架，并注意安全问题。搭简易的小跨度的脚手架，其操作程序如下：

（一）清场、打管孔

清理搭拆脚手架场地。若是靠墙架设，测量好高度和距离，在墙上打出搭架管孔，用于设置连墙杆，并在相应的地面划线。

（二）装置管架、管撑

选择合适长度的架管或按要求搭建的长度，测量管长而后切断管子。并根据脚手架的搭设高度、长度、宽度，配置好立管、横管、斜撑。放置立管，若经验不足目测误差过大时，则可以使用线坠以保证立管的垂直度。横管位置要根据架板长度来计算和安装，千万不能因横管位置不对，使竹架板出现探头板（即竹架板端部悬空太长）。对插入墙内的横管要有足够的长度并加连墙杆楔紧。

（三）清理钢扣件

选择合适的钢扣件，首先检查钢扣件有无裂纹及其配件螺栓、螺母、垫片是否齐全，清理扣件并应保证能徒手拧动螺母到螺栓根部。钢扣件螺栓不能一次拧到位，而要相对分几次拧紧，调整好管子位置后才最后拧紧。

（四）搭设管架

搭设管架时，应从地面开始搭设，两人分工协调操作，紧固扣件，目测扶正立管，也可以利用转向扣增加斜撑对立管进行支撑定位。在安装第二层水平架管之后可卸下支撑立管定位的斜撑，而在沿平行于墙面的方向增设加固斜撑或剪力撑。

（五）放置竹架板

根据脚手架搭设的长度、宽度，将尺寸适宜的竹架板搁置在管架上，并用镀锌铁丝铰固结实，不允许有探头板，作业层上的竹架板应满铺，必要时应设置防护栏杆或防护网。固定竹架板的铁丝铰接点应在架板的下面或侧面，铰接紧固之后要把接头部位用锤子打平，以防止因接头勾挂行人衣裤而摔倒。

（六）脚手架的拆除

脚手架的拆除应按搭设的反程序进行拆除，即拆除顺序为：防护网、防护栏杆→竹架板→斜撑或剪力撑→连墙杆→ 小横杆→水平架管→立杆。

初级工在搭拆脚手架时，一定要注意如下的安全操作事项：

1）在搭设脚手架时，立管和横管的尺寸要适宜，千万不能有探头板出现。

2）钢扣件螺栓紧固要对称、可靠。如出现滑扣一定要调换，不允许用加垫片或加装戴两个螺母的方法补救。

3）在拆除脚手架时，不得从高处往下扔扣件、螺母。拆卸扣件时，一定要有人扶住即将松落的钢管，脚手架下不得有人停留，以防止扣件、钢管突然掉落下来伤人。

4）小组作业要注意协调，服从统一指挥。所有参加操作人员都应严格遵守高空作业操作规程。

● 训练2　加工 DN 15mm 短螺纹

加工 DN15mm 短螺纹的主要工具是管子割刀、管子台虎钳和管子铰板。由于短螺纹是长度小于100mm两端带螺纹的短管，如此短管夹持到管子台虎钳上后，是无法用铰板套制螺纹的。为此，可先在一根较长的管子上套制出螺纹，然后按需要的长度截下已套了短螺纹的管头，再将有螺纹的一端拧入连有管箍的管子上，而后固定到管子台虎钳上，加工另一端的螺纹。其具体操作步骤如下：

（一）**先套一端螺纹**

1）首先选择与管径相对应的板牙，把活动标盘的刻线对准固定盘"0"位置，按板牙上的号码与机体上牙槽口的号码，顺序对号装入，转动活动盘，板牙即固定在管子铰板内，不得颠倒或乱插。

2）然后松开标盘固定螺钉。把手柄向左推，转动活动标盘至管径相应的规格与固定标盘对准，再拧紧固定螺钉。

3）将长管子在管子台虎钳上夹持牢固，使管子呈水平状态，管端伸出管子台虎钳约150mm。

4）然后松开后爪，把管子铰板套在管子上（标盘应面向操作者），再拧紧后爪，使压紧螺钉轻压在管壁上。

5）套螺纹时，人应站在管子铰板前面，一手扶住铰板向内推，另一手按顺时针方向转动铰板手柄，当板牙进入管子二扣时，向切削处加润滑油和冷却板牙，然后人站在铰板手柄一侧继续均匀用力旋转手柄（注意不得用加套管等接长手柄），使板牙缓缓而进。

6）为使管螺纹连接紧密，应将螺纹端加工成锥形。为使套成的螺纹有一定的锥度（俗称拔梢），通常是利用在套螺纹过程中逐渐松开板牙的压紧螺钉来达到的。螺纹加工到规定长度后，松开板牙压紧螺钉，再轻轻取下板牙和手柄，不应回旋退出，并清理螺纹表面和管子铰板上的铁屑和油污。

（二）划线量取管子

在长管已套螺纹的一端上，量取 100mm 并画上切割线。

（三）切割管子

将管子固定在管子台虎钳上，然后将管子套进管子割刀（割管器）的两个压紧滚轮与切割刀之间，刀刃对准管子上的切割线，再沿顺时针方向拧动手轮，使两个滚轮压紧管子。切割管子时，先在管子切断线处和滚刀刃上涂上润滑油，以减少刀刃磨损，然后用力将丝杆压下，使管子割刀以管子为轴心向刀架开口方向回转，边转动丝杆，边拧动手轮，滚刀即不断地切入管壁，直至切断管子为止。操作时必须始终保持滚刀与管子中心线垂直，并注意使切口前后相接，以避免将管子切偏。管子切割断后，需用铰刀或锉刀将管子内径缩小的部分除去。

（四）套另一端管子螺纹

将切割下的带一端螺纹的短管，拧入带管箍的长管子，再将短管压紧在管子台虎钳上，进行套螺纹操作，操作技能见上述中的3）、4）、5）、6）步骤。

这样，DN15mm 短螺纹的加工就完成了。

● **训练 3 *DN* 20mm 管子用机械套螺纹**

用于 DN20mm 管子套螺纹的工具是 TQ—3 型套螺纹机，主要由脚架、减速箱、液压泵和电动机、板牙头等组成。如图 1-16 所示。

DN20mm 管子用机械套螺纹的步骤与方法如下：

1）根据管子直径选择相应的板牙头和板牙，并按板牙上的序号，依次装入对应的板牙头。

2）将支架拖板拉开，插入管子，旋动前后卡盘，将管子卡紧。

3）如套螺纹的管子太长时，应用辅助支架做支撑，高度要调整

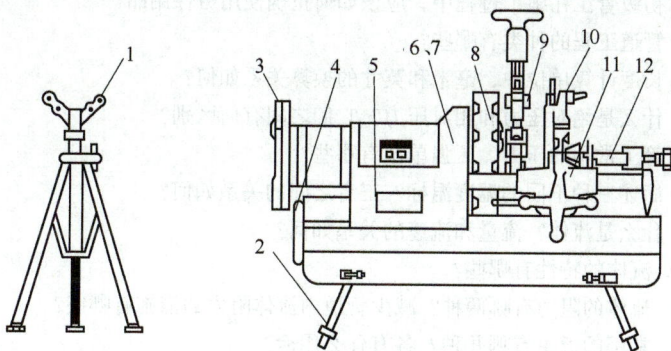

图 1-16　TQ—3 型套螺纹机结构

1—料架　2—脚架　3—后卡盘　4—电动机　5—减速箱　6—箱体　7—液压（油）泵
8—前卡盘　9—切刀架　10—铰板架　11—大支架　12—倒角刀架

适当。

4）将板牙头及出油管放下，合上开关，调整喷油管，对准板牙喷油，移动进给手把，将板牙对准管口并稍加压力，板牙入扣后，可依靠自身的力量实现自动进给。

5）注意套螺纹的长度，当达到套螺纹的要求的长度时，应及时扳动板牙头上的手把，使板牙沿轴向退离已加工完的螺纹面，关闭开关，再移开进给手把，拆下已套好螺纹的管子。

为了保持套螺纹机经常处于最佳工作状态，必须注意和加强机械保养。对套螺纹机所有相对运动的部件，应经常注入润滑油，特别要保证喷油管的油路畅通，箱体上的注油杯应经常注入 L—AN46 全损耗系统用油；套螺纹机使用完后，应注意擦拭干净，尤其是粘附在各部件上的金属屑末必须及时清除干净，并盖上滤网盖子，管子割刀（切管器）、板牙头也应放下来。

复习思考题

1. 职业道德的内容与要求有哪些？
2. 职业守则包括哪几个方面？

34

3. 初级管工在施工过程中，应该如何正确使用劳保用品？

4. 管道工程的种类有哪些？

5. 长度计算单位中，毫米和英寸的换算关系如何？

6. 什么是绝对压力和相对压力？它们之间有何区别？

7. 管工常用的压力、压强单位有哪些？

8. 简述三种不同的温度温标？三者之间的关系如何？

9. 什么是流体？流量和流速的关系如何？

10. 流体的特性有哪些？

11. 流体的阻力有哪两种？减少管道内流体阻力的措施有哪些？

12. 常用的扳手有哪几种？各有什么用途？

13. 简述管子台虎钳的使用与维护注意事项。

14. 简述管子割刀的使用与维护注意事项。

15. 简述液压弯管机的使用与维护注意事项。

16. 使用砂轮切割机时，如何注意安全？

17. 手工套螺纹和机械套螺纹的方法步骤和质量要求如何？

18. 电动套螺纹机具有哪些功能？

19. 简述常用电动套螺纹切管机的使用与维护注意事项。

第二章

管工识图基本知识

培训学习目标 理解和掌握投影的基本特性、三视图的投影规律，熟记管道工程图中管道的标准图例，并掌握管道系统中轴测图的表达方式，以及掌握管道施工图的识读方法。

第一节 投影与视图

一、投影法

在日常生活中，当日光或灯光照射物体时，会在地上或墙上产生影子。参照这一自然现象，用一组假想光线将物体的形状投射到一个面上，称为"投影"，如图 2-1 所示。这种用投影来表示物体形状的方法称为投影法。

在图 2-1 中，把光源 S 抽象为一点，称为投影中心，把光线称为投射线，平面 P 称为投影面，物体在投影面上的影子称为投影（又称投影图）。

1. 投影法的分类

投影法可以分为中心投影法和平行投影法两类。

（1）中心投影法 在图 2-1 中，投射线由投影中心一点射出，通过物体与投影面相交所得的图形称为中心投影，这种投影方法称为中心投影法。中心投影所得到的投影图比实物大。

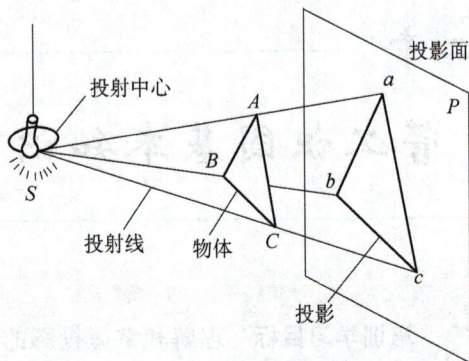

图 2-1　中心投影法

（2）平行投影法　如果将投影中心移到无穷远处，则投射线可看成互相平行的通过物体与投影面相交，所得的图形称为平行投影，这种投影方法称为平行投影法，如图2-2所示。

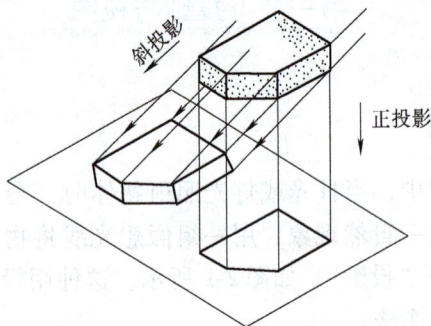

图 2-2　平行投影法

在平行投影中，当投射线垂直于投影面时，物体在投影面上所得到的投影称为正投影，这种投影方法称为正投影法，如图 2-2 所示。这种正投影图能够反映物体的真实大小，作图简便，是工程制图中经常采用的一种主要图示方法。

在平行投影中，投射线方向与投影面倾斜时，称为斜投影，如图 2-2 所示。

2. 正投影法的投影特性

> 重点内容要理解。

正投影法的投影具有积聚性，真实性和类似性。

（1）积聚性 当直线段或平面图形垂直于投影面时，直线积聚成一点，平面图形的投影积聚成一段直线，如图 2-3a 所示。

（2）真实性 当直线段或平面图形平行于投影面时，则投影反映线段的实长和平面图形的真实形状，如图 2-3b 所示。

（3）类似性 当直线段或平面图形倾斜于投影面时，直线段的投影仍然是直线段，但比实长短；平面图形的投影仍然是平面图形，但不反映实形，而是原平面图形的类似形状，如图 2-3c 所示。

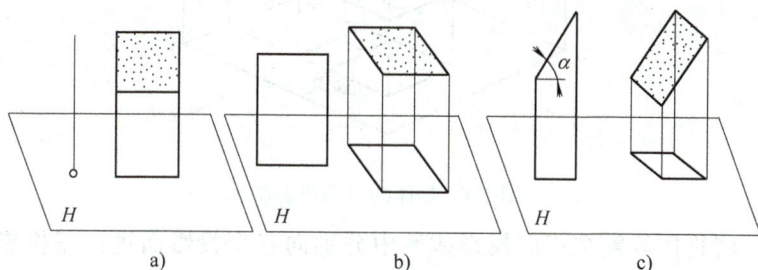

图 2-3 正投影特性
a）积聚性 b）真实性 c）类似性

二、视图

在绘制图样时，通常假定人的视线为一组平行且垂直于投影面的投影线，将物体置于投影面与观察者之间，把看得见的轮廓用粗实线表示，看不见的轮廓线用虚线表示，这样在投影面上所得到的投影称为视图。通常仅用一个视图来确定物体的真实形状是不够的，必须从不同的方向进行投影，即要用几个视图互相补充，才能完整地表达物体的真实形状和大小。在实际工程中，常用的是三视图。

设置三个互相垂直的投影面，如图 2-4 所示。三个投影面的名称是：正立着的面为正投影面，简称正面或 V 面；水平的面为水平投影面，简称水平面或 H 面；侧立着的面为侧投影面，简称侧面或 W 面。在三投影面中，V 面和 H 面的交线为 OX 轴；H 面和 W 面的交线为 OY 轴；V 面和 W 面的交线为 OZ 轴。OX、OY、OZ 三轴交点为 O 坐标原点。

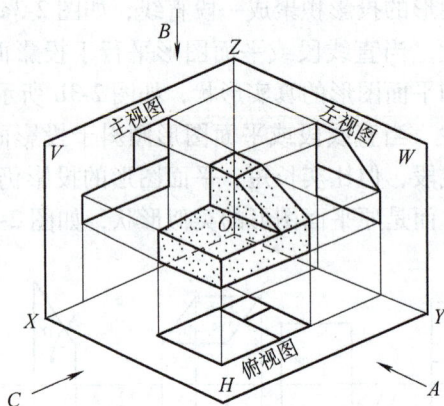

图 2-4　物体的三面投影图

将物体放置在三面投影体系中分别向三个投影面进行正投影，即得到反映物体 三个方向形状的三个投影即三视图。

在正立投影面 V 面上的投影图叫做主视图，又称为立面图，即图 2-4 的 A 向投影；在水平投影面 H 面上的投影图叫做俯视图，又称为平面图，即图 2-4 的 B 向投影；在侧立投 影面 W 上的投影图叫做左视图，又称为侧面图，即图 2-4 的 C 向投影。

在实际工程中，要将三个投影面进行展开以形成三视图，如图 2-5 所示。

> 投影规律一定要牢记。

从三视图的形成和投影面的展开过程中，可以得出三视图的投影规律。具体如图 2-5 所示。对照主视图和俯视图，"长"是相等的，对照主视图和左视图，"高"是相等的，对照俯视图和左视图，"宽"是相等的，简称"长对正，高平齐，宽相等"。这"三等"关系是绘制和识读工程图的基本规律，必须牢固掌握，熟练运用，严格遵守。

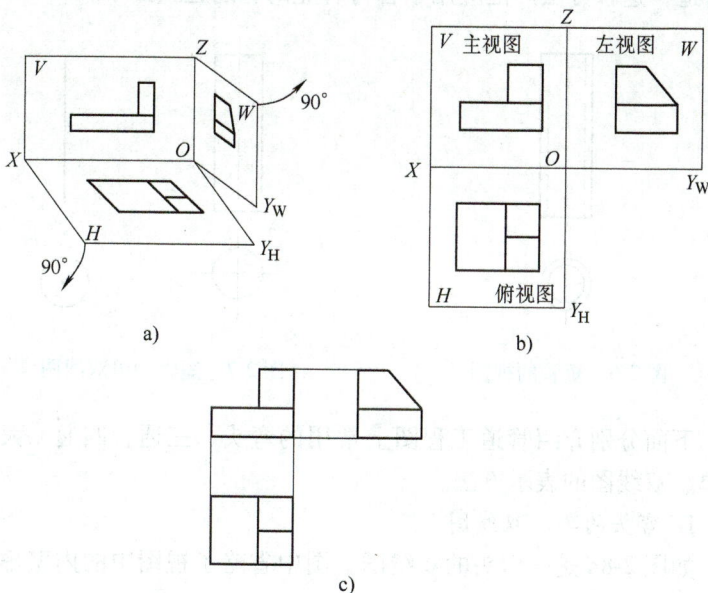

图 2-5 投影面的展开

a）三投影面的展平   b）三投影面的摊平   c）三视图

第二节 管 道 工 程 图

一、管道的单线图和双线图

　　管工应会利用正投影特性和原理，把管道施工中的常用的管子和管件的视图表达出来。一根短管可用三面视图中的立面图和平面图就可以表达出来，如图 2-6 所示，立面图中的虚线表示看不到的管子内壁，平面图中外圆表示管子外壁，内圆表示管子内壁。

　　但是，在管道工程的各种施工图中，往往不采用图 2-6 的表示方法，更多的是使用单线图，在大样图或详图中，则使用双线图。所谓双线图，就是用双线表示管道轮廓，将管壁画成一条线，而不再用虚线表示其内壁，如图 2-7 所示。单线图则干脆用一根线段表示管道，这种方法广泛应用于各行各业的管道施工图中。

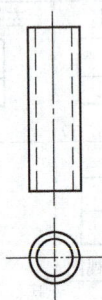

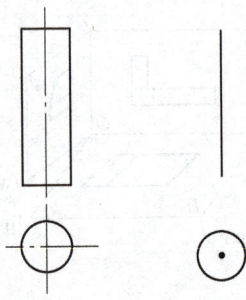

图 2-6　短管的视图　　　　图 2-7　短管的单双线图

下面分别介绍管道工程图上常用的弯头、三通、四通、大小头的单、双线图的表示方法。

1. 弯头的单、双线图

如图 2-8a 是一弯头的双线图，图中省略了视图中的内壁虚线和实线。

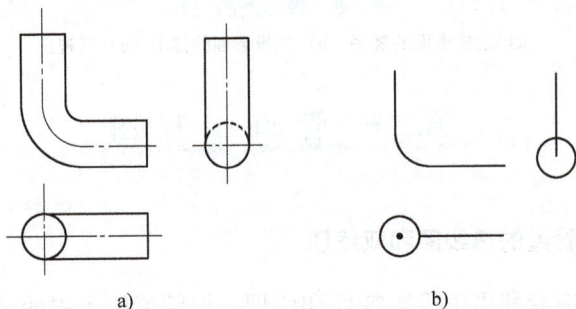

图 2-8　弯头的单双线图

a）双线图　b）单线图

如图 2-8b 是弯头的单线图。在平面图上先看到立管的断口，后看到横管。画图时，对立管断口投影画成一有圆心点的小圆，横管画到小圆边上。在侧面图（左视图）上，先看到立管，横管的断面的背面看不到，这时横管应画成小圆，立管画到小圆的圆心处。

图 2-9 所示为 45°弯头的单、双线图。45°弯头的画法同 90°弯头的画法相似，90°弯头画出完整的小圆，而 45°弯头只需画出半圆。

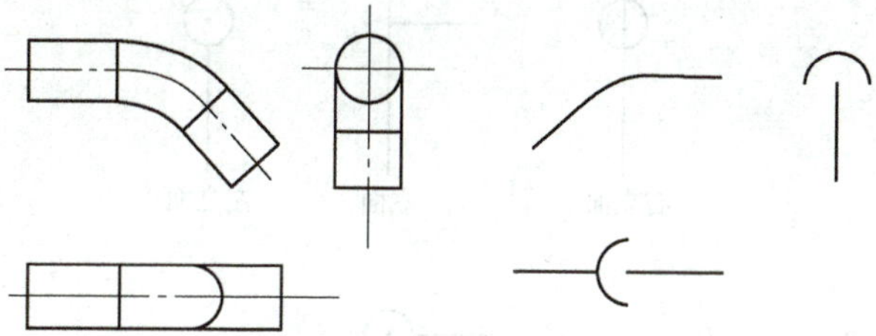

图 2-9　45°弯头的单双线图

2. 三通的单、双线图

图 2-10 所示为同径正三通和异径正三通的双线图。双线图中省略了内壁虚线和实线，仅画出外形图样。

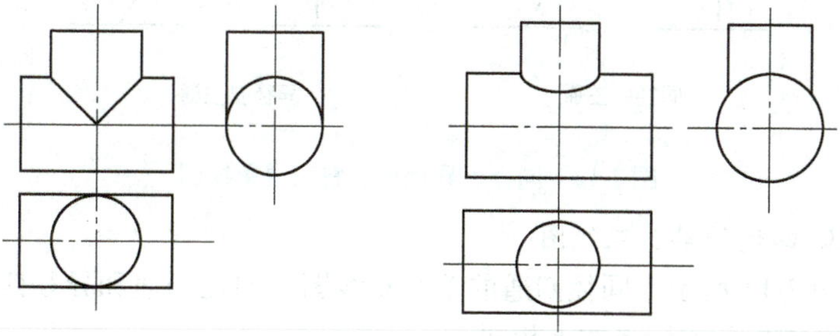

图 2-10　同径三通、异径三通的双线图

图 2-11 所示为三通的单线图。在平面图上先看到立管的断口，所以把立管画成一个圆心有点的小圆，横管画到小圆边上。在左立面（左视图）上先看到横管的断口，因此把横管画成一个圆心有点的小圆，立管画在小圆两边。在右立面图（右视图）上，先看到立管，横管的断口在背面看不到，这时横管画成小圆，立管通过圆心。

在单线图里，不论是同径正三通还是异径正三通，其立面图图样的表示形式相同。同径斜三通或异径斜三通在单线图里其立面图

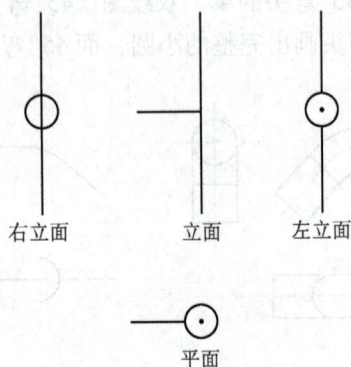

右立面　　　立面　　　左立面

平面

图 2-11　三通的单线图

的表示形式也相同，如图 2-12 所示。

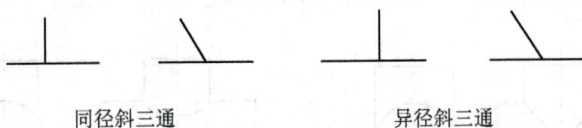

同径斜三通　　　　　　异径斜三通

图 2-12　同径、异径正、斜三通单线图

3. 四通的单、双线图

图 2-13 所示为同径四通的单、双线图。同径四通和异径四通单线图在图样的表示形式上相同。

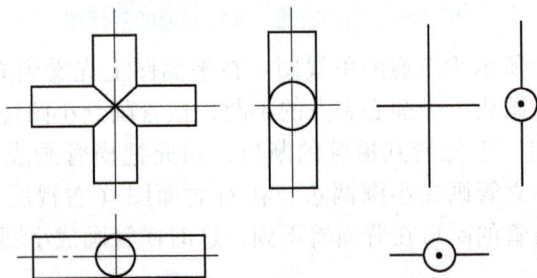

图 2-13　同径四通的单双线图

4. 大小头的单、双线图

图 2-14 所示为同心大小头的单线和双线图。图 2-15 所示为偏心大小头的单线和双线图，如用同心大小头的图样表示偏心大小头时，就需要用文字注明"偏心"二字，以免混淆。

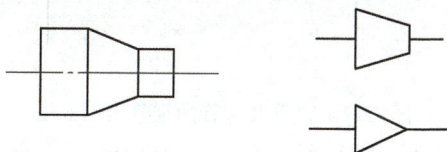

图 2-14　同心大小头的单、双线图

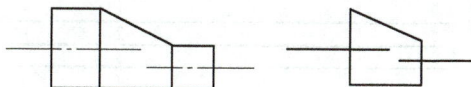

图 2-15　偏心大小头的单、双线图

二、管路重叠和交叉的表示

> 要掌握管路重叠和交叉的表达方法。

1. 管路重叠的表示方法

长度相等、直径相同的两根或两根以上的管子，如果在垂直位置或平面位置上平行布置，它们的水平投影或正立投影会完全重合，如同一根管子的投影一样，这种现象称为管子的重叠。

在工程图中，通常用"折断显露法"来表示重叠管线，即假想前（上）面一根管子已经截去一段（用折断符号表示），这样便显露出后（下）面一根管子。

图 2-16 所示为两根重叠管线的平面图（立面图）。

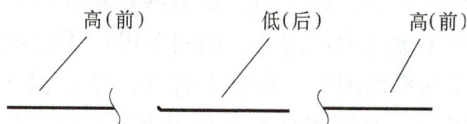

图 2-16　两根重叠直管的表示方法

图 2-17 所示为弯管和直管两根重叠管线的平面图（立面图）。

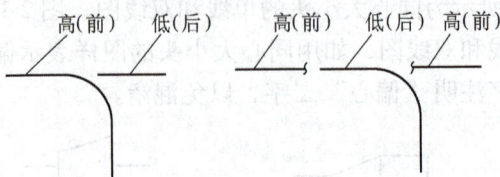

图 2-17　直管和弯管的重叠表示方法

图 2-18 所示为四根管径相同、长度相等、由高向低、平行排列的管线。对这种多根管重叠的情况，也可用折断显露法来表示。

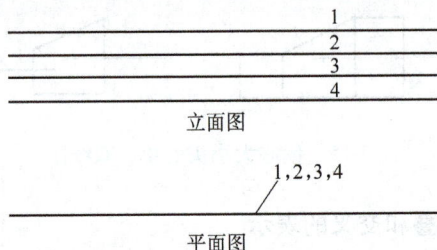

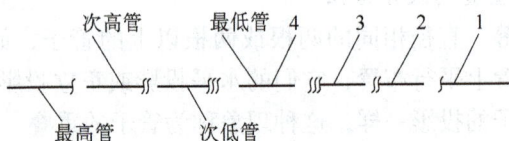

图 2-18　四根成排管线的折断显露表示法

2. 管路交叉的表示方法

如果两根管线交叉，高（前）的管线不论是用双线，还是用单线表示，它都显示完整；低（后）的管线在单线图中却要断开表示，在双线图中则应用虚线表示清楚，如图 2-19a、图 2-19b 所示。在单、双线图同时存在的平面图中，如果大管（双线）高于小管（单线），那么小管的投影在与大管相交的部分用虚线表示，如图 2-19c 所示；如果小管高于大管时，则用实线表示，如图 2-19d 所示。

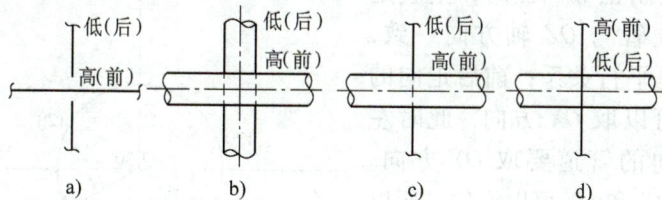

图 2-19 两根管线的交叉图

同样的道理，对多根管线的交叉也可以用前（高）实、后（低）虚或断开的方法表示，如图 2-20 所示。如果该图是立面图，那么 a 管在最前面，d 管为次前管，c 管为次后管，b 管在最后面。

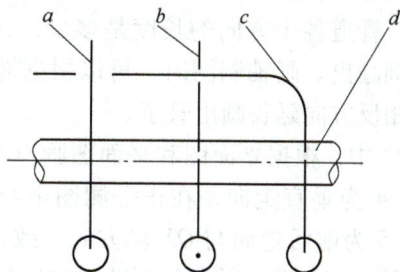

图 2-20 多根管线的交叉图

三、管道的轴测图

管道轴测图一定要熟练掌握。

1. 管道轴测图的种类

管道轴测图是根据轴测投影原理绘制而成，能同时反映长、宽、高三个方向的形状，具有立体感强，容易看懂的特点，它是管道施工图的重要图样之一。

轴测图可分为正等测图和斜等测图两种。

（1）正等测图 如图 2-21 所示，先画出 OZ、OY、OX 三个轴测轴，它们之间构成的夹角均为 $120°$，且 OZ 轴必须是垂直的，这样 OY、OX 轴与水平面的夹角也是固定的，并且相等。

绘制正等测图时，垂直走向的立管与 OZ 轴方向一致，也就是平行关系；前后走向的管道可以取 OX 方向，此时左右走向的管道要取 OY 方向。由于 OX 和 OY 可以换位，所以前后走向的管道如果取 OY 方向，则左右走向的管道要取 OX 方向，但 OZ 表示垂直方向是固定不变的。

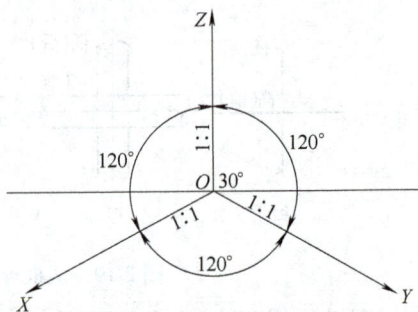

图 2-21 正等测图的选定

为了画图方便起见，OZ、OY、OX 三个轴的轴向缩短率均采用 1：1，也就是说，管道各个方向的长度是多少，在相应测轴上的长度都按同样的比例画出。画轴测图时，可以根据需要在图 2-21 所示的三个轴箭头的相反方向延长画出管子。

例如：图 2-22 中，根据立面图和平面图画出其正等测图。在立面图中的立管 1、4 为垂直走向，在正等测图中与 OZ 轴方向一致，平面图中管段 2、5 为前后走向与 OX 轴方向一致，那么左右走向的管段 3、6 与 OY 轴方向一致。其正等测轴测图如图 2-22 所示。

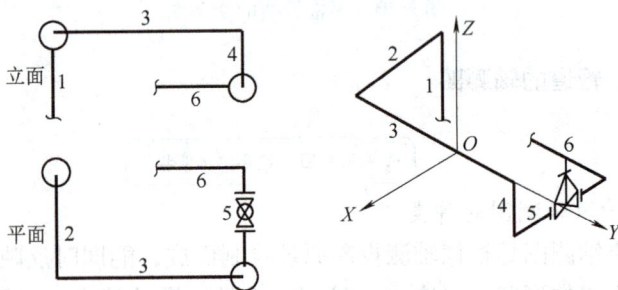

图 2-22 某管段的正等测图

（2）斜等测图 图 2-23 是斜等测图的选定。对于管道的斜等测图，一般也把 OZ、OX、OY 布置成 OZ 轴画成垂直的，OX 轴画成水平的，OY 画成与两轴成 45°方向。

画斜等测图时，凡是垂直走的立管均与 OZ 轴平行，左右走向的

水平管均与 OX 轴平行，而前后走向的水平管则与 OY 轴平行。OZ、OX、OY 三个轴的轴向缩短率均为1:1。具体画法同正等测的画法。

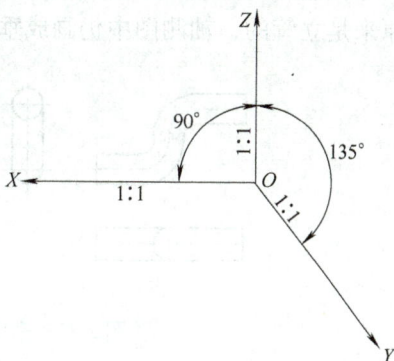

图 2-23　斜等测图的选定

在实际工作中画正等测图或斜等测图时，OZ、OX、OY 三个轴线是不需要画出来的，只要把等测图布置到图纸上的适当位置就可以了。当图中管道线条发生交叉时，其表示方法的基本原则是，先看到的管道全部画出来，后看到的管道在交叉处要断开。

例如：图 2-24 中，斜等测图中，立管 1 与水平管段 3 交叉时，就要断开。

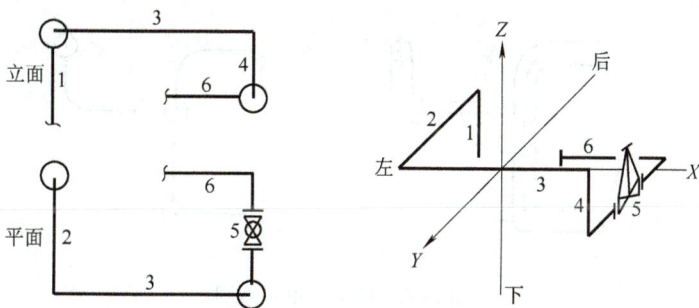

图 2-24　某管段的斜等测图

2. 常用管道的轴测图

下面主要介绍弯管的正等测图、斜等测图和三通的正等测图、斜等测图。

（1）弯管的轴测图　如图 2-25 中，由平面图分析可知管线的走向是左右走向，对立面图分析可知这路管线由来回弯组成，弯头的角度均为90°。画出斜等测的轴测图，定出六个方向的方位，沿轴量尺寸，左右向的管线，原来是水平向，画轴测图时仍画成水平状，原来是立管的，轴测图中仍画成垂直管线。

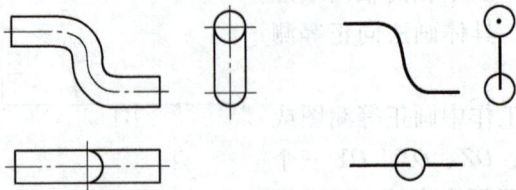

图 2-25　来回弯单双线图

在图 2-26 中，通过对平面图的分析，可知横管的走向是由左向右，然后朝下翻，再向后面折转。由立面图分析可知，这路管线由摇头弯组成，定轴定方位，沿轴量尺寸，左右向的管线，原来呈水平走向，画轴测图时仍画成水平走向（X 轴）。前后向的管线画时应画在 Y 轴反方向的延长线上，上下方向和立管仍旧画成垂直管线（Z 轴）。依次连接线段，擦去多余线条，即得摇头弯的斜等测图。

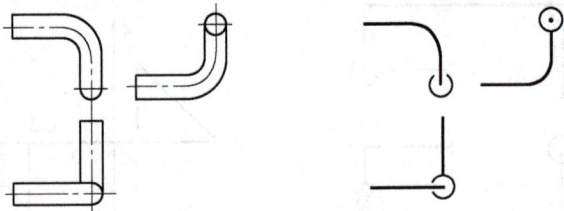

图 2-26　摇头弯单双线图

（2）三通的轴测图　如图 2-27a 所示，这只正三通的主管为水平前后走向，支管为垂直走向并与主管相交。选 OX 轴为前后向，OZ 轴为上下向。据此可画出该正三通的正等测图。同理，也可画出图 2-27b 所示三通的正等测图，这只三通完全是水平放置的。

3. 轴测图的简单画法和步骤：

1）画轴测图时，应以管道平面图、立面图为基础，根据正投影原理对管线的平、立面图进行图形分析。

2）在图形分析的基础上对所绘管线分段编号，再逐段进行分

立面　平面

a)

立面　平面

b)

49

图 2-27　三通的轴测图

析，弄清在左右、前后、上下这六个空间方位上每一段管线的具体走向，并确定同各轴测轴的关系，这一步骤称为定轴定方位。

3）画管道轴测图时，不论是正等测还是斜等测，都根据简化了的轴向缩短率1∶1绘制。线型一般都用单根粗实线表示，有时也可用双线表示。

4）具体画图的次序一般是先画前面，再画后面；先画上面，再画下面。管道与设备连接应从设备的管接口处逐步朝外画出，画被挡住的后面或下面的管线画时要断开。

5）画轴测图中的设备时，一律用细实线或双点画线表示。

6）画轴测图时，应注明管路内的工作介质的性质、流动方向、管线标高及坡度等。如果平、立面图上有管件或阀件，也应该在相应的投影位置上标出。

7）在水平走向的管段中法兰要垂直画。在垂直走向的管线中，法兰一般与邻近的水平走向的管段相平行。用螺纹联接的阀门和管件在表示形式上与法兰连接相同，阀门的手轮应与管线平行。

8）根据平、立面图所确定的比例以及简化了的轴向缩短率，用圆规或直尺一段段地量出平、立面图的管线长度，并把它们沿轴向量取在轴测轴或轴测轴的平行线上，然后把量取的各线段连起来即成轴测图。

4. 轴测图的举例

示例要掌握。

例1　根据已知视图画出其他视图和轴测图。

运用投影原理，根据图 2-28a 所示立面图，可以画出图 2-28b 所示的平面图（前后管段长度 2、6 自定）。再根据图 2-28a、b，画出其轴侧图，如图 2-28c 所示。

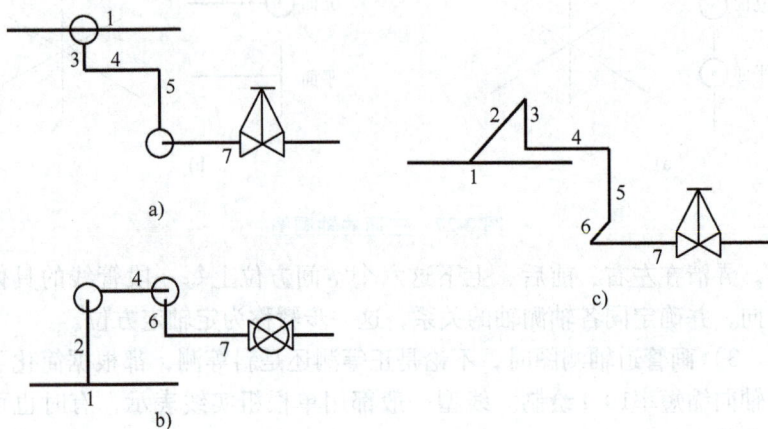

图 2-28　例 1 图

例 2　运用投影原理，根据图 2-29b 所示的平面图，画出图 2-29a 所示的立面图（垂直管段长度 2、5、7、9 自定）。再根据图 2-29a、b，画出其轴测图，如图 2-29c 所示。

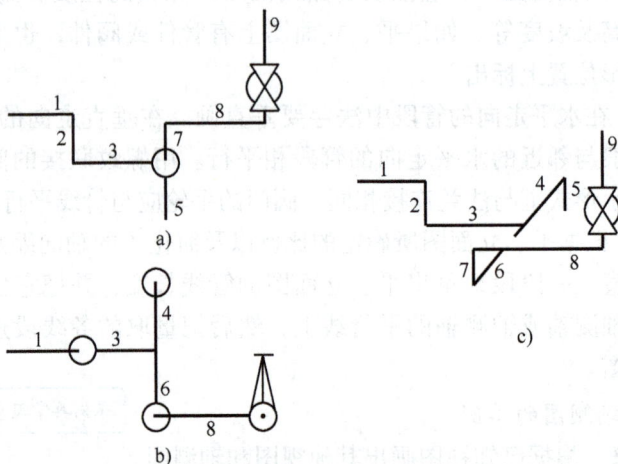

图 2-29　例 2 图

第三节　管道施工图

一、管道施工图的组成

在民用和一般工业建筑中，按专业划分，管道施工图有给水、排水施工图、采暖施工图、通风空调施工图、动力管道施工图（热力管道、空压管道、燃气管道等）、工艺管道施工图、仪表管道施工图等多种专业施工图。

管道施工图从图形和作用来分，种类较多，初级管道工主要应掌握室内给排水管道施工图和室内采暖管道施工图。管道施工图主要包括基本图和详图两部分。基本图主要指设计蓝图，包括图样目录、施工说明、设备材料表、工艺流程图或系统图、平面图、立（剖）面图、轴测图等。详图包括大样图、节点图及有关标准图等。

1. 图样目录

图样目录是把一个工程项目的各种施工图按一定顺序排列，从中不仅可以知道该工程的工程名称、建设单位、设计单位，更主要的是知道图样的名称编号、张数。当拿到一个工程项目的图样时，应首先按图样目录进行清点，以保证取得完整的设计资料。

2. 施工说明

凡是在施工图中无法表达或不便表达，而又必须让施工单位知道的内容，可以用施工说明（有的也写为设计说明）的形式用文字阐述出来，如设计依据、与施工有关的技术数据、特殊要求、采用的施工验收规范和应遵循的技术标准等。

3. 设备材料表

设备材料表一般应列出工程项目所需的设备和主要材料的型号、规格、数量，以供建设单位和施工单位参考。

4. 工艺流程图或系统图

工艺流程图或系统图一般用于生产工艺比较复杂的工艺管道系统（如化工管道）和公用工程中的管道系统，通过流程图可以知道生产工艺是如何通过管道系统来实现的，生产设备在生产工艺中的位置和作用、仪表控制点的分布、介质流向等方面的内容，以便对生产工艺有较全面的理解，使施工活动更好地贯彻设计意图。

5. 平面图

平面图表达建筑物的平面轮廓、设备位置、管道分布及其与建筑物、设备的平面关系，此外还要标注管径、标高、坡向、坡度和立管编号。平面图是施工中最基本的图样。

6. 立面图和剖面图

立面图和剖面图是和平面图配套的，平面图中无法表达的管道垂直走向、分布及其与建筑物或设备的关系，都通过不同方向的剖面图表达出来。立面图和剖面图中标注有标高、管径和立管编号。立面图是按照投影原理，根据工程设计表达需要画出的立面视图；剖面图是从一定位置剖切平面图或立面图时，从剖切处按剖切的指示方向看到的立面图。剖切位置线用断开的两段粗实线表示。剖面图的编号一般采用数字或英文字母，按顺序编号。半剖面图一般适用于内外形状对称，其视图和剖面图均为对称图形的管件或阀件。

7. 轴测图

轴测图也称为透视图，它是一种立体图，能反映管道系统的空间布置形式。看轴测图时对照平面图、立面图或剖面图，就会建立起管道系统的立体概念。轴测图除标注管径、立管编号和主要位置的标高外，还示意性地标明管道穿越建筑物基础、地面、楼板、屋面。对一般民用建筑和高层建筑的地上部分的给水排水、雨水、采暖、消防、空调水等管道，由于平面布置比较简单，有时设计单位只提供平面图和轴测图或系统图，只在设备层的机房配管设计中提供局部的剖面图或立面图。

8. 大样图和节点图

大样图和节点图都是用于表示管道密集部位的连接方法和相互关系的局部详图，是对前面所介绍的几种图样的补充和局部细化。大样图和节点图常常采用标准图或设计院的重复使用图。

9. 标准图

标准图是由国家有关部委批准颁发的具有通用性质的详图，用以表示管道与设备、附件连接或安装的详细尺寸和具体要求。工程中采用的标准图图号会在设计图中说明。

二、管道施工图的表示方法

1. 图线

1）新建给水排水管线采用粗线。

> 管道施工图的表达方法要掌握。

2）给水排水设备、构件的轮廓线，新建建筑物、构筑物的轮廓线采用中实线（可见）、中虚线（不可见）。原有给水排水管采用中粗线。

3）原有建筑物、构筑物轮廓线，被剖切的建筑构造轮廓线采用细实线（可见）、细虚线（不可见）。

4）尺寸、图例、标高、设计地面线等采用细实线。

5）细点划线、折断线、波浪线等的使用与建筑图相同。

2. 标题栏

标题栏位于图样右下角，格式大体见表 2-1。其中，图名区表明本图所属的专业和图的内容，图号表明本专业图样编号顺序。

表 2-1 标题栏格式

设 计 单 位 全 称						
工程名称						
审定		设计人			设计号	
审核		工程负责人		图名	图 号	
校对		设计制图			日 期	

3. 比例

图形的大小与其实际大小之比称为比例。比例有与实物相同的比例，即1:1；有缩小的比例，如在1：50的图上，实长 1000mm 的管线，在图上只画 20mm 长；也有放大的比例，如零配件的详图，在2：1的图上，实际长 20mm，在图上画 40mm。

在实际工程绘图中，常用比例见表 2-2。

表 2-2　工程绘图中常用比例

名　称	比　例					
室内给排水平面图	1：300	1：200	1：100	1：50		
给排水系统图	1：200	1：100	1：50			
供暖总平面图	1：500	1：100				
室内采暖平面图	1：100	1：50				
剖面图	1：50	1：20				
详图	1：20	1：10	1：5	1：2	1：1	2：1

4. 标高

1）管道在建筑物内的安装高度用标高表示，标高的单位为 m，一般注至小数点后第三位，在总图中可注写到小数点后二位。

2）标注位置，管道应标注起迄点、转角点、连接点、变坡点、交叉点的标高。压力管道宜标注管中心标高，室内外重力管道宜标注管内底标高。必要时，室内架空重力管道可标注管中心标高，但图中应加以说明。

3）标高种类，室内管道应注相对标高，室外管道宜注绝对标高，无资料时可注相对标高，但应与总图专业一致。

4）标注方法。平面图、系统图按图 2-30 的方式标注。

5）管道标高一般以建筑物底层室内地坪面作为正负零（±0.000），比该基准高时作正号（+）表示，也可以不写正号；比该

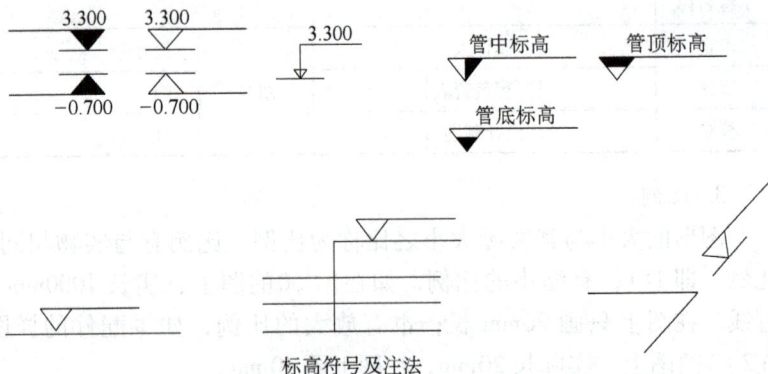

标高符号及注法

图 2-30　标高符号及注法

基准低时必须用负号（－）表示。

室外管道的标高用绝对标高表示，绝对标高也称为海拔标高或海拔高程。每个施工现场都有绝对标高控制点，土建施工单位掌握这方面的资料。

中、小直径管道一般标注管道中心的标高，排水管等重力流管道通常标注管底标高。所谓重力流管道，是指管道介质在没有压力的情况下靠重力作用沿坡度来流动的管道，也称无压管道。大直径管道较多地采用标注管底标高。

除标高以米为单位以外，施工图中的其他尺寸均以毫米计。

5. 管径

1）管径的单位为 mm。

2）管径的表示方法。低压流体输送用镀锌焊接钢管、不镀锌焊接钢管、铸铁管、硬聚氯乙烯管、聚丙烯管等，管径应以公称通径 DN 表示（如 $DN15$、$DN50$ 等）；耐酸陶瓷管、混凝土管、钢筋混凝土管、陶土管（缸瓦管）等，管径应以内径 d 表示（如 $d230$、$d380$ 等）。

焊接钢管、无缝钢管等，管径应以外径 × 壁厚表示（如 $D108mm \times 4mm$、$D159mm \times 4.5mm$ 等）。

3）管径的标注方法。单管及多管标注如图 2-31 所示。

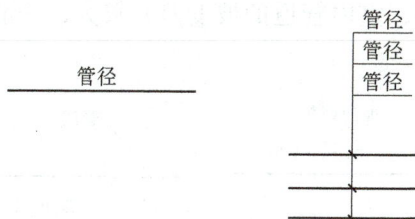

图 2-31 管径的标注方法

6. 编号

1）当建筑物的给排水进、出口数量多于一个时，宜用阿拉伯数字编号（见图 2-32a）。

2）建筑物内穿过一层及多于一层楼层的立管，其数量多于一个时，宜用阿拉伯数字编号（见图 2-32b），JL 为管道类别和立管代号。

3）给排水附属构筑物（阀门井、检查井、水表、化粪池等）多于一个时应编号。给水阀门井的编号顺序，应从水源到用户，从干管到支管再到用户。排水检查井的编号顺序，应从上游到下游，先支管后干管。

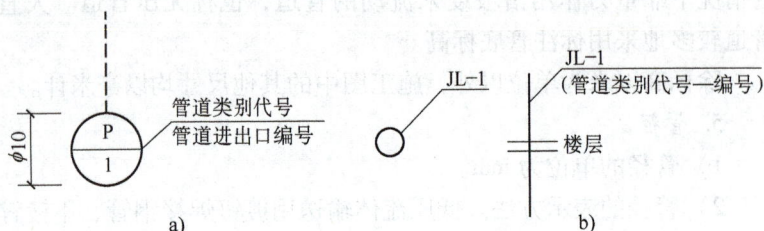

图 2-32　管道编号表示方法

a）给水、排水进出口编号　b）立管编号

7. 坡度和坡向

水平管道往往需要按一定的坡度敷设。坡度符号用 i 表示，坡度符号后表明坡度值；坡向符号用箭头表示，表示坡度下降的方向；坡度通常表示方法如图 2-33 所示。室外管道和室内干管的坡度一般为 $0.002 \sim 0.005$，室内管道的坡度差异较大，一般在 $0.003 \sim 0.02$ 之间。

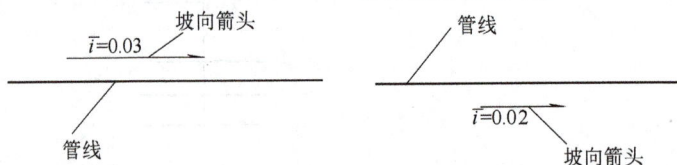

图 2-33　坡度的表示方法

8. 方向标

管道图中的方向标与建筑图一致，通常为指北针和风玫瑰图，如图 2-34 所示。

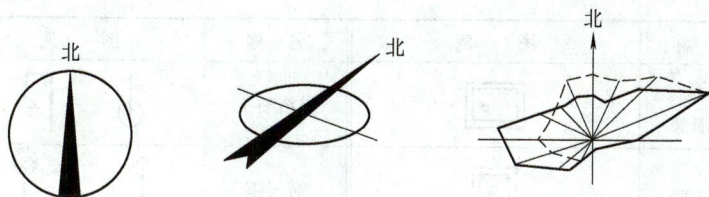

图 2-34　指北针及风玫瑰图

9. 给排水工程施工图图例

为使专业制图做到基本统一，清晰简明，提高制图效率，满足设计、施工、存档等要求，国家制定了《给水排水制图标准》，见表 2-3 列出了室内给排水工程图中常用的图例。

表 2-3　室内给排水工程图图例（GB/T 50106—2001）

名　称	图　例	名　称	图　例
生活给水管	——— J ———	闸阀	
污水管	——— W ———	存水弯	
多孔管		截止阀	$DN \geqslant 50$　　$DN < 50$
立管检查口		单向阀	
清扫口	平面　　系统	放水龙头	
地漏		室外消火栓	
承插连接		立式洗脸盆	
法兰连接		浴盆	

（续）

名　称	图　例	名　称	图　例
化验盆、洗涤盆		淋浴喷头	
污水池		通气帽	成品　　铅丝球
挂式小便器		离心水泵	平面　系统
蹲式大便器		温度计	
坐式大便器		压力表	
小便槽		流量计	

第四节　识读管道工程施工图

一、管道工程施工图的识读方法

管道施工图的识图顺序为：首先看图样目录，以了解工程设计的整体情况，其次看施工说明书、材料设备表等文字资料，然后再按照流程图、平面图、立（剖）面图、轴测图及详图的顺序仔细识读。在识读过程中，一般应遵循从整体到局部、从大到小、从大直径主干管到小直径立、支管的原则。

以系统为线索就是先通过看系统图对工程有个大致了解。看给水系统图的顺序为：房屋给水引入管→水表井→给水干管→立管→支管→用水设备（水嘴、淋浴器、冲洗水箱等）。看排水系统图的顺序是排水设备（洗脸盆、污水池、大便器等）→排水支管→横管→立管→干管→房屋污水排出管。简言之，是按给水（自来水）和污水的流向来看的。

识读施工图时应以平面图为主，同时对照立面图、剖面图、轴测图；弄清管道系统的立体布置情况。对于生产工艺管道，还应当对照流程图，了解生产工艺过程，求得对工艺管道系统的理性认识。对局部细节的了解则要看大样图、节点图和标准图等。

识读施工图过程中要弄清几个要素，即介质、管道材料、连接方式、关键位置标高、坡向及坡度、防腐及绝热要求、阀门型号及规格，管道系统试验压力等。

二、室内给排水平面图

> 要掌握工程图的识读方法。

下面以室内给排水工程、采暖工程施工图为例来识读施工图。

室内给排水施工图主要包括给排水平面图、系统轴测图和详图等。

1. 内容

室内给排水平面图是表明给排水管道及设备平面布置的图样，主要包括：

1）各用水设备的平面位置、类型。

2）给水管网及排水管网的各个干管、立管、支管的平面位置、走向、立管编号和管道的安装方式（明装或暗装）。

3）管道器材设备如阀门、消火栓、地漏、清扫口等的平面位置，给水引入管、水表节点、污水排出管的平面位置、走向及与室外给水、排水管网的连接（底层平面图）。

4）管道及设备安装预留洞位置、预埋件、管沟等方面对土建的要求。

2. 绘制

（1）平面图的数量和范围　多层房屋的管道平面图原则上应分层绘制，管道系统布置相同的楼层平面可以绘制一个平面图，但底层平面图仍应单独画出。

底层管道平面图应画出整幢房屋的建筑平面图，其余各层可仅画布置有管道的局部平面图。

（2）房屋平面图　室内给排水平面图是在建筑平面图的基础上表明给排水有关内容的图样，因此该图中的建筑轮廓线应与建筑平面图一致。但该图中的房屋平面图不是用于土建施工，而仅作为管道系统及设备的水平布局和定位的基准。因此，仅需抄绘房屋的墙身、柱、门窗洞、楼梯、台阶等主要构配件，至于房屋细部、门扇、门窗代号等均略去。

可采用与建筑平面图相同的比例，如显示不清可放大比例。

图线采用细线绘制。底层平面图要画全轴线，楼层平面图可仅画边界轴线。

（3）卫生器具平面图　卫生器具中的洗脸盆、大便器、小便器等都是工业产品，不必详细表示，可按规定图例画出；而盥洗台、大便槽、小便槽等是在现场砌筑的，其详图由建筑专业绘制，在管道平面图中仅需画出其主要轮廓。

卫生器具的图线采用中实线绘制。

（4）管道平面图　管道平面图是用水平剖切平面剖切后的水平投影，然而各种管道不论在楼面（地面）之上或之下，都不考虑其可见性。亦即每层平面图中的管道均以连接该层卫生设备的管路为准，而不是以楼地面为分界。如属本层使用但安装在下层空间的重力管道，均绘于本层平面图上。

一般将给水系统和排水系统绘制于同一平面图上，这对于设计和施工以及识读都比较方便。

在底层管道平面图中，各种管道要按照系统编号。系统的划分视具体情况而异，一般给水管道以每一引入管为一个系统；排水管道以每一排出管为一排水系统。

由于管道的连接一般均采用连接配件，往往另有安装详图，平面图（及系统图）中的管道连接均为简略表示，具有示意性。

（5）尺寸标注　房屋的水平方向尺寸一般只需在底层管道平面图中注出轴线尺寸，另外要注出地面标高（底层平面还需注出室外地面整平标高）。

卫生器具和管道一般都是沿墙靠柱设置的，不必标注定位尺寸（一般在说明中写明），必要时，以墙面或柱面为基准标出。卫生器具的规格可在施工说明中写明。

管道的管径、坡度和标高均标注在管道系统图中，在管道平面图中不必标注。

（6）绘图步骤　描绘"建筑施工图"的建筑平面图（有关部分）及卫生器具平面图。画出给排水管道平面图。标注尺寸、标高、系统编号等，注写有关文字说明及图例。

三、室内给排水系统图

1. 内容

室内给排水系统图是根据各层给排水平面图中管道及用水设备的平面位置和竖向标高用正面斜轴测投影绘制而成的。它表明室内给水管网和排水管网上下层之间，左右前后之间的空间关系。该图注有各管径尺寸、立管编号、管道标高和坡度，并标明各种器材在管道上的位置。把系统图与平面图对照阅读可以了解整个室内给排水管道系统的全貌。

2. 绘制

（1）轴向选择　管道系统图一般采用正面斜等测投影绘制，亦即 OX 轴处于水平位置，OZ 轴铅垂，OY 轴一般与水平线成45°夹角，三轴的变形系数都是1。

管道系统图的轴向要与管道平面图的轴向一致，亦即 OX 轴与管道平面图的长度方向一致，OY 轴与管道平面图的宽度方向一致。

根据轴测投影的性质，在管道系统图中，与轴向或 XOZ 坐标面平行的管道反映实长，与轴向或 XOZ 坐标面不平行的管道不反映实长。

（2）比例　管道系统图一般采用与管道平面图相同的比例绘制，管道系统复杂时亦可放大比例。

当采取与平面图相同的比例时，绘制轴测图比较方便，OX 和 OY，轴向的尺寸可直接从平面图上量取，OZ 轴向的尺寸可依层高和设备安装高度量取（设备安装高度可参见卫生设备施工安装详图）。

（3）管道系统　各管道系统图符号的编号应与底层管道平面图中的系统编号一致。

管道系统图一般应按系统分别绘制，这样可避免过多的管道重叠和交叉。

管道的画法与平面图的画法一样，给水管道采用粗实线，排水管道用粗虚线，管道器材用图例表示，卫生器具可省略不画。

当空间交叉的管道在图中相交时，在相交处将被挡的后面或下面的管线断开。

当各层管网布置相同时，不必层层重复画出，而只需在管道省略折断处标注"同某层"即可。管道连接的画法具有示意性。

当管道过于集中，无法画清楚时，可将某些管段断开，移至别处画出，在断开处给以明确的标记。

（4）房屋构件位置关系的表示 为了反映管道和房屋的联系，在管道系统图中还要画出被管道穿过的墙、地面、楼面、屋面的位置，这些构件的图线用细实线画出，构件剖面的方向按所穿越管道的轴测方向绘制。其表示方法如图2-35所示。

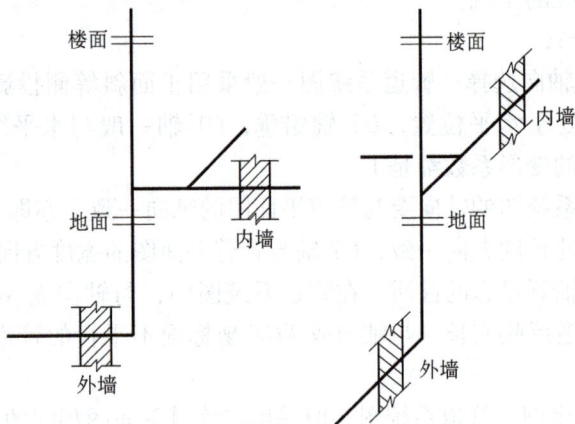

图2-35 管道与房屋构件位置关系表示方法

3. 尺寸标注

（1）管径 管道系统中所有管段均需标注管径，当连续几段管段的管径相同时，可仅注其中两端管段的管径，中间管段可省略不注。

（2）坡度 凡有坡度的横管都要注出其坡度，坡度符号的箭头应指向下坡方向。当排水横管采用标准坡度时，图中可省略不注，而在施工说明中写明。

（3）标高　管道系统图中标注的标高是相对标高，即以底层室内地坪为 ±0.000m。在给水管道系统图中，标高以管中心为准，一般要注出横管、阀门、放水嘴和水箱各部位的标高。在排水管道系统图中，横管的标高一般由卫生器具的安装高度和管件尺寸所决定，所以不必标注，必要时架空管道可标注管中心标高，但图中应加以说明，检查口和排出管起点（管内底）的标高均需标出。此外，还要标注室内地面、室外地面、各层楼面和屋面等的标高。标高符号可略小于"国标"规定，其高一般采用 2 ~ 2.5mm。

（4）图例　管道平面图和系统图应列出统一图例，其大小要与图中的图例大小相同。

（5）绘图步骤　管道系统图应参照管道平面图按管道系统编号分别绘制。先画立管，然后依次画立管上的各层地面线、屋面线，给水引入管或污水排出管、通气管，给水引入管或污水排出管所穿越的外墙位置，从立管上引出各横管，在横管上画出用水设备的给水连接支管或排水承接支管；再画出管道系统上的阀门、水嘴、检查口等器材，最后标注管径、标高、坡度、有关尺寸及编号等。

四、识读平面图和系统图

1. 识读方法

1）熟悉图样目录，了解设计说明，在此基础上将平面图与系统图联系对照识读。

2）应按给水系统和排水系统分系统分别识读，在同类系统中应按编号依次识读。①给水系统根据管网系统编号，从给水引人管开始沿水流方向经干管、立管、支管直至用水设备，循序渐进。②排水系统根据管网系统编号，从用水设备开始沿排水方向经支管、立管、排出管到室外检查井，循序渐进。

3）在施工图中，对于某些常见部位的管道器材、设备等细部的位置、尺寸和构造要求，往往是不加说明的，而是遵循专业设计规范、施工操作规程等标准进行施工的，读图时欲了解其详细做法，尚需参照有关标准图集和安装详图。

2. 实例

下面以某科研所办公楼为例加以识读。如图 2-36 ~ 图 2-38 所示。

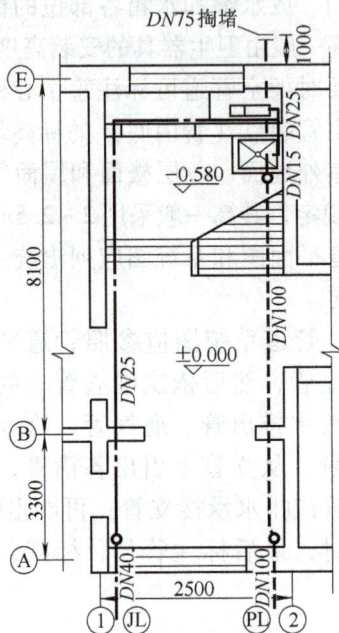

图 2-36　首层给排水平面图

3. 平面图

1）搞清各层平面中哪些房间布置有卫生器具，是否有管道通过，它们是如何布置的，这些房间的楼地面标高是多少。

由图可知，在该办公楼的三层中均设有厕所（其他房间无给排水设施）。一层厕所位于楼梯平台之下，内设大便器一个，厕所外设一污水池。二、三层厕所位于楼梯对面，内设大便器两个、污水池一个、小便斗两个，均沿内墙顺次布置。一层厕所地面标高为0.580m，二、三层厕所地面标高分别为 3.580m 和 7.180m（均较本层地面低 0.020m）。

2）搞清有几个管道系统。

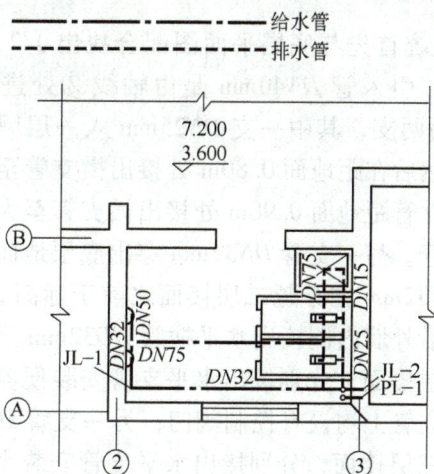

图 2-37　二、三层给排水平面图

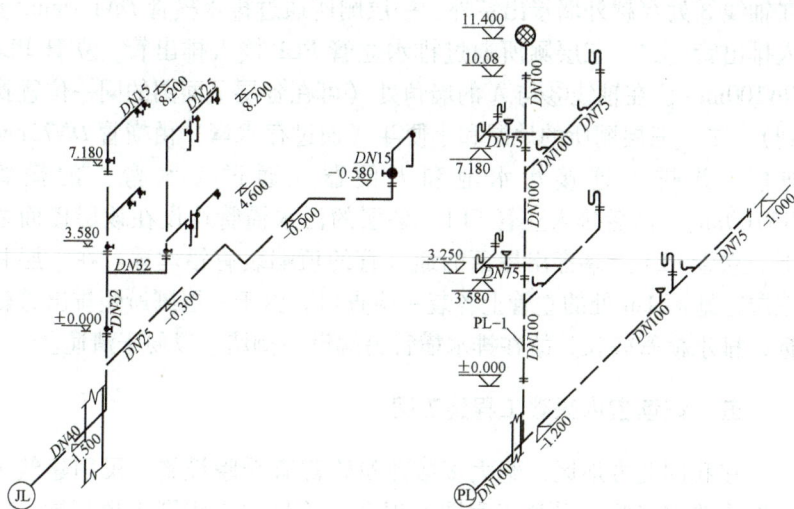

图 2-38　给排水管道系统图

根据底层管道平面图的系统索引符号可知给水系统有 J/1，排水系统有 P/1。

4. 系统图

1）给水系统首先与底层平面图配合找出 J/2 管道系统的引入管。由图可知，引入管 $DN40mm$ 是由轴线②处进入室内，于标高 $-0.30m$ 处分为两支，其中一支 $DN25mm$ 入一层厕所，出地面后设一控制阀门，然后在距地面 $0.80m$ 处接出横支管至污水池上并安装水嘴一个，在立管距地面 $0.98m$ 处接出横支管至大便器上并安装冲洗阀门和冲洗管。另一支管 $DN32mm$ 穿出底层地面沿墙直上供上层厕所，立管 $DN32mm$ 在穿越二层楼面之前于标高 $3.300m$ 处再分两支，其中一支沿外墙内侧接出水平横管 $ND32mm$ 至轴线③处墙角向上穿越二、三层楼面，分别接出水平支管安装便器冲洗管和污水池水嘴，在每层立管上均设有控制阀门；另一支管 $DN15mm$ 沿原立管向上穿越二、三层楼面，分别接出水平支管安装小便斗，小便斗连接支管，每层立管上均设有控制阀门。

2）排水系统配合底层平面图可知本系统有一排出管 $DN100mm$ 在轴线③处穿越外墙接出室外，一层厕所通过排水横管 $DN100mm$ 接入排出管，二、三层厕所通过排水立管 PL1 接入排出管，立管 PL1 $DN100mm$ 位在轴线③与 A 的墙角处（可在各层平面图的同一位置找到）。二、三层厕所的地漏和小便斗（通过存水弯）由横管 $DN75mm$ 连接，并排入连接污水池和大便器（通过存水弯）的横管 $DN100mm$，然后排入立管 PL1。各层的污水横管均设在该层楼面之下。立管 PL1 上端穿出屋面的通气管的顶端装有铅丝球。在一层和三层距地面 1m 处的立管上各装一检查口。由于一层厕所距排出管较远，排水横管较长，故在排水横管另端设一掏堵，以便于清通。

五、识读室内采暖工程施工图

在我国北方地区，绝大多数建筑物都有采暖设施，民用建筑中一般为热水采暖。采暖工程图的识读与给排水工程图大致相同。室内采暖工程施工图的识读要点如下：

1）先根据平面图和轴测图（必要时辅以立面图、剖面图）弄清整个管道系统的组成情况。与室内给排水管道系统不同的是，室内采暖管道系统是一个封闭的系统，其管道布置有多种不同的形式。

冬季采暖用的热水可来自热水锅炉、水加热器或区域性热水管网。热水靠水泵来循环，管道系统内的水温是变化的，尤其是在系统启动或停止时水温变化更大，因此在管道系统的最高处设有膨胀水箱。为了及时排放运行过程中析出的气体，在管道系统的特定部位，还应装设集气罐。

2）识读施工图时，应先查明建筑物内散热器的位置、型号及规格，了解干管的布置方式，干管上的阀门、固定支架、补偿器的位置。采暖施工图上的立管都进行编号，编号写在直径为 8~10mm 的圆圈内。采暖施工图的详图包括标准图和详图。标准图是室内采暖管道施工图的主要组成部分，供水、回水立管与散热器之间的具体连接形式和尺寸要求，一般都由标准图反映出来。

3）应注意施工图中是如何解决管道热胀问题的，要弄清补偿器的形式和管道固定支架的位置。

4）对于蒸汽采暖系统，要注意疏水阀和凝结水管道的设计布置。

复习思考题

1. 什么是投影？投影法可分哪两类？

2. 什么是视图？试述三视图的投影规律。

3. 管道、弯头、三通、四通、大小头的单线图如何绘制？

4. 管路的重叠、交叉如何表示？

5. 什么是管道的轴测图？可分哪两种？

6. 弯管和三通的轴测图如何绘制？

7. 试述轴测图的简单画法。

8. 给排水、采暖工程施工图由哪些图样组成？

9. 熟悉给排水施工图的常用图例。

10. 什么是相对标高、绝对标高？室内给排水管道的管道标高应标注在什么位置？

11. 管道施工图识图的原则和顺序是什么？

12. 如何识读室内给排水管道平面图？

13. 如何识读室内给排水管道系统图？

14. 如何识读室内采暖管道施工图？

第三章

管道预制与连接

培训学习目标 了解使用量尺的方法及选用原则，掌握管道常用的管材种类及选用原则、管件的规格及使用，重点掌握管道的基本操作技能和管道的连接方法。

第一节 常用管材

一、管材、管件的通用标准

管道系统由管子、管件和附件等组成。为了使管子、管件及阀门附件在配套连接上，能达到既合理又方便的目的，必须使这些制件有最大的互换性和通用性。为了保证其互换性和通用性，便于管子和管件的组织生产、设计、施工，国家或行业制定了统一规定的标准，各生产厂家、设计部门或施工单位都必须认真贯彻并采用这些通用标准。

初级管道工应掌握以下通用标准：

1. 公称通径 　要掌握公称通径的概念。

在管道施工中，由于其用途不同，需要不同外径的管子。同一外径的管子，由于壁厚不同，其内径也不相同。加以管道系统还需要各种与直径相对应的管路附件，包括管件、阀门和法兰等，这就使所需管材和附件的直径尺寸增多，给制造、设计和施工造成困难。为了能大批生产，降低成本，减少备件的储量，使管子和管路附件具有互换性，应对管子和管路附件实行标准化，这就产生了公称通径。

公称通径是指能使管子、管件及阀门等相互连接在一起而规定的标准通径。有时也称为公称直径或名义直径。它是就内径而言的标准，近似于内径而不是实际内径。公称通径用符号 DN 表示，其后注明公称通径数值为毫米（mm）。如 $DN100$ 表明管子公称通径为100mm。《管道元件的公称通径》GB/T 1047—1995 中规定，公称通径 3～4000mm 共分 65 个级别，其中管道工常用公称通径（DN），单位为 mm 共有 6、10、15、20、25、40、50、80、100、150、200、250、300、400、450、500、600、700、800、900、1000、1100、1200、1300、1400、1500、1600 等 27 种规格。

阀门和铸铁管的内径通常与公称通径相等。钢管的实际内径和外径与公称通径一般都不相等，但它的内径都接近公称通径。如公称通径 $DN100mm$ 的低压流体输送用焊接钢管，外径为 $D114mm$，内径 $d106mm$。

因为低压流体输送用焊接钢管常用英制管螺纹连接，所以管径也常用英寸为单位。有一公称通径，就有一相应的管螺纹，这样就简化了管子及管路附件的规格。

焊接钢管分为螺旋管和直缝管，规格用外径×壁厚来表示。

无缝钢管由于生产工艺不同，分为热轧和冷拔两种，而且每一种外径的管子又有多种不同的壁厚。因此无缝钢管的规格也是用外径×壁厚来表示，如 $D108mm \times 4mm$。

为方便起见，在中、低压管道设计施工中，常选用比较接近公称通径的无缝钢管和焊接钢管，以提高管子的互换性。

管道公称通径与相应的管螺纹、无缝钢管的对应规格，见表 3-1。

2. 公称压力

> 要掌握公称压力的概念。

管道及其附件输送的介质是有压力的，不同压力的介质需用不同强度标准的管道及附件来输送。为使生产部门能生产出不同要求的管材，设计和使用部门能正确选用管材，于是便规定了一个系列的压力等级，这些压力被称为公称压力。

表 3-1　管径规格对照表

公称通径/mm	相应管螺纹/in	相应无缝钢管（外径×壁厚）/mm	公称通径/mm	相应管螺纹/in	相应无缝钢管（外径×壁厚）/mm
10	3/8	18×2.5	125	5	133×4.5
15	1/2	22×3	150	6	159×4.5
20	3/4	25×3	200	—	219×6
25	1	32×3.5	250	—	273×8
32	5/4	38×3.5	300	—	325×8
40	3/2	45×3.5	350	—	377×9
50	2	57×3.5	400	—	426×9
70	5/2	76×4	450	—	480×10
80	3	89×4	500	—	530×10
100	4	108×4	600	—	630×10

公称压力用符号 pN 表示，单位为 MPa。《管道元件公称压力》GB/T 1048—1990 中规定，公称压力由 0.05～335MPa，共有 30 个级别，其中管道工常用的公称压力标准有 0.25、0.40、0.60、1.0、1.6、2.5、4.0、6.3、10、16、20、32MPa。按照现行规定：低压管道的公称压力分为 0.1、0.25、0.6、1.0、1.6MPa 五个压力级别，中压管道的公称压力分为 2.5、4.0、6.4 和 10MPa 四个压力级，公称压力大于 10MPa 的为高压管道。

现行标准还规定：以低于 100℃ 的水作水压试验的标准，以检查管道及管道附件的机械强度与密封性能，即管件和管道的试验压力，用符号 ps 表示。通常试验压力为公称压力的 2～1.5 倍，公称压力大则倍数值小些。

工作压力是指管道在正常运行情况下，所输送的工作介质的压力，用符号 p 表示。介质最高工作温度数值除以 10 所得的整数值，可标注在 p 的右下角。例如介质最高工作温度为 250℃，工作压力为 1.0MPa，用 $p_{25}1.0$ 表示。

工作时介质具有温度，温度升高则会降低材料的机械强度，因此，管道及其附件的最高工作压力随介质温度的升高而降低。

碳素结构钢（简称碳钢）与铸铁制品管道及附件的公称压力、试验压力及工作压力见表3-2、表3-3。

表3-2 碳素结构钢管道及附件的工作压力

公称压力 $p\text{N/MPa}$	试验压力（用低于100℃的水）p_s/MPa	介质工作工作温度/℃						
		200	250	300	350	400	425	450
		最大工作压力 p/MPa						
0.1	0.2	0.1	0.1	0.1	0.07	0.06	0.06	0.05
0.25	0.4	0.25	0.23	0.2	0.18	0.16	0.14	0.11
0.4	0.6	0.4	0.37	0.33	0.29	0.26	0.23	0.18
0.6	0.9	0.6	0.55	0.5	0.44	0.38	0.35	0.27
1.0	1.5	1.0	0.92	0.82	0.73	0.64	0.58	0.45
1.6	2.4	1.6	1.5	1.8	1.2	1.0	0.9	0.7
2.5	3.8	2.54	2.3	2.0	1.3	1.6	1.4	1.1
4.0	6.0	4.0	3.7	3.3	3.0	2.8	2.3	1.8
6.4	9.6	6.4	5.9	5.2	4.7	4.1	3.7	2.9

表3-3 灰铸铁、可锻铸铁管道及附件的工作压力

公称压力 $p\text{N/MPa}$	试验压力（用低于100℃的水）p_s/MPa	介质工作温度/℃			
		<120	200	250	300
		最大工作压力 p/MPa			
		p_{12}	p_{20}	p_{25}	p_{30}
0.1	0.2	0.1	0.1	0.1	0.1
0.25	0.4	0.25	0.25	0.2	0.2
0.4	0.6	0.4	0.38	0.36	0.32
0.6	0.9	0.6	0.55	0.5	0.5
1.0	1.5	1.0	0.9	0.8	0.8
1.6	2.4	1.6	1.5	1.4	1.3
2.5	3.8	2.5	2.3	2.1	2.0

二、常用的管材

管道工程所用的管材可分为金属管材和非金属管材两种。金属

管又分为钢管、铸铁管和有色金属管，非金属管有钢筋混凝土管、石棉水泥管、塑料管和陶土管等。

初级管道工应掌握以下常用的管材。

1. 无缝钢管

无缝钢管通常用普通碳素结构钢、优质碳素结构钢及合金结构钢制成，分为冷拔（冷轧）和热轧两种。规格用外径×壁厚表示。常用无缝钢管的外径从 $\phi12mm \sim \phi200mm$，壁厚从 $2.5 \sim 10mm$，其中壁厚小于 6mm 者是最常用的。

无缝钢管品种规格多，又具有强度高、耐压高、韧性强、管段长、容易加工焊接的优点，是管道工程中最常用的一种材料。其缺点是价格高，容易锈蚀，使用寿命不长。用镍铬不锈钢制成的无缝钢管，则耐腐蚀，耐酸性强，常用于有特殊要求的化工管道。

无缝钢管多用于压力较高的管道，如氧气管道、压缩空气管道、热力管道、氨制冷管道、乙炔管道，以及除强腐蚀性介质以外的各种化工管道。

2. 焊接钢管

焊接钢管又称有缝钢管，有缝钢管又分为低压流体输送用焊接钢管和卷焊钢管两种。

（1）低压流体输送用焊接钢管　这种钢管用碳素钢制造，分成不镀锌（黑铁管）和镀锌（白铁管）、管端部带螺纹和不带螺纹的几种；按壁厚又分为普通管、加厚管和薄壁管。

低压流体输送用焊接钢管应用广泛，通常的小直径低压力（压力在1MPa以下的介质）管道一般都用这种管子，如室内给水、采暖、煤气管道等。它也可用于公称通径不大于65mm、工作压力不超过0.8MPa的压缩空气管道。

低压流体输送用焊接钢管和镀锌焊接钢管规格（以公称通径表示），见表3-4。

（2）卷焊钢管　卷焊钢管有直缝焊接钢管、螺旋缝焊接钢管及直缝卷制焊接钢管等。

直缝焊接钢管的管壁较薄，故工业上用得较少。这种钢管一般用于工作压力不超过1.6MPa、介质温度不超过200℃的管道，如凝结水管道和废气管道等。

表 3-4 低压流体输送用焊接钢管、镀锌焊接钢管规格

公称直径		外径/mm		普通钢管			加厚钢管		
				壁厚		理论重量 /kg/m	壁厚		理论重量/ (kg/m)
/mm	/in①	外径	允许偏差	公称尺寸 /mm	允许偏差		公称尺寸 /mm	允许偏差	
8	$\frac{1}{4}$	13.5		2.25		0.62	2.75		0.73
10	$\frac{3}{8}$	17.0		2.25		0.82	2.75		0.97
15	$\frac{1}{2}$	21.3		2.75	+12%	1.26	3.25	+12%	1.45
20	$\frac{3}{4}$	26.8	±0.50	2.75		1.63	3.50		2.01
25	1	33.5		3.25	−15%	2.42	4.00	−15%	2.91
32	$1\frac{1}{4}$	42.5		3.25		3.13	4.00		3.78
40	$1\frac{1}{2}$	48.0		3.50		3.84	4.25		4.58
50	2	60.0		3.50		4.88	4.50		6.16
65	$2\frac{1}{2}$	75.5		3.75		6.64	4.50		7.88
80	3	88.5		4.00	+12%	8.34	4.75	+12%	9.81
100	4	114.0	±1%	4.00	−15%	10.85	5.00	−15%	13.44
125	5	140.0		4.50		15.04	5.50		18.24
150	6	165.0		4.50		17.81	5.50		21.63

① "in" 非法定计量单位, 1in = 25.4mm, 下同。

螺旋缝焊接钢管常用的规格有 $\phi 19mm \times 5mm$、$\phi 73mm \times 6mm$、$\phi 325mm \times 6mm$、$\phi 26mm \times 8mm$ 等。这种管道的制成品长度较长，除外径为 $\phi 219mm$ 的管子长度为 7～12m 外，其余规格的管子长度可达 8～18m。螺旋缝焊接钢管用碳素结构钢或低合金结构钢制造，通常用于工作压力不超过 2.0MPa、介质温度不超过 200℃ 的直径较大的管道，如室外煤气、天然气和凝结水管道。

直缝卷制焊接钢管是现场用钢板卷制焊接而成的，管段由钢板

和卷板机而定，材料根据需要而确定。其常用的规格有 ϕ325mm × 6mm、ϕ426mm ×7mm、ϕ30mm ×9mm、ϕ30mm ×10mm、ϕ720mm × 10mm、ϕ820mm ×10mm 等。

3. 铸铁管

铸铁管主要用于给排水，分为给水铸铁管和排水铸铁管两种。按连接方法不同分为承插式和法兰式两种。用得较多的是承插式，但当与带法兰的控制件（如阀门）相连接则常用法兰式。近来市政给水和地下煤气管线也大量采用法兰式铸铁管。

给水铸铁管与排水铸铁管从外形上可分辨出，因为给水铸铁管要承受压力，与排水铸铁管相比管壁要厚，承口（喇叭口）要深。

铸铁管是由灰铸铁铸造的，它含有耐腐蚀元素及微细的石墨，出厂时管内外表面涂有沥青，故具有良好的耐腐蚀性。因此，铸铁管的使用寿命比钢管长，但缺点是性质较脆，不能抗撞击。

铸铁管有低压、中压和高压三种承压范围。使用时要选用与实际的工作压力相适应的管材，防止超压和发生事故。

铸铁管的规格用公称通径表示。它的实际内径与公称通径是基本相同的，通常从 DN75mm、DN100mm、DN125mm、DN150mm、DN200mm 一直到 DN1500mm，有近 20 种。管子长度一般为 3～6m。

铸铁管常用于埋设的给水、煤气、天然气管道和下水管道。硅铁铸铁管道则用于化工管道，因为它具有抵抗多种强酸腐蚀的性能。

4. 塑料管道

重点掌握新型塑料管道。

塑料是以合成树脂为主要成分，加入填充剂、稳定剂、增塑剂等填料制成。塑料按树脂的不同性质可分为热固性塑料和热塑性塑料。大部分塑料管均为热塑性塑料。这类塑料加热软化后具有良好的可塑性，并可多次反复加热成型，各类塑料管系由挤压机挤压成型而得。塑料管道是我国"十五"期间重点推广应用的化学建材之一。

（1）塑料管道的特性　热塑性塑料管材具有以下特性：

1）密度小，易于运输和安装。塑料管材质较轻，约为钢管的 1/8～1/5，故便于搬运、装卸、施工，可节省大量的施工费用。

2）耐化学腐蚀性优良。塑料对酸、碱、盐均具有良好的耐蚀性能，故适用于化工、电镀、制药等工艺管道。

3）电气绝缘性能佳。塑料管具有优越的电气绝缘性，广泛应用于电信、电力、通风、煤气等场合。

4）热导率小。塑料管是热（冷）介质的不良导体，其热导率仅为金属的 1/150～1/200，可适用于热水（冷冻水）的保温（保冷）输送。

5）良好的机械强度。塑料管具有良好的抗外压、抗冲击性能。

6）对介质阻力小，不影响输送的介质的特性。塑料管内壁相对光滑，对介质的流动阻力极小，其粗糙系数仅为 0.009，因此可减少泵的动力及管壁结垢等现象。同时，塑料管对输送的介质不会造成污染，可避免传统镀锌管流淌黄水的弊端。

7）施工简捷方便。

（2）塑料管道的种类　目前的塑料管材种类很多，应用较广的塑料管材如下：

1）硬聚氯乙烯塑料管（UPVC）　硬聚氯乙烯塑料管是以聚氯乙烯为主要原料配以添加剂，以热塑工艺通过制管机内径挤压而成。硬聚氯乙烯的密度为钢铁的 1/5，线胀系数为普通钢的 5～6 倍，热导率是钢铁的 1/200，其耐热性能较差（长期使用的介质温度一般不宜超过 60℃），而电气绝缘性能良好。硬聚氯乙烯的力学性能、抗冲击性能较普通碳素钢为差，尤其强度，刚度、抗冲击强度等力学性能受温度和时间的制约度很大。硬聚氯乙烯在常温下（或低于50℃），对除强氧化剂以外的各种浓度酸类、碱类、盐类均具有良好的耐蚀性。

硬聚氯乙烯目前广泛应用于建筑给排水、化工、石油、制药等行业。规格有 $\phi40mm \times 2.0mm$、$\phi50mm \times 2.0mm$、$\phi75mm \times 2.3mm$、$\phi110mm \times 3.2mm$、$\phi160mm \times 4.0mm$、$\phi200mm \times 4.4mm$ 等，供货长度为 4～6m/根。

① 硬聚氯乙烯排水管。UPVC 排水管与排水铸铁管相比具有自重小、管壁光滑、流体阻力小及连接便捷等优点。常用的有：

UPVC 实壁内螺旋消声排水管：这是普通 UPVC 的换代产品，污水在管内经螺旋筋的导流作用下呈螺旋状下落,可减少排水管的噪声。

UPVC 空壁螺旋消声排水管:这是新型结构性的环保节能型管材。通过特定的挤出模具,在管材管壁纵方向上均匀分布椭圆形小孔,并应用特定的模头和其他辅助设施,在 UPVC 空壁管材内壁形成六条三角形螺旋筋。污水在管内壁三角形螺旋筋的导流作用下呈螺旋状下落,并在壁上多孔的双重作用下降低管道噪声,比实壁管材可降噪 7dB,比铸铁管可降噪达 30~40dB。管壁的多孔结构具有质轻消声、保温作用,并具有和同口径 PVC 实壁管相同的刚度。故多适用于高层建筑排水。

UPVC 双壁波纹管:UPVC 双壁波纹管是以聚氯乙烯树脂为原料,将同时挤出的两个中心管与波纹外管熔接在内壁光滑的内管上而制成的。这种管材与传统管材(金属管、陶瓷管、水泥管及平壁塑料管)相比,具有较大的刚度、抗弯强度、抗冲击韧度、抗压强度及良好的柔性。双壁波纹管采用橡胶密封圈承插式连接(柔性接口),可抗地基不均匀沉降,施工中不需做混凝土基础,直接敷设在凹凸不平的地沟中。在建筑施工中多用于埋地排水管。

② 硬聚氯乙烯给水管 UPVC 给水管,用于输送温度低于 45℃ 以下的室内、室外给水。其承压与温度有关:$0℃ \leqslant t \leqslant 25℃$ 承压 $\leqslant 10MPa$;$25℃ < t \leqslant 35℃$ 承压 $\leqslant 0.8MPa$;$35℃ < t \leqslant 45℃$,承压 $\leqslant 0.63MPa$。连接方式有溶剂粘接承插连接、密封圈承插连接。

2)无规共聚聚丙烯管(PP-R 管) PP-R 管具有极佳的节能保温效果,输送水温一般为 95℃ 最高可达 120℃,热导率仅为钢管的 1/200,耐腐蚀,寿命长,PP-R 管比钢管送水噪声小,施工工艺简便,管材、管件均采用同一材料进行热熔焊接,施工速度快,永久密封无渗漏。但是 PP-R 管较金属管硬度低,刚度差,在 5℃ 以下有一定脆性,线胀系数较大,长期受紫外线照射易老化分解。

PP-R 管主要用于冷热水管、采暖管道、空调设备配管、生产给水、纯净水、化工和医药等工艺管道。

3)聚乙烯管(PE 管) 聚乙烯管材由低密度的聚乙烯树脂加入添加剂,经挤压成型而得。特点是:质量轻,仅为镀锌钢管的

1/8，保温性能好，热导率仅为镀锌钢管的 1/150，抗冲击性能强，是 UPVC 的 5 倍，工作条件在 70～120℃，常温下使用工作压力可达 0.4MPa。常用的聚乙烯管为聚乙烯给水管和聚乙烯燃气管。

① 交联聚乙烯（PE-x）给水管。该管材为橘红色，长期使用温度不超过 70℃，故障温度可达 95℃，主要用于建筑热水、地板辐射采暖、太阳能供热等系统。

② 聚乙烯燃气管。中密度聚乙烯管材适用于燃气输配系统。预计我国庭院燃气管道在近年内可全部铺设聚乙烯燃气管材。聚乙烯燃气管具有以下特点：一是使用寿命长。埋地管道在 60～60℃ 范围内可安全使用 50 年以上；二是经济效益显著，与金属管材相比，其成本低，可减少工程投资约 1/3 左右，若采用可盘卷的小口径管材，可进一步降低工程投资；三是施工便捷，其管材密度仅为钢管的 1/8，故易于搬运、弯曲，管材长，接头少，土方量少，无需防腐，连接方式为电熔、热熔连接，施工速度快；四是输送流量大。与金属管材相比，聚乙烯燃气管材管壁光滑，阻力较小，故可增大输送流量，从而节省动力消耗。

5. 复合管道

（1）铝塑复合管（PAP 管）　铝塑复合管是一种新型管材，其内外层为特种高密度聚乙烯，中间层为铝合金层，经氩弧焊对接而成，各层再用特种胶粘合，成为复合管材。它集金属管和塑料管优点为一身，被称为跨世纪的绿色管材。主要应作建筑用冷热水管、采暖空调管、城市燃气管道、压缩空气管、特殊工业管及电磁波隔断管。

铝塑复合管特性是：耐温、耐压、耐腐蚀，不结污垢、不透氧、保温性能好，管道不结露，抗静电、阻燃；可弯曲不反弹、可成卷供应、接头少、渗漏机会少；既可明装，也可暗埋，施工安装简便、施工费用低；重量轻，运输、储存方便。

铝塑复合管的规格用内径外径表示。例 P-1620，表示：普通型铝塑复合管，内径 16mm，外径为 20mm，其标注尺寸与公称外径对应关系见表 3-5。

表3-5 铝塑复合管公称外径与标注尺寸对照表

(单位：mm)

公称外径	14	16	20	25	32	40	50
标准尺寸	1014	1216	1620	2025	2632	3240	4050

铝塑管具有多种颜色，不同的颜色可表示其用途、材质、使用温度、耐压标准，见表3-6。

表3-6 铝塑复合管种类和用途

管材	热水管	建筑给水管	煤气管	特殊用途管	室外用管	电线套管
颜色	橙色	蓝色，白色	黄色	绿色	黑色	灰色
用途	热水供应管中央供暖管空调器管	上下水道给水管	城市煤气管工业用煤气管	压缩空气管船舶用管工业用管真空管	室外裸露管	电磁波隔断管电线导管
材料质量	PEX/AL/PEX	PE/XL/PE	PE/AL/PE	PE/AL/PE	PEX/AL/PEX	PE/AL/PE
连续使用温度/℃	95	65	65	65	95	65
最高使用温度/℃	120	100	100	100	120	100
耐压标准/MPa	1	1	1	1	2	1

（2）钢塑复合管 给水钢塑复合管是采用热胀法工艺在热镀锌焊接钢管内衬硬聚氯乙烯（UPVC）、氯化聚氯乙烯（CPVC）、聚乙烯（PE）、交联聚乙烯（PEX）、聚丙烯（PP）等塑料而成，并借以胶圈或厌氧密封胶止水防腐，与衬塑可锻铸铁管件、涂（衬）塑钢管件配套使用。钢塑复合管是给水管道工程最理想的新型的健康型绿色管材。

钢塑复合管的性能是将钢管的强度高、刚性好、耐高压等性能与塑料的耐腐蚀、不结垢、内壁光滑、流体阻力小等优点复合为一体，使其既承压又耐蚀，从而克服了钢管与塑料管单独使用时的诸多缺陷。

根据内衬塑料耐热性能，钢塑复合管可分为输送冷水型管材、输送热水型管材。冷水型钢塑管的，内衬材料一般多为 UPVC、PE、

PP，热水型钢塑管，其内衬材料为 PEX、CPVC。为了防止施工中冷热水钢塑复合管混接，在衬塑管件轴线两侧的外表面按有关色标规定分别做有色标的圆点标记。管材规格有 DN15mm，……，DN150mm 等 11 种规格。

钢塑复合管产品标记由衬塑材料代号和公称直径组成。例 SP-C-(PEX)-DN100，表示：公称直径 100mm，内衬交联聚乙烯钢塑复合管。

三、管材的特点及适用范围

各种常用管材因其材质、制造工艺不同，有各自的特点、应用范围和连接方式，详见表 3-7。

表 3-7 常用管材特性表

管材名称	特　　点	适用范围	连接方式
焊接钢管	材质为易焊接的碳素钢，强度高，接口方便，承受内压力大，抗振性能好，加工容易，内壁光滑阻力小，但易腐蚀，造价高	可用于给水、热水供应、供热管道中	螺纹联接、焊接、法兰连接
镀锌钢管	在焊接钢管基础上经热浸镀锌而成，管内外壁形成合金层，光亮美观，耐腐性好，经久耐用	给排水、煤气输送、热水、采暖工程中	螺纹联接、法兰、卡箍连接
普通无缝钢管	可分为冷拔和热轧两种，强度高，应用广泛	供热管、制冷管、压缩空气管等工业管道	焊接、法兰连接
铸铁给水管	有灰铸铁和球墨铸铁管两种，耐腐蚀，寿命长，造价低，但材质较脆，重量大，运输施工不方便	给水系统	承插、法兰连接
铸铁排水管（俗称坑管）	采用灰铸铁，承压能力差，性脆，价低，自重大。已被塑料管替代，但在高层建筑中仍使用柔性排水铸铁管	排水系统	承插连接，柔性铸铁管采用管件螺栓联接
钢塑复合管	在镀锌管基础上内涂敷环氧粉末等高分子材料而成，使用寿命是镀锌钢管的 3 倍以上，具有镀锌管和塑料管的优点	建筑给水、生活饮用水、热水等系统中	同镀锌管
铝塑复合管	以交联聚乙烯或高密度聚乙烯、薄壁铝管、特种热熔胶复合而成，综合性能强，寿命长，布管安装方便	建筑室内给水、饮用水、采暖系统中	专用管件连接

（续）

管材名称	特　　点	适用范围	连接方式
硬聚氯乙烯给水管（UPVC 管）	也称 U-PVC 上水管，耐腐蚀强、耐酸、碱、盐、油介质侵蚀，重量轻，有一定机械强度，水力条件好，安装方便，但易老化，耐温差，不能承受冲击	适用生活饮用水系统	$DN50mm$ 以下采用管件粘接，$DN63mm$ 以上采用胶圈连接
硬聚氯乙烯排水管	光滑、质量轻、耐腐蚀、不积垢、价格低，但强度低、易老化变脆、耐温性差	建筑排水、生活污水、废水及市政下水系统中	粘接连接、$\phi110mm$ 以上采用弹性密封圈连接
聚丙烯管（PP-R 管）	材质为聚丙烯，宜采用暗装，有冷热水两种，但线胀系数大，抗紫外线差	用于生活、饮用水管，不可做消防管	热熔、螺纹联接

80

室内给排水管和采暖管道采用塑料管材，是一种新趋势，在我国许多地方，都在不同程度地推广应用，同时，出于环保的要求，国家建设部已明令在给水管道中禁止使用镀锌钢管等管材。所以，在选用管材时，应执行国家和地方法规，按不同用途的水、暖管道，选用不同的塑料管材。

由于塑料管在工程应用中的推广，在施工中，必须严格按技术要求、有关质量标准对塑料管进行检查和抽样检验。其中外观检查是安装过程中重要环节，必须满足下列要求：

1）管材、管件、胶圈、胶粘剂等应由同一生产厂配套供应。

2）管材、管件、胶圈、胶粘剂等应有出厂合格证、说明书、出厂检验报告书等。

3）胶粘剂应标有生产厂名称、生产日期、有效期；管材、管件应标有规格、压力、材料名称、采用标准等；且包装应满足国家法规的要求。

4）胶粘剂内不得有块状物、不溶性颗粒或杂质，不得分层，不得呈胶凝态，在未搅拌时，不得有析出物，不得与不同型号的胶粘剂混用。

5）管材、管件颜色应一致，无色泽不均及分解变色线，内外壁应光滑、平整，无气泡、裂口、裂纹和严重的冷斑及明显的痕纹凹陷，管材轴向不得异向弯曲，端口应平整并垂直于管轴线；管件应完整，无缺损、变形，合模缝、浇口应平整，无开裂；冷热水管材应有明显标志。

6）防火套管、阻火圈应标有规格、耐火极限、生产厂名称。

7）胶圈、卡箍应标有规格。

第二节　常用管件

管路连接部分的成形零件称为管件，如弯头、三通、管接头、异径管和法兰等。管道工程中常用的管件，一般有钢管件、铸铁管件和非金属件等。

一、钢管件

钢管件一般有两种，一种是用优质碳素结构钢或不锈耐酸钢经特制模具压制成形；另一种是用可锻铸铁铸造成形。

1. 压制成形的钢管件

1）压制弯头有45°、90°和180°三种，常用的是90°的弯头。弯曲半径有 $DN1.5mm$ 和 $DN1mm$ 两种。

2）压制异径管有同轴和偏心两种，如图3-1所示。

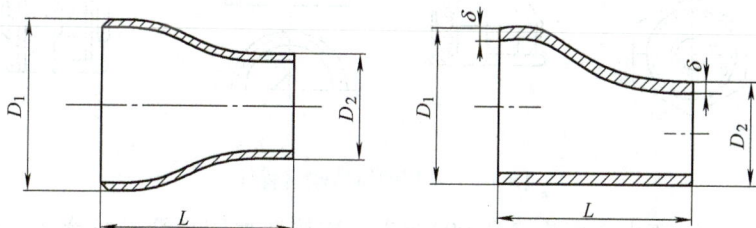

图 3-1　压制异径管

2. 铸造成形的钢管件

可锻铸铁制成的管件种类很多，其外形带有厚边，铸造碳钢制成的则外形不带厚边。可锻铸铁制品都是螺纹联接，铸造碳钢制品大多为焊接连接。可锻铸铁制品承压在1.0MPa之内，铸造碳钢制品承压可大于 1.0MPa。可锻铸铁制品有镀锌和不镀锌两种。常用的可锻铸铁制成的管件种类如图 3-2 所示。

熟悉常用的钢管件。

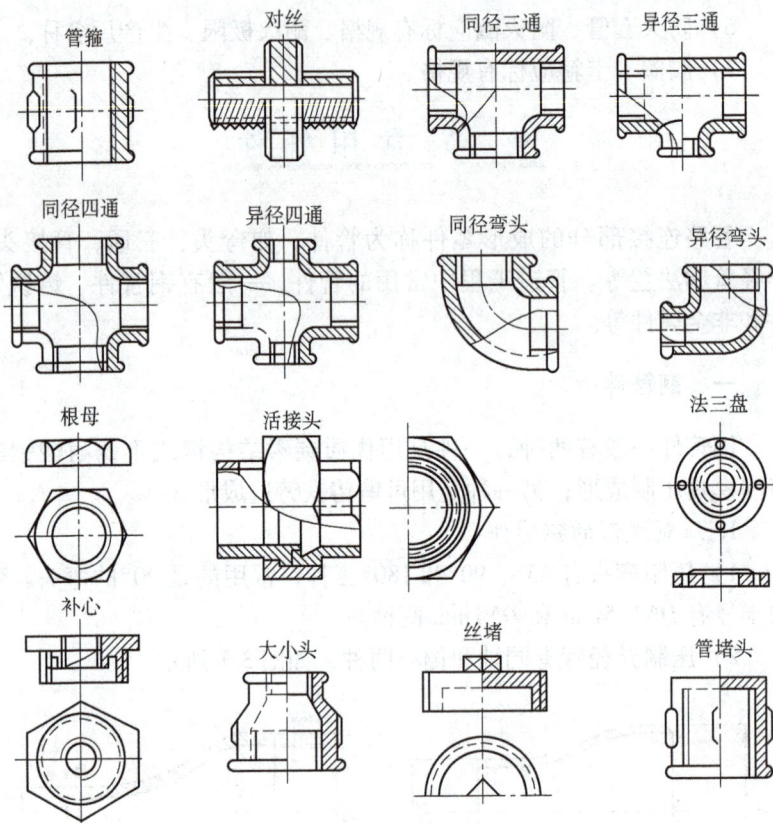

管箍　对丝　同径三通　异径三通

同径四通　异径四通　同径弯头　异径弯头

根母　活接头　法三盘

补心　大小头　丝堵　管堵头

图 3-2　常用的铸造碳钢管件

（1）弯头　弯头又称 90°弯头，连接两根同径管子或管件，又使管道改变 90°方向。

（2）异径弯头　异径弯头又称异径 90°弯头，既能变径，又能使管道作 90°转向。

（3）45°弯头　45°弯头又称 135°弯头，连接两根相同直径的管子或管件，又使管道改变 45°方向。

（4）管接头 管接头又称管箍、外接头，用于直线连接两根直径相同的管子。

（5）异径管接头 异径管接头又称大小头、异径管箍，有同心和偏心两种。同心的用于直线连接两根直径不同的管子，偏心的用于连接同一管底（顶）标高的两根不同直径的管子。

（6）同径三通 同径三通又称丁字弯，用于管道分支，三个方向的管子直径相同。

（7）异径三通 异径三通又有异径直三通和斜三通之分。管道分支变径时用，直通管径大，分支管径小的称为中小三通，直通管径小，分支管径大的称为中大三通。

（8）同径四通 同径四通又称十字接头，管道呈十字形分支，四个方向管子直径均相同。

（9）异径四通 异径四通管道呈十字形分支，管子直径有两种，其中相对的两管直径相同。

（10）六角内接头 六角内接头又称外径内接头，当安装距离很短时，用于连接直径相同的内螺纹管件或阀门。

（11）丝堵 丝堵又称外方堵头、管堵，用来堵塞配件的端头或堵塞管道的预留口。

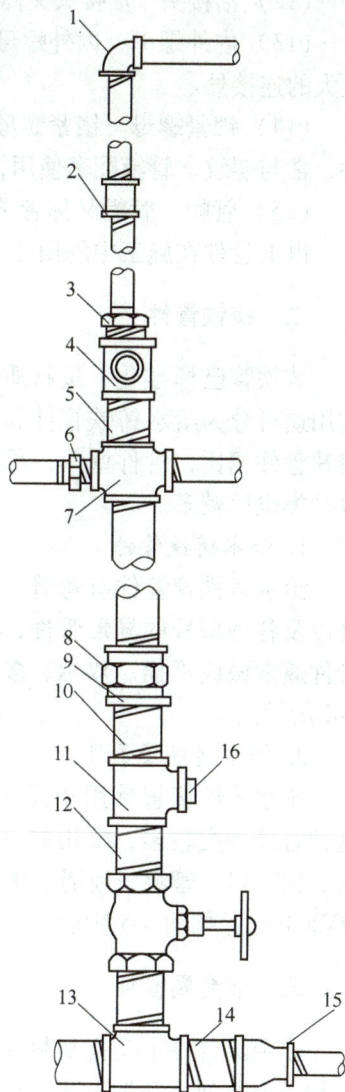

图 3-3 钢管配件的连接
1—弯头 2—管箍 3、6—补心
4、10、13—异径三通
5、9、11、14—内接头
7—异径四通 8—活接头 12—阀门
15—大小头 16—丝堵

（12）活接头 活接头又称由任，装在直管上需要经常拆卸之处。

（13）内外螺母 内外螺母又称补心，用在管子由大变小或由小变大的连接处。

（14）锁紧螺母 锁紧螺母又称抱母，用在锁紧外接头或其他管件，常与螺纹、管箍配套使用，可以代替活接头。

（15）管帽 管帽又称管子盖，用在封闭管道的末端。

以上管件在施工中的用处，如图3-3所示。

二、铸铁管件

铸铁管已标准化，按材质分为普通铸铁管件和高硅铸铁管件；按用途可分为给水铸铁管件和排水铸铁管件。排水铸铁管件与给水铸铁管件相比，管件壁薄，承插口浅，几何形状较为复杂。异型管件种类也比较多。

1. 给水铸铁管管件

给水铸铁管管件有弯管、短管、套管、异径管、T形管、十字管以及各种型号的异形管件，其连接形式有承插式和法兰式。这些管件通常做成承插、双承、多承、单盘、双盘和多盘等形式，如图3-4所示。

2. 排水铸铁管管件

排水铸铁管管件用于无压力自流管道，其连接形式用承插式。这种管件种类较多，常用的有T形管、十字管、弯管、弯曲形污水管、扫除口、管箍、地漏、存水弯和异径管等，常用规格为$DN50 \sim DN200$mm，如图3-5所示。

三、非金属管件

非金属管件主要指塑料管件、复合管管件。目前塑料管件规格品种尚未系列化和标准化，现行产品都是各生产厂家按着地区或企业标准进行生产的。这里主要介绍应用较多的硬聚氯乙烯管件、聚丙烯管件和铝复合管管件。

1. 硬聚氯乙烯管件

硬聚氯乙烯（UPVC）排水管件主要有45°弯头、90°弯头，90°

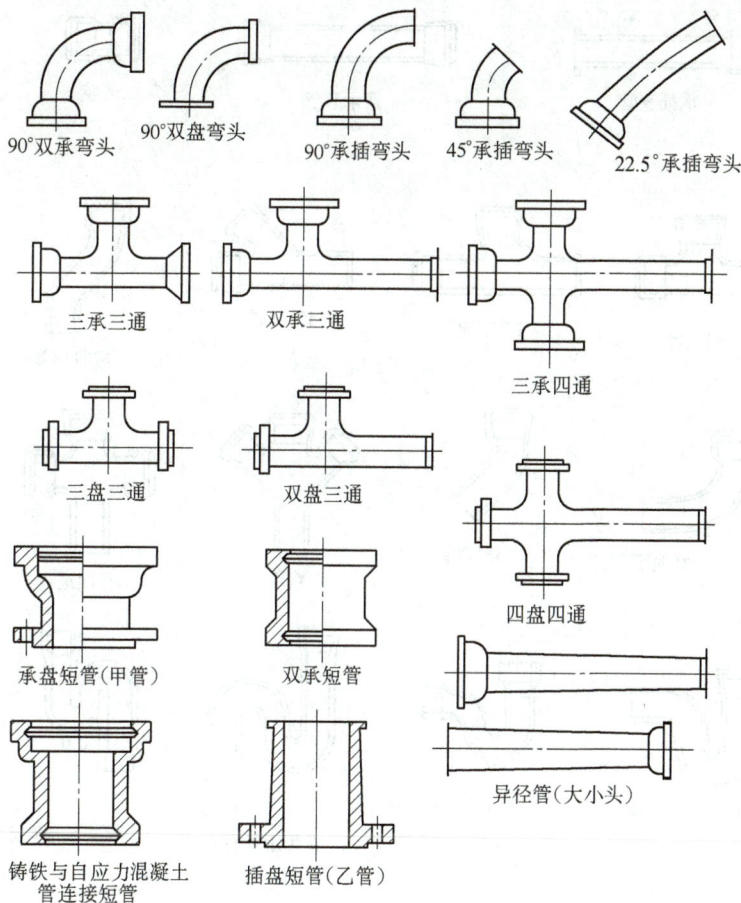

90°双承弯头　90°双盘弯头　90°承插弯头　45°承插弯头　22.5°承插弯头

三承三通　双承三通　三承四通

三盘三通　双盘三通　四盘四通

承盘短管（甲管）　双承短管

铸铁与自应力混凝土管连接短管　插盘短管（乙管）　异径管（大小头）

图 3-4　给水铸铁管管件

弯头（带查口）、顺水三通、异径三通、45°斜三通、旋流三通、瓶颈三通、管箍、异径管接、伸缩节、立管检查口、清扫口、P 形存水弯、斜四通、正四通、立体四通、止水环、防臭地漏、便器连接件，通气帽、雨水斗，管卡座和管卡检查口盖等。

　　2. 聚丙烯管件

　　PP-R 管件为一次注塑成型。规格齐全、美观价廉，安全可靠。管件的耐压等级比管道高一个等级。同时，用于与金属管道及水嘴、

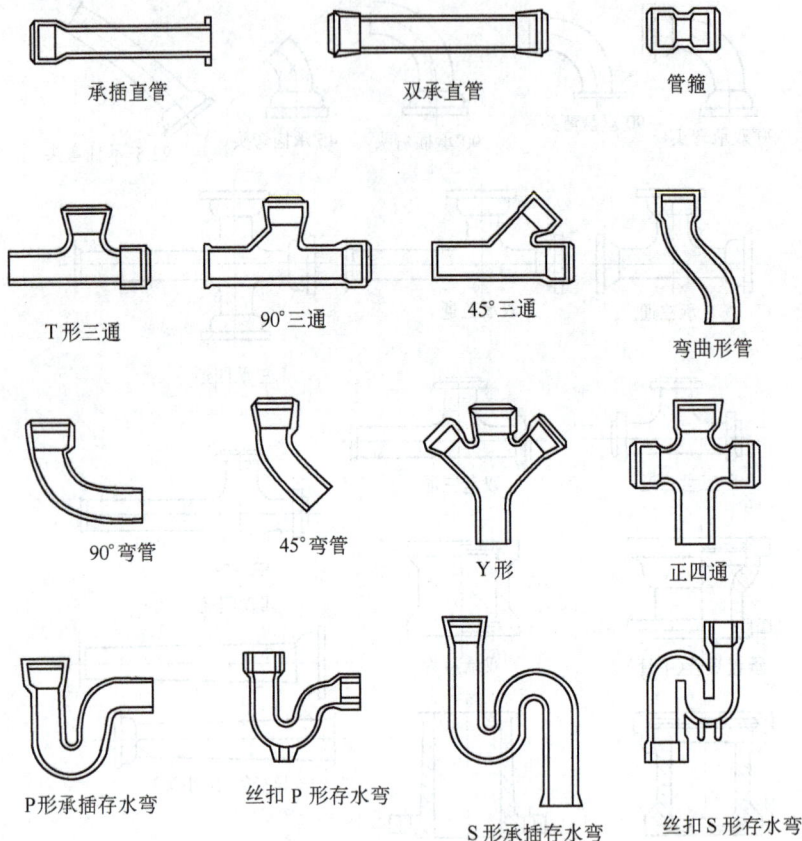

承插直管　　　　　　　　双承直管　　　　　　　管箍

T 形三通　　　　90°三通　　　　45°三通　　　　弯曲形管

90°弯管　　　　45°弯管　　　　Y 形　　　　正四通

P 形承插存水弯　　丝扣 P 形存水弯　　S 形承插存水弯　　丝扣 S 形存水弯

图 3-5　排水铸铁管管件

金属阀门连接的塑料管件，在连接端均带有耐腐蚀的金属内外螺纹嵌件。管件种类主要有：

（1）45°、90°弯头　用于管道转弯，两端均与管道热熔连接。

（2）直通　连接两段同径管子。

（3）法兰　管段与金属设备接口的连接件。

（4）承口外螺纹三通接头　带外螺纹嵌件的一端可与用水器或金属螺纹阀（内螺纹）相联接。管件其余两端与 PP-R 管热熔连接。

（5）承口内螺纹三通接头　用于与金属管端螺纹联接，其余两端与 PP-R 热熔连接。

（6）90°承口内螺纹弯头 带金属内螺纹嵌件的管端与金属管或水嘴连接，另一端热熔连接。

（7）承口内螺纹接头 用于一端与金属配件连接，一端与 PP-R 热熔连接。

（8）绕曲管 用于管道热补偿。

（9）承口外螺纹接头 用于一端与金属螺纹阀联接，另一端热熔连接。

（10）90°承口外螺纹弯头 金属配件的一端与阀门、水嘴连接，弯头带有固定支座，可牢固地固定于墙上。

3. 铝塑复合管管件

铝塑管件为专用铜管件，与管道连接采用卡套式。管接头由螺母、C 形压紧环、O 形橡胶圈、接头本体组成。

第三节 管 道 连 接

管道连接是指按照施工设计图的要求，将已经加工预制好的管段连接成一个完整的系统。

在施工中，通常是根据管材材质选择不同的连接方式。焊接钢管主要采用螺纹联接、焊接连接和法兰联接和卡箍连接；无缝钢管一般采用焊接和法兰联接；铸铁管一般采用承插连接，塑料管可采用粘接、热（电）熔连接，复合管可采用卡套式连接和卡箍连接等形式。

初级管工应掌握以下常用的管道连接方法。

一、螺纹联接

螺纹联接又称为丝扣联接，是将管端加工的外螺纹与管路附件的内螺纹紧密联接。主要适用于焊接钢管的联接、某些螺纹阀类联接和某些螺纹联接的设备接管等。

1. 管螺纹的配合形式

按螺纹牙型角的不同，管螺纹分为 55°管螺纹和 60°管螺纹两大类。我国广泛使用的是 55°管螺纹。用于管子连接的螺纹有圆柱管螺纹形和圆锥管螺纹形两种类型，所以管螺纹联接就有三种配合形式，即：①圆柱内螺纹套入圆柱外螺纹；②圆锥内螺纹套入圆柱外螺纹；③圆锥内螺纹套入圆锥外螺纹。其中后两种在施工中普遍使用。

2. 螺纹联接的方法、填料及工具

螺纹联接时，先在管子外螺纹上缠抹适量的填充材料。螺纹处加填充材料是为了增加管子螺纹的接口严密性和维修时不致因螺纹锈蚀而不易拆卸。填充材料起两个作用，一是填充螺纹间的空隙，二是防止螺纹腐蚀。常用的螺纹联接填料有：铅油麻丝和聚四氟乙烯生料带。管子输送介质温度在120℃以内时，可使用油麻丝和铅油做填料。一般将油麻丝从管螺纹第二、三扣开始沿螺纹按顺时针缠绕，再在麻丝表面上均匀地涂抹一层铅油，然后用手拧上管件，最后用管钳或链条钳将其拧紧。当输送介质温度在 – 180～250℃ 时，也可用聚四氟乙烯生料带（简称生料带或生胶带）。生料带使用方法简便，将其薄膜紧紧地缠在螺纹上便可装配管件。

3. 螺纹联接的质量要求

按介质性质选用填料麻或四氟乙烯生料带，麻和生料带应按顺时针方向从管头往里缠绕，要求螺纹接口端部洁净，在管螺纹根部应有外露螺纹。不管那种填料在连接中只能使用一次，若螺纹拆卸，应重新更换。

拧紧螺纹时，应选用适宜的管钳，用小管钳拧大管径达不到拧紧目的，用大管钳拧小管径，会因用力控制不准而使管件破裂。不准用套管加长钳把进行操作。使用管钳时要左手扶稳管钳的头部，待与管子或管件咬紧后，右手压钳把，紧到要求的程度。拧紧配件时不仅要求上紧，还必须注意管件阀门的方向，不允许因拧过头而用倒拧的方法找正。

二、焊接连接

1. 焊接连接特点

钢管焊接连接是将两对接管子的接口处及焊条加热至金属熔化状态，使两个被焊管接口成为一个整体的连接方法，它是管道安装工程中应用最广泛的一种连接法。焊接的主要优点是：管子的焊接接头牢固耐久，不易渗漏，接头强度和严密性高，不需要接头配件，成本低，使用中不需要经常管理。其缺点是：其接头是不可拆卸的固定接头，需拆卸时必须把管子切断。焊接操作工艺较复杂，须用焊接设备由焊工来完成。

2. 焊接工艺

钢管常用的焊接方法有焊条电弧焊和氧乙炔气焊（简称气焊）。DN40mm 以下或薄壁钢管可采用气焊焊接；DN50mm 以上的钢管可用电弧焊焊接。

初级管工应了解焊条电弧焊的焊接方法。

（1）焊接工序　管道焊接的主要工序为：管子的切割、管口的处理（铲坡口、清理）、对口、定位焊、管道平直度等的校正、施焊等。整个工序应由焊工与管工默契配合完成的。

（2）钢管对接焊时管口要求　对接管子对口的质量要求是对口前，应将管子焊接端的坡口面及内外管壁 15～20mm 范围内的铁锈、泥土、油脂等脏物清除干净，不圆的管口应进行整圆或修整。管口应做到内壁平齐。内壁错边量应符合下列规定：①等厚对接焊缝不应超过管壁厚度的 10%，且不大于 1mm。②不等厚对接焊缝不应超过薄壁管管壁厚度的 20%，且不大于 2mm。③管子、管件组对时，应检查坡口的质量，坡口表面上不得有裂纹、夹层等缺陷。

管壁较厚的管子对焊时，管端应采用 V 形坡口。对接时多转动几次管子，使错口值和间隙均匀。管子组对好后，先用定位焊固定然后施焊。焊缝焊接完毕应自然缓慢冷却，不得用冷水骤冷。

（3）焊缝位置要求。

1）钢板卷管，管子纵向焊缝应排列在两条直线上，焊缝之间的距离应大于 3 倍的管壁厚度且不小于 100mm。

2）钢板卷管，同一筒节上两相邻纵缝之间的距离应不小于 300mm。

3）在管道弯曲的地方，环焊缝中心线距管子弯曲起点不应小于管子外径且不小于 100mm，与支吊架边缘的距离不应小于 50mm。

4）管道两相邻对接焊缝中心线间的距离为：公称通径小于 150mm 时，不应小于管子外径；公称通径大于或等于 150mm 时，不应小于 150mm。

5）不宜在焊缝及其边缘上开孔，如必须开孔时，则应对 1.5 倍开孔直径范围内的焊缝全部进行无损探伤。

焊接质量检查包括外观检查、无损探伤、强度试验及严密性试验几方面。此内容在高级管工教材中讲述。

三、法兰联接 重点掌握法兰联接的方法。

法兰联接就是将固定在两个管口（或附件）上的一对法兰盘，中间加入垫圈，然后用螺栓拉紧密封，使管子（或附件）连接起来。

法兰联接是一种可随时装卸接头。法兰联接使管道系统增加泄漏性和降低管道弹性，造价也较高。其优点是接合强度高，拆卸方便。

1. 法兰种类与规格

按法兰盘与管子的连接方式不同，法兰盘可分为平焊法兰、对焊法兰、平焊松套法兰、对焊松套法兰、翻边松套法兰、螺纹法兰等。按法兰密封面形式不同又分为光滑式法兰、凸凹式法兰、榫槽式法兰。如图 3-6 所示。按法兰的材料不同可分为钢制法兰和铸铁法兰。

在管道安装中，一般多用平焊钢法兰，铸铁螺纹法兰和对焊法兰则较少用，而翻边松套法兰常用于输送腐蚀性介质的管道，工作压力在 0.6MPa 范围内。

法兰的规格以公称通径和公称压力来表示。例如公称通径为 100mm、公称压力 1.6MPa 的平焊钢法兰，表示为 $DN100p_N1.6$。

2. 法兰联接

初级管工应掌握下面几种常用法兰的联接。

（1）钢制法兰平焊连接 平焊钢法兰用的法兰盘通常是用 Q235 和 20 钢加工的，与管子的装配是用焊条电弧焊进行焊接。焊接时，先将管子垫起来，用水平尺找平，将法兰盘按规定套在管子上，用 90°角尺或线锤找平，对正后进行定位焊。然后检查法兰平面与管子轴线是否垂直，再进行焊接。焊接时，为防止法兰变形，应按对称方向分段焊接。注意：平焊法兰的内外两面必须与管子焊接。

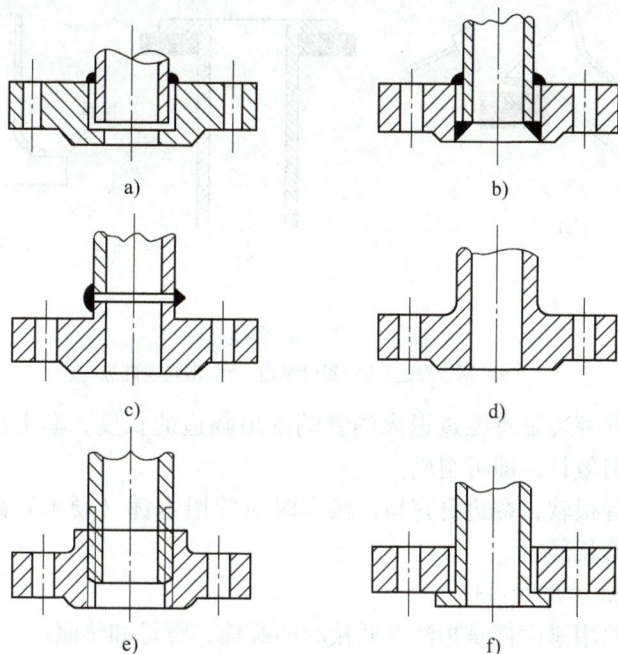

图3-6　法兰的种类

a)、b) 平焊法兰　c) 对焊法兰　d) 铸钢法兰
e) 铸铁螺纹法兰　f) 翻边松套法兰

（2）铸铁螺纹法兰联接　这种联接方法多用于低压管道，它是用带有内螺纹的法兰盘与套有同样公称通径螺纹的钢管联接。联接时，在套螺纹的管端缠上麻丝，涂抹上铅油填料。把两个螺栓穿在法兰的螺孔内，作为拧紧法兰的力点，然后将法兰盘拧紧在管端上。注意：连接时法兰一定要拧紧，加力对称，即采用十字法拧紧。

（3）翻边松套法兰联接　翻边松套法兰主要适用于输送腐蚀性介质的管道上。不锈钢管道、塑料管、有色管等联接时常用。翻边的边口要求平直，不得有裂口或起皱等损伤，如图3-7所示。

翻边时，要根据管子的不同材质选择不同的操作方法。如聚氯乙烯塑料管翻边是将翻边部分加热至 130～140℃，加热 5～10min 后将管子用胎具扩大成喇叭口，再翻边压平，冷却后即可成型。

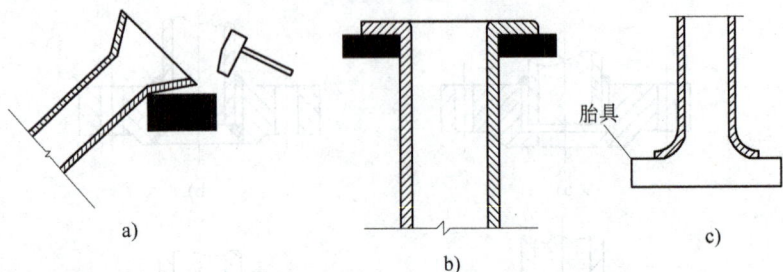

图 3-7　管子翻边操作图

a）铜管翻边　b）铅管翻边　c）塑料管翻边

　　铜管翻边是将经过退火的管端画出翻边的长度，套上法兰，用小锤均匀敲打，即可制成。

　　铅管很软，翻边更容易，操作时应使用木锤（硬木）敲打，方法与铜管相同。

　　3. 法兰用紧固件

　　法兰用紧固件是指法兰联接时的螺栓、螺母和垫圈。

　　（1）螺栓与螺母　螺栓按其外形可分为单面螺栓和双面螺栓。单面螺栓仅在螺杆的一端加工螺纹，另一端是连在螺杆本体上的螺钉头。双面螺栓的两头都加工上螺纹。单面螺栓容易在螺杆和螺钉头连接处断裂，故不能用于中高压法兰上。双面螺栓便于从两头拧紧，可适用于中高压法兰。螺栓按制造方法分为粗制螺栓、半精制螺栓和精制螺栓。粗制螺栓为毛坯外形，比较粗糙，仅螺纹部分进行加工，其拉紧力小。而精制与半精制螺栓要进行精加工、热处理，故耐高温，拉紧力大。

　　法兰螺栓所用螺母是六角头的，分为 A、B 两种形式。A 形螺母与被连接接触表面是平的，另一面的六角上是倒圆。B 形螺母的两面均为倒圆。

　　（2）法兰垫片　法兰联接时，无论使用哪种方法，都必须在法兰盘与法兰盘之间垫上适应输送介质的垫圈，而达到密封的目的。平面法兰所用垫圈要加工成带把的形状，以便于安装或拆卸。垫圈的内径得小于管子的直径，外径不得遮挡法兰盘上的螺孔。

　　法兰垫圈分为软垫和硬垫两大类，一般水暖管道、热力管道、煤气管、中低压工业管道采用软垫圈。而高温高压和化工管道上多采用硬垫圈即金属垫圈。

　　常用垫圈介绍如下：

　　1）橡胶垫圈　用橡胶板制成，其适用范围见表3-8。其作用是借助安装时的预加压力和工作时工作介质的压力，使其产生变形来达到的。

表 3-8　橡胶垫圈的适用范围

橡胶名称	介　　　质	温度/℃
普通橡胶	水、压缩空气、惰性气体	<60
耐油橡胶	润滑油、燃料油、液压油等	<80
耐热橡胶	水、压缩空气	<120
耐酸碱橡胶	质量分数≤20%的硫酸、盐酸、氢氧化钠等	<60

　　2）橡胶石棉板垫圈　橡胶石棉是橡胶和石棉混合制品，此垫圈在用作水管和压缩空气管道法兰时，应涂以鱼油和石墨粉的拌和物；用作蒸汽管道法兰时，应涂以全损耗系统用油与石墨粉的拌和物。

　　3）金属垫圈　由于非金属垫圈在高压下会失去弹性，所以不能用在高压介质的管道法兰上。当工作压力≥6.4MPa时，则应考虑使用金属垫圈。常用的金属垫圈截面有齿形、椭圆形和八角形等数种。选用时注意垫圈材质应与管材一致。

　　法兰联接时，要注意两片法兰的螺栓孔对准，联接法兰的螺栓应用同一种规格，全部螺母应位于法兰的某一侧。如与阀件连接，螺母一般应放在阀件一侧。紧固螺栓时，要使用合适的扳手，分2～3次拧紧。紧固螺栓应按如图3-8所示的次序对称均匀地进行，大口径法兰最好两人在对称位置同时进行。联接法兰的螺栓端部伸出螺母的长度，一般为2～3扣。螺栓紧固还应根据需要加一个垫片，紧固后，螺母应紧贴

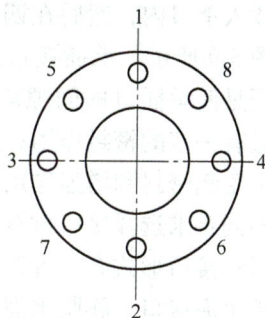

图3-8　紧固法兰螺栓次序

法兰。

4. 法兰联接的注意事项

采用法兰联接时，应注意以下各点：

1）安装管道时应考虑法兰不能装在楼板、墙壁或套管内。为了便于拆装，法兰盘安装位置应与固定建筑物或支架保持一定距离。

2）对选用的法兰密封面及密封垫片进行外观检查，不得有砂眼、裂纹、斑点、毛刺等能降低法兰强度及影响连接严密性的缺陷。

3）当管子和法兰焊接时，要求法兰端面和管子中心线垂直，垂直度应用法兰靠尺检查，其偏差度值：当 $DN \leqslant 300\text{mm}$ 时为 1mm，$DN > 300\text{mm}$ 时为 2mm。

4）平焊法兰的内外两面都必须与管子焊接，且要求管子插入法兰内至密封面的距离一般为法兰厚度的一半，最多不超过法兰厚度的 2/3。

5）法兰与管子焊接后，两片法兰盘应保持同轴线，其螺栓孔中心偏差一般不超过孔径的 5%，并保证螺栓能够自由穿入。

6）选用的法兰垫片应符合要求，安装时不允许使用斜垫片或双垫片，大口径的垫片需要拼接时应采用斜口搭接，不允许平口对接。

7）法兰接口的螺栓全部拧紧后，两个法兰密封面应互相平行。

四、承插连接

1. 承插连接形式

所谓承插连接（通常称捻口连接）就是把承插式铸铁管的插口插入承口内，然后在四周的间隙内加满填料打实打紧。接口形式如图 3-9 所示。承插接口的填料分两层：内层用油麻丝或胶圈，其作用是使承插口的间隙均匀，并使下一步的外层填料不致落入管腔，且有一定的密封作用；外层填料主要起密封和增强作用，可根据不同要求选择接口材料，常用的材料接口形式有：青铅接口、石棉水泥接口、膨胀水泥接口和胶圈柔性接口。

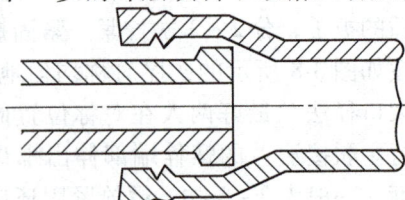

图 3-9　承口及插口

2. 承插接口连接

（1）青铅接口　青铅接口通常是指熔铅接口，就是以熔化的铅灌入承插口的间隙中，待凝固后用捻凿将铅打紧而成。

青铅接口的方法是：将浸过泥浆的麻绳将口密封，麻绳在靠承口的上方留出灌铅口，将经过熔化呈紫红色的铅（约6000℃），用经过加热的铅勺除去熔化铅面上的杂质，然后再用铅勺盛铅灌入承插口内，熔铅要一次灌成。待铅灌入后，取下密封用的麻绳，用扁錾将浇口多余铅去掉，用捻凿由下至上锤打，直至表面平滑，且凹进承口2～3mm为止。最后在铅口外涂沥青防腐层。

灌铅时，操作人员一定要戴好帆布手套及脚盖，脸部不能面对灌铅口，防止热铅灌入时，因空气溢出或遇水而产生蒸汽将铅崩出来（俗称放炮）伤人。必要时在接口内灌入少量全损耗系统用油，可防止放炮现象。

铅接口的优点是接口质量好，强度高，耐振性能好，可立即通水无需养护。但耗金属，成本高，只有在工程抢修或管道抗振要求高时才采用。

（2）石棉水泥接口　石棉水泥接口是传统的承插接口方式，具有较高的强度和较好的抗振性，有弹性，但劳动强度大，工效低。石棉水泥接口是以石棉绒和水泥的混合物作填料进行连接。其配合比（按质量比）为3∶7，即石棉绒为3，水泥为7，石棉绒和水泥拌和，根据经验，一般拌和后的石棉泥，如用手可捏成团，成团后又可用手指轻轻拨散，其干湿程度恰到好处。

捻口时，先将浸泡好的油麻丝拧成麻股，用捻凿将其塞入承口内，塞入量为打实后占承口深度的1/3（表层最好加些白麻丝，以利于水泥和麻丝结合），然后将石棉水泥填入，分4～6层打完。打好后，灰面比承口低不超过2～5mm。每个接口要求一次打完不得间断。紧密程度以锤击时发出金属的清脆声音，同时感到有一定的弹性，石棉水泥呈现水湿现象为最好。接口完毕后，用湿草绳或涂泥养护48h，并每天浇2～4次适量的水。如在冬天施工，还应在涂泥后进行保温处理。

石棉水泥接口可承受压力为1MPa的水压试验而不渗不漏。如果经试压发现漏水，可将漏水部位用剔凿剔除（深度达到麻丝），剔除后用水清洗，待水流净用同样的捻口方法分层打实为止。石棉水泥接口是目前给、排水铸铁管道连接中采用最多的一种方法。

（3）膨胀水泥接口　膨胀水泥接口是利用膨胀水泥的膨胀性，使水泥砂浆和管壁牢固地接合。一般适用于工作压力不超过 1.2MPa 的管道上。

用于接口的砂浆是以1∶1∶0.28（质量比）的膨胀水泥和清洗晒干的黄砂（粒径为 0.5～2.5mm）及水拌和而成。拌好的砂浆以能够在初凝期内用完为宜。

捻口时，先在承插口内塞紧一层麻丝，然后将拌和好的砂浆分 2～3次填入承插口间隙内，用捻凿捣实，表面捣出稀浆为止，并把砂浆抹平抹光。接口完毕后，用湿泥或湿草绳封口，夏季可用草袋覆盖，冬季覆土以防止冻裂。浇水养护要在2h 后定时进行，始终保持湿润状态。有条件的也可在接口完成 12h 后，将管内充水养护，但水压不能超过 0.1MPa，养护 3 天即可进行水压试验。

（4）三合一水泥接口　这种水泥接口是以强度等级 52.5（525号）的硅酸盐水泥、石膏粉和固体氯化钙为原材料按质量比 100∶10∶5用水拌和而成。接口的连接操作同前。

三合一水泥接口中的三种材料，水泥起一定强度作用，石膏起膨胀作用，氯化钙则促使速凝快干。水泥采用强度等级 42.5（425 号）的硅酸盐水泥，石膏粉的粒度应能通过 200 目（0.07mm）的纱网。操作时先把一定质量的水泥和石膏拌匀，把氯化钙粉碎溶于水中，然后与干料拌和，并搓成条状填入已打好油麻丝或胶圈的接口中，并用灰凿轻轻捣实、抹平。由于石膏的终凝时间不早于6min，并不迟于30min，因此拌和好的填料要在 6～10min 内用完，抹平操作要迅速。接口完成后养护 8h，即可通水或进行压力试验。

（5）水泥接口　水泥接口也就是纯水泥接口，这种接口方法是只用水泥加适量的水拌和，不添加其他材料。水泥宜采用强度等级 42.5 的硅酸盐水泥，水与水泥的质量比为1∶10，操作方法与石棉水泥接口基本相同。这种接口方法不宜大面积使用，质量不及石棉水泥接口，只适用于施工条件受到限制且工作压力不高的情况下少量使用。

（6）胶圈接口　胶圈接口完全靠胶圈达到承插接口的密封，不使用水泥之类的填料。橡胶圈均由管材生产厂家配套供应，橡胶圈采用 T 形橡胶圈和梯唇形橡胶圈。

施工时，可先在插口端涂上肥皂水，然后套上橡胶圈，插入承口时可使用链式手拉葫芦进行牵引，使之进入承口，达到密封接口的目的。

各种接口填料的优缺点及适用场合见表 3-9。

熟悉承插连接填料的应用。

表 3-9　各种接口材料的优缺点及适用场合

接口材料	优缺点	适用场合
青铅接口	1. 强度高，抗振性能好 2. 不需养护，施工完毕后可立即试压或通水 3. 耗用大量有色金属，造价高，施工工序多	1. 用于管道穿越公路、铁路等振动较大的地段 2. 用于要求立即通水的抢修工程
石棉水泥接口	1. 强度较高，有弹性，抗振性较好 2. 成本比青铅接口低 3. 劳动强度大，工效低	1. 广泛应用于城市、厂区输水铸铁管道 2. 振动不大的地方
膨胀水泥接口	1. 操作简便，劳动强度低 2. 快硬、早强，能很快通水或试压 3. 可提高工效，降低成本 4. 强度、弹性、抗振性不如石棉水泥接口 5. 要求准确预计自应力水泥的用量和时间，否则会贻误工期或造成水泥过期报废	1. 基本与石棉水泥接口相同 2. 遇有土质松软、基础较差的地段，最好仍采用石棉水泥接口 3. 不适用于有重型车辆经过的振动地段
三合一水泥接口	1. 材料容易解决，操作简便，劳动强度低 2. 接口能快硬、早强 3. 强度、弹性、抗振性不如石棉水泥接口 4. 操作时对手上皮肤有刺激	与自应力水泥砂浆接口基本相同
水泥接口	1. 成本低，操作简单 2. 质量不高	不适于大面积采用，只在压力不高和施工条件受限制的时候用
胶圈接口	1. 操作方便 2. 维护时间短 3. 可带水作业	可在施工抢修时适用

3. 接口养护

除了胶圈接口和青铅接口以外，以水泥为主要材料的各类刚性接口，在施工完毕后都需要养护。养护的方法是在接口处用涂黄泥或缠草绳，并在三天内不断浇水，使其保持湿润。当天气燥热或昼夜温差较大时，应用草袋等物覆盖承口。石棉水泥和纯水泥接口在24h 后可以通水，膨胀水泥接口在12h 后可以通水，三合一水泥接口在 8h 后可以通水。如果进行压力试验，最好在接口养护三天之后进行。

五、粘接

粘接是通过胶粘剂在胶粘的两个物件表面产生的粘接力将两个相同或同材料的物件牢固地粘接在一起。采用粘接的方式，与法兰、焊接等方式相比，具有抗剪强度大，应力分布均匀，可以粘接任意不同材料，施工简便，价格低廉的优点。在给水排水管道工程上也逐步得到应用，使用较多的管材是塑料管。

工程上应用粘接较广泛的塑料管有聚氯乙烯管、聚丙烯管两种。其粘接方式有承插粘接和平口粘接。

1. 承插粘接

承插粘接的接合强度较好，耐压较高，公称通径在 200mm 以下的塑料管，多采用这种连接形式。塑料管及管件的承口一般生产厂供货时均已成型，若生产厂供货不带承口时，可在现场制作，扩口口径大小可根据具体接口形式决定。

承口的制作方法：首先将管端修整，使管口平面与管子中心线垂直，并清除管口上的毛刺。将管子的承口端加工成 30°的内坡口，插口端加工成 30°的外坡口，如图 3-10 所示。然后将管加热（加热方法有蒸汽加热、油加热、电加热等）到 130°左右，使其受热均匀软化，用模具插入管端，使其扩大为需要的承口，成型后再将模具倒出即可。

接头粘接有冷态粘接和热态粘接两种。

冷态粘接：先将开好坡口的管端，

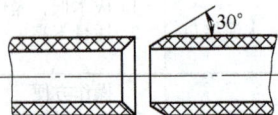

图 3-10　管口扩胀前的坡口

承口内表面的油污擦干净，再用丙酮仔细擦拭。待干净后再在管端外表和插口内面涂抹0.2～0.3mm厚的由质量分数为20%的过氯乙烯树脂和质量分数为80%的丙酮相混合的胶粘剂，同时将管端插入承口内即可。

热态粘接：是将承口端加热软化同时粘接的方法。其方法是，将承口端加热到软化后，再把事先用丙酮擦拭过的插口迅速插入承口内，插入之前，必须在插口外表及承口内表面涂抹胶粘剂，插入找正后浇水冷却，并将被挤出的胶粘剂擦除干净即可。

2. 平口粘接

平口管与平口管粘接时，将两管平口端用酚醛胶泥粘接在一起，外包软板条粘接后硬化。这种连接总长度不得超过4m，其连接形式如图3-11所示。

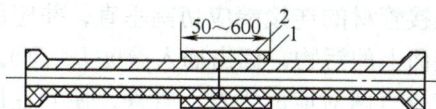

图 3-11　直管平口粘接
1—直管　2—软板条

直管与筒体连接是将直管插入筒体上的开孔里，然后用酚醛胶泥粘接，当直径<100mm的筒体时，只需外部粘接，大直径筒体或要求较高时，可采用双面粘接。

六、热熔连接

要掌握热熔连接的方法。

目前，聚丙烯管道采用较多的是热熔连接。热熔连接常用的有热熔承插连接和热熔对接连接两种。

1. 热熔承插连接

热熔承插连接是将管材外表面和管件内表面同时加热至材料的熔化温度，然后撤去承插加热工具，将熔化的管材插口插入内表面熔化的管件承口，保压、冷却直至环境温度。一般来说，管径大于50mm的管道承插连接应用机械设备，以保证连接质量。承插熔接一般常用于小口径管道连接。

热熔承口管件如图 3-12 所示。

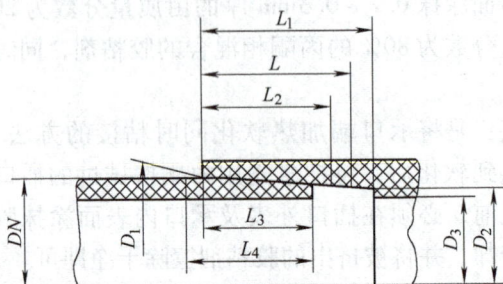

图 3-12 热熔承口管件

D_1—承口口部平均内径 D_2—承口根部平均内径 D_3—最小内径 L—承口最小长度

L_1—承口实际长度 L_2—管件加热长度 L_3—管材插入深度 L_4—管材加热长度

热熔承插连接管材的连接端应切割垂直，并应用洁净棉布擦净管材和管件连接面上的污物，标出插入深度 L，刮除其表皮氧化层。承插连接前，应校直两对应的管材、管件，使其在同一轴线上。插口外表面和承口内表面用热熔承插连接工具加热，热熔连接加热时间和加热温度应符合热熔连接工具生产厂和管材、管件生产厂的规定。加热完毕，待连接件应迅速脱离承插连接加热工具，用均匀外力插至标记深度，并使其在同一轴线上，形成均匀凸缘。插口的插入深度应在规定的范围内。插入过深，容易在管件内部形成过大的凸缘，增加管道局部阻力；插入过浅，接头不牢固，抗压强度达不到要求。

热熔连接保压、冷却时间，应符合热熔连接工厂生产厂和管材、管件生产厂的规定，在保压、冷却期间，不得移动连接件或在连接件上施加任何外力。

热熔连接前后，连接工具加热面上的污物应用洁净的棉布擦净。塑料加热时易粘附于热熔工具上，因此连接工具上预先都涂有聚四氟乙烯，尽量消除此现象。但实际施工中，有时仍会有些塑料残留在加热工具上，若不清除，反复加热会使这些塑料炭化，影响加热面温度均匀和加热效率，同时影响接头质量。

2. 热熔对接连接

热熔对接连接是将与管轴线垂直的两对应管子端面与加热板接触，加热至熔化，然后撤去加热板，将熔化端压紧、保压和冷却，直至冷却至环境温度。常用的加热工具是对接焊机。对接焊机具有电子温度控制设施，操作简单方便。

热熔对接连接的方法：先把管材或管件连接面上的污物应用洁净的棉布擦净，并应铣削连接面，使其与管轴线垂直，并与对应的待接断面吻合。在对接连接前，两管段应各伸出夹具一定自由度，并应校直两对应的连接件，使其在同一轴线上，管口错边不宜大于管壁厚度的10%。热熔对接连接均用机械设备来进行，因此，对接连接件要留有夹具的工作宽度。

待连接的端面应用专用对接连接工具加热，其加热时间与加热温度应符合对接连接工具生产厂和管材、管件生产厂的规定。加热完毕，待连接件应迅速脱离对接连接工具的加热板，并用均匀外力使其完全接触，形成均匀凸缘。凸缘高度要符合有关规定要求。热熔连接保压、冷却时间，应符合热熔对接连接工具生产厂与管材、管件生产厂的规定，在保压、冷却期间不得移动连接件或在连接件上施加任何外力。

第四节　管道量尺下料

一、量尺的基本方法

管工配管时的管线测量就是通常讲的量尺。通过量尺可以检查管道图样上的设计标高和尺寸是否与实际相符，预埋件及预留孔洞的位置尺寸是否正确，是否满足管道、设备、仪表安装的需求等。

管道测量的方法很多，而且十分灵活，但不管怎样，其基本原理都是利用三角形的边角关系和空间三轴坐标来确定管道的位置、尺寸和方向。管线测量时常用工具一般有钢卷尺、扁钢90°角尺、铁水平尺、量角器、线锤和细蜡线等。此外还用到水平仪和经纬仪等仪器。

1. 测量时首先要确定基准

根据基准进行测量。管道工程一般都要求横平、竖直、眼正（法兰螺栓孔正）、口正（法兰面正），因此，基准的选择离不开水平线、水平面、垂直线、垂直面，测量时应根据施工图样和施工现场的具体情况进行选择。

2. 长度测量

测量长度用钢卷尺。管道转弯处应测量到转弯的中心点。测量时，可在管道转弯处两边的中心线上各拉一条细线，两条线的交叉点就是管道转弯处的中心点。

3. 高度测量

测量标高一般用水准仪，也可以从已知的标高用钢卷尺测量。

4. 角度测量

测量角度可用经纬仪。但一般方法是在管道转弯处两边的中心线上各拉一条细线，用量角器或活动角尺测量两条线的夹角，也就是弯管的角度。

5. 法兰安装的测量

管路中法兰的安装位置，一般情况下是平眼（双眼），个别情况也有立眼（单眼），这两种情况都称为眼正，如图 3-13 所示。测量时，可以法兰眼的水平线或垂直线为准，用水平尺或吊线方法来检查法兰眼是否位正。法兰密封面与管子的轴线互相垂直时，称为口

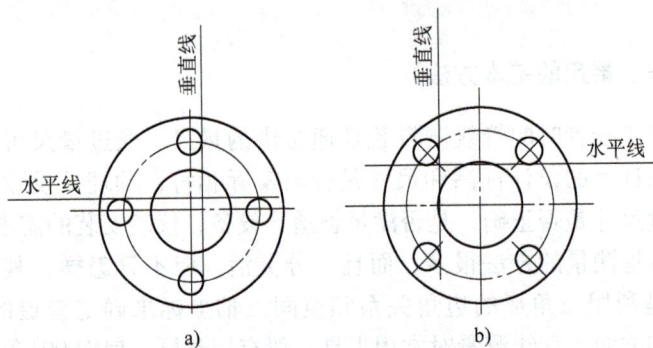

图 3-13　法兰安装的单眼和双眼
a）单眼　b）双眼

正。法兰口不正时称为偏口，测量方法是用90°角尺检查。

在管道施工过程中，首先应根据图样的要求定出立干管各转弯点的位置。在水平管段先测出一端的标高，并根据管段的长度和坡度，定出另一端的标高。两点的标高确定后，就可以定出管道中心线的位置。再在干管中心线上定出分支处的位置，标出分支管的中心线。然后把管路上各个管件、阀门和管架的位置定出，测量各管段的长度和弯头的角度，并标注在测绘草图上。

二、量尺实例

1. 短管测绘

掌握量尺实例。

如图 3-14 所示的短管，其测量方法如下：

1）用吊线或水平尺测量两端法兰螺栓孔是否眼正。

2）用两个90°角尺测量两端法兰是否口正。

3）用钢卷尺测出长度 a，用 a 减去一片法兰的厚度再减去 2 片垫片的厚度就是短管的实际长度。

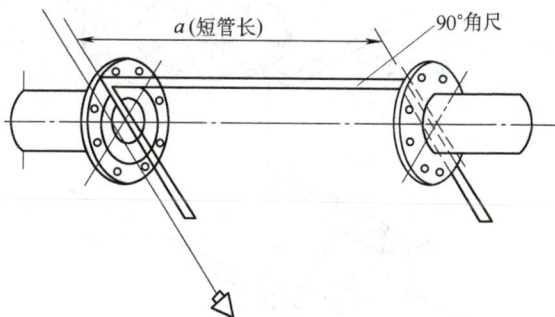

图 3-14　短管测绘

2. 任意角度水平弯管测绘

如图 3-15 所示的任意角度水平弯管，其测量方法如下：

1）用线坠或水平尺量出两端法兰孔眼的上下方向是否垂直。

2）用两把大的 90°角尺测绘法兰水平平行面，并用钢卷尺读出任意弯管两端的 a、b 尺寸，然后再分别减去法兰半径，即为弯管两端的实际长度。

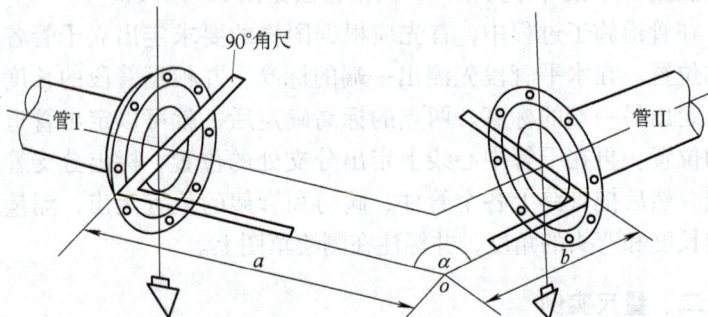

图 3-15　任意角度水平弯管测绘

3. 垂直 90°弯管测绘

如图 3-16 所示的垂直 90°弯管，其测量方法如下：

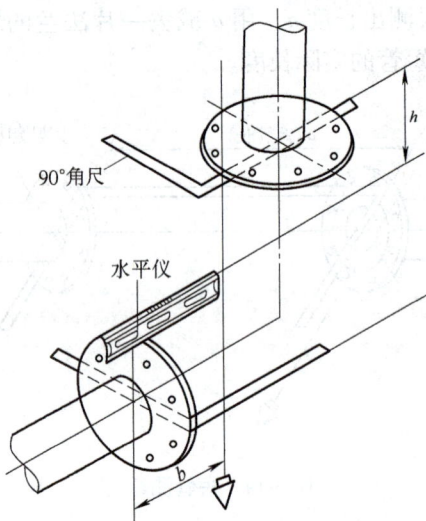

图 3-16　垂直 90°弯管测绘

1）用水平尺或吊线测绘水平法兰孔眼。

2）用 90°角尺沿水平管的方向测绘直管法兰孔眼。

3）用水平尺测绘两端法兰端口。

4）用吊线测绘出 b 长，b 长加上法兰半径即为弯管水平管长。

5）用水平尺及吊线测绘出 h 长，h 长加上水平尺厚度和法兰半径即为弯管垂直管长。

4. 水平来回弯测绘

如图 3-17 所示的水平来回弯管，水平来回弯用于在同一平面内，但不在同一中心线上的两个法兰口的连接。其测量方法如下：

1）用吊线或水平尺测量两端法兰眼和法兰口是否口正。

2）用两个 90°角尺与钢卷尺测量来回弯管长度 a 和 b，并测量两端法兰偏口情况。

3）b 的宽度加上法兰半径即为实际长度。

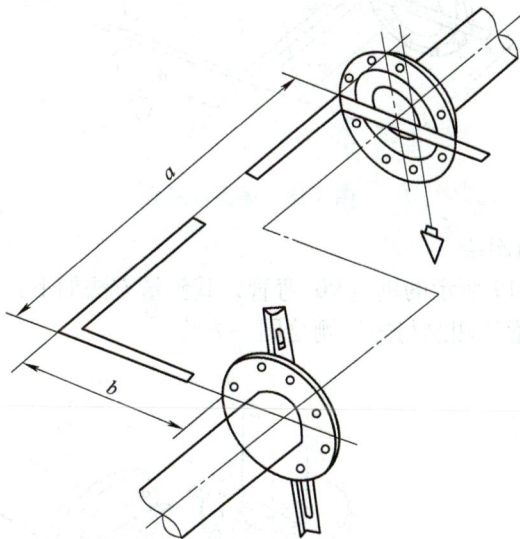

图 3-17 水平来回弯测绘

5. 摇头弯测绘

如图 3-18 所示的摇头弯管，摇头弯用于在空间相互交错的两个法兰的连接，其测量方法如下：

1）用吊线或水平尺测量两端法兰螺栓孔是否眼正。

2）用吊线或 90°角尺测量 a、b 长，并测量两端法兰水平方向是否口正，用水平尺和吊线测量上下方向是否口正。

3）用水平尺和线锤测量摇头高 h。h 尺寸加法兰半径即为实际长度。

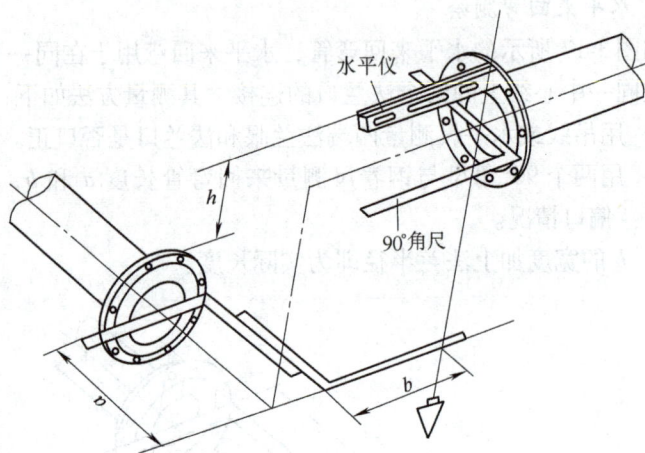

图 3-18　摇头弯测绘

6. 三通测绘

如图 3-19 所示的垂直 90°弯管，其测量方法如下：

1）三通管测绘与短管测绘同一方法。

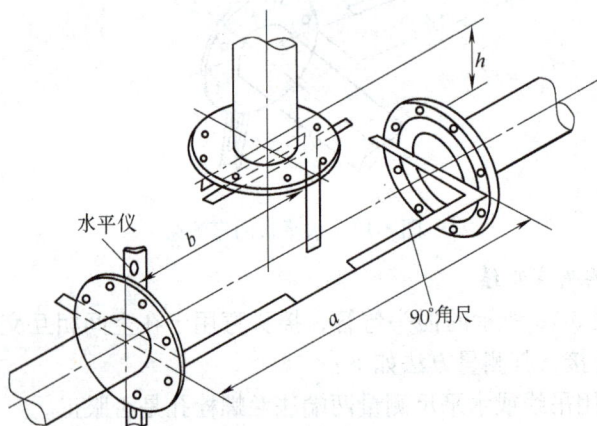

图 3-19　三通测绘

2）水平尺测绘三通支管法兰端是否口正，用90°角尺测绘法兰孔眼是否眼正。

3）用水平尺测绘三通支管长 h。h 尺寸加法兰半径即为实际长度。若三通主管为偏心可用吊线方法测绘。

> 要掌握管子下料长度的确定方法。

三、管子下料长度的确定

1. 一般概念

（1）构造长度（建筑长度）　管道系统中，相邻两管件（或阀件、设备）中心线之间的长度称为构造长度。

（2）安装长度　管道系统中，相邻两管件（或阀件、设备）之间所需管子在轴线方向的有效长度称为安装长度。

（3）预制加工长度（下料长度）　管道系统中，相邻两管件（或阀件、设备）之间所装配的管子的下料长度称为预制加工长度。当管段为直管时，预制加工长度就等于安装长度；当管段为弯曲时，则预制加工长度就等于管子展开后的长度，如图3-20所示。

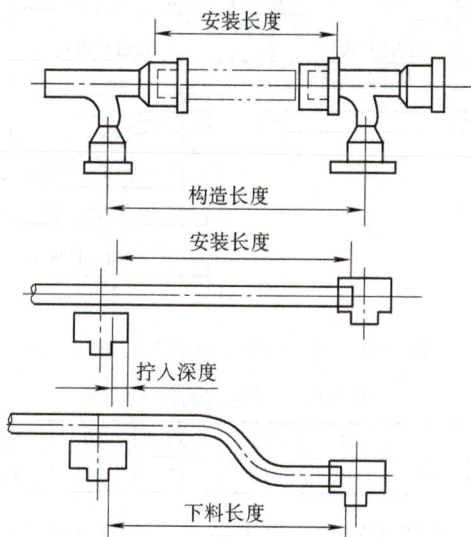

图3-20　管段的构成

2. 管子下料长度的确定方法

管子的下料长度，即管段的预制加工长度。为使管子与管件连接后符合管段长度的要求，即考虑管件或阀件自身占有长度，又要考虑管子伸入管件内的一段长度。为保证管子的下料长度准确，管工必须掌握正确的下料方法。

常用的下料方法有计算法和比量法，实际施工中多用比量法。但是比量法只用于临时管线及建筑水暖管线，不能用于工艺管道。

（1）计算法 管子的预制加工长度应根据安装长度来计算，它与管道的连接方式和加工工艺有关。

1）当采用螺纹连接时，则管子的预制加工长度等于其安装长度加上拧入零件内螺纹部分的长度，如图 3-21 所示。拧入零件内螺纹部分的长度见表 3-10。

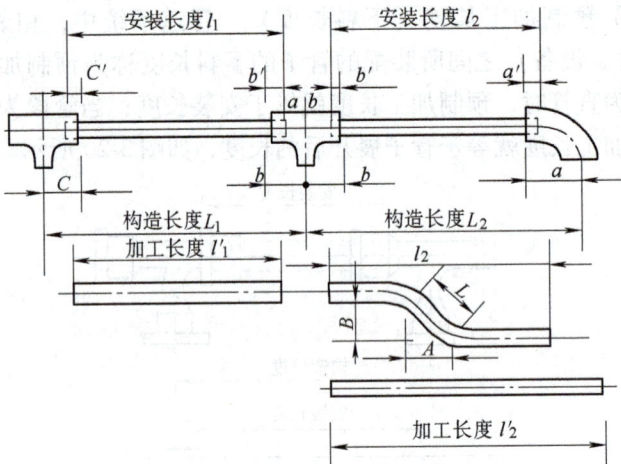

图 3-21 管道螺纹连接的下料长度计算

表 3-10 管螺纹的拧入深度

公称通径/mm	15	20	25	32	40	50	65	80
拧入深度/mm	10	12	13	15	17	19	22	25

2）当采用承插连接时，管子长度的计算下料方法是，计算时先量出管段的构造长度，并且查出连接管件的有关尺寸，然后按下式

108

计算其下料长度:

$$l = L - (l_1 - l_2) - l_4 + b$$

式中字母代表的尺寸,如图 3-22 所示。

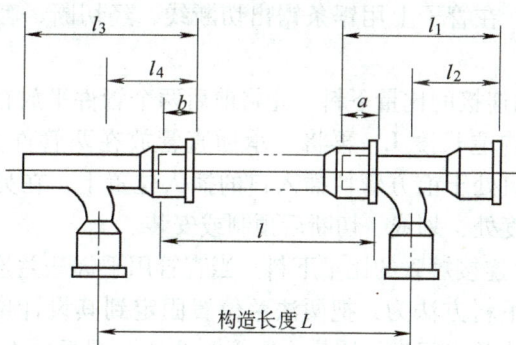

图 3-22　管道承插连接的下料长度计算

3) 当用平焊法兰连接时,则管子的下料长度等于其安装长度减去 $[2 \times (1.3 \sim 1.5)]\delta$ (δ 为管子的壁厚),如图 3-23 所示,其他形式的法兰连接可按类似的方法进行计算。

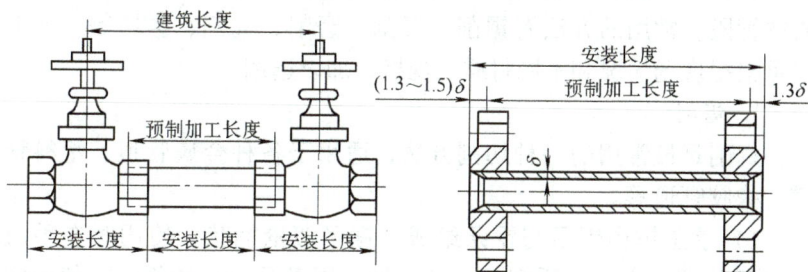

图 3-23　管道法兰连接的下料长度计算

(2) 比量法

1) 钢管螺纹连接的比量下料　先在钢管的一端套螺纹,抹油缠麻,并拧紧安装在前方的管件或阀门中。用此管与连接后方的管件进行比量,使两管件的中心距离为构造长度,从管件的边缘量出拧入深度，在管子上用锯条锯出切断线，经切断、套螺纹后即可安装。若遇到弯管端（如散热器支管上乙字弯），先加工弯管，在弯管一端套螺纹抹油缠麻，拧紧前方的管件或阀门。用此弯管与连接后方的管件进行比量，使两管件的中心距离为构造长度，从管件的边缘量出拧入深度，在管子上用锯条锯出切断线，经切断、套螺纹后即可安装。

2）承插连接的比量下料　先将前后两个管件平放在地上，使其中心距等于构造长度 L，再将一承插直管放在两管件旁进行比量，使管子的承口处于前方管件插入口的插入位置上，在另一端管件承口的插入深度处，划线、切断后预制或安装。

3）法兰连接短管的比量下料　当直管用平焊法兰连接时，管道长度的比量下料方法为：把两法兰位置固定到其设计位置上，而后将短管在两法兰之间进行比量，短管距两法兰端面短 1.3～1.5 倍管壁厚度即可，此处做出标记，然后划线、切断，再开坡口、焊接法兰，按法兰连接工艺进行。

四、管子的切断下料

在管子下料长度确定后，就可通过适当的切割方法，获得所需要的管段。常用的方法有锯削、刀割、磨削、气割、錾切等。施工时可根据现场情况和不同材质、规格，加以选用。

1. 锯削

锯削是最常用的一种切割方法，适用于各种金属管道、塑料管道、橡胶管道等。

1）手工锯由锯弓与锯条组成。锯弓似枪柄状，使用时左手放在锯弓前端上方，右手握住后部锯柄。锯条分粗齿和细齿。使用细齿条省力但切断速度慢，适用于管壁薄、材质硬的金属管道。使用粗齿条费力但速度快，适用有色金属管，塑料管和直径大的碳钢管。

手锯锯管时，将被切的管子固定在管子台虎钳（管压钳）上，用齐口样板沿管子周围划出切割线，然后用锯对准切割线进行锯削。锯削时，锯条要保持与管子的轴线垂直，并在锯口处加些全损耗系统用油。锯削时应锯到管子底部，不可把剩余部分折断。

2）机械锯有往复式弓锯和圆盘式机械锯两种。前者可切断 $DN220$mm 以下的各种金属管、塑料管等。后者适用于锯削有色金属管及塑料管。锯削时，要将管子垫稳、放平、夹紧，然后用锯条（锯盘）对准切断线锯削。管子快锯断时，要适当降低机械转动速度，注意安全。

2. 刀割

刀割是用割管器（又称管子割刀）上的滚刀切断管子。它可切断 $DN100$mm 以内的钢管。割管器由滚刀、刀架与手把组成。它操作方便、速度快、切口断面平整，在施工中普遍使用。详见本教材第一章第五节内容。

切断管子时，先把管子固定好，然后将割刀的滚刀对准切割线，拧动手把，使滚轮夹紧管子，然后转动螺杆，滚刀即沿管壁切入。同时沿管子四周边转动割管器，边紧螺杆，滚刀不断地切入管壁，直至割断为止。刀割后，须用铰刀插入管口，刮去其缩小部分。

3. 磨削

用高速旋转的砂轮，将管子切断的操作称磨削。砂轮切割机如图 3-24 所示，砂轮机装有直径为 400mm、厚 3mm 的砂轮片。被切割

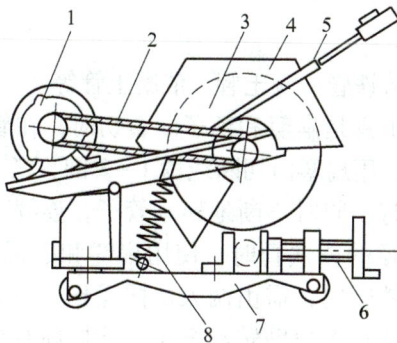

图 3-24　砂轮切割机

1—电动机　2—传动带　3—砂轮片　4—护罩　5—带开关的操纵杆

6—夹钳　7—底座　8—弹簧

111

的管材用夹钳 6 夹紧，切割时操作者握紧带电源开关的操纵杆 5，稍加用力压下砂轮片 3，便可进行摩擦切割。松开手柄操纵杆关闭电源，停止磨削。这种方法效率高、速度快，能切断 $DN80mm$ 以下的管子，对不锈钢和高压管的切断尤为适合。

在切削时，要注意用力均匀和控制好方向，不可用力过猛，防止将砂轮片折断而飞出伤及人体，更不可用飞转的砂轮片磨削钻头、刀片、钢筋头等，以免发生人身伤害事故。断管后用锉刀锉除管口的飞边和毛刺。

4. 气割

气割又叫火焰切割，使用割炬（割枪）进行。它是利用氧乙炔焰先将金属加热到燃点温度，然后打开高压氧调节阀，使金属剧烈氧化成溶渣，并从切口中吹掉，从而把管子切断。

气割的效率高、设备简单、操作方便，并能在各种位置进行切割，常用于碳钢管、低合金管、及各种型钢的切割。不锈钢管、铜管，一般不用气割方法切割。

切割前，首先在管子上划好线，将管子垫平、放稳；管子下方要留有空间，便于铁渣吹出和防止混凝土地面损坏。割断后要用锉刀、扁錾或手砂轮清除管口切口处的薄膜，使之平滑、干净，同时应保证管口端面与管子中心线垂直。

5. 錾切

錾切常用于铸铁管、陶土管、混凝土管等。

錾切采用的工具是扁錾和锤子。錾切时，在管子的切断线下方两侧垫上厚木板，用扁錾沿切断线凿 1~2 圈，凿出线沟，裂后用手锤沿线沟用力敲打，同时不断地转动管子，连续敲打直至管子折断为止。切断小口径的铸铁管时，使用扁錾和手锤由一人操作即可。切断大口径的铸铁管时，需由两人协同操作，一人打锤，一人掌握扁錾，必要时还需有人帮助转动管子。掌握扁錾要端正，錾子与被切管子间的角度要正确，千万不能偏斜，以免打坏錾子或锤子，砸坏管子。此外，操作工人应戴好防护眼镜，以免铁屑飞溅伤及眼睛。非工作人员也应离开现场，以防安全事故发生。

第五节　管子调直和整圆

一、管子调直

管子在生产、搬运和堆放过程中，常因碰撞而弯曲，加工和安装过程中也难免使管子变形，但是管道的施工要求规定，成品必须做到横平竖直，不得弯曲，否则将影响管道的使用功能和外形美观。因此，施工中应注意管子在切断和加工后须保持笔直，如有弯曲发生，要进行调直。

1. 管子弯曲变形的检查

确定管子是否需要调直，首先要检查管子并确定管子的弯曲变形部位，分析变形原因。

（1）短管检查　可采用目测法检查，将管子一端抬起，用肉眼直接观察钢管外表面的平直度。若目测观察钢管外表曲线均为平行直线，即为直管；若表面有凸起则应调直。

（2）长管检查　长管采用滚动式重力检查法。先把被检查的管子的两端横放在两根平行的角钢上轻轻滚动，若管子在缓慢滚动中能够停留在任何位置，则管子是平直的。若管子在滚动过程中快慢不均匀，来回摆动，则停下来时向下的一面就是凸弯曲面，应做上记号，此管须调直。调直后再反复检查，直到多次滚动速度均匀，且不在同一个位置停下时为止。

2. 管子调直的方法

> 要掌握管子调直的方法。

管子调直的方法分为冷调和热调两种。

（1）冷调　一般用于弯曲程度不大的 $DN \leqslant 50mm$ 管子。冷调有三种方法：

1）锤击法　对于弯曲不严重且要求不高的管子，允许采用锤击的方法在铁砧上进行。由两个工人配合完成。一人观察，一人锤击。操作时用两把锤子进行，一把顶在管子凹向的起点作支点，另一把用力敲打凸面高点。两把锤子应隔一定距离，不能对着打，防止将管子打扁。有经验的管工经常在锤击部位垫上硬质木块进行锤击调直。若长管有几处弯曲部位，则需一个一个地锤平，直到全部调直为止。

螺纹管道因管件螺纹不正引起的节点弯曲，锤击调直时严禁打击管件，仅可用锤子轻轻锤击管件附近的管子。这种节点弯曲还可采用热调的方法，即用气焊加热管件附近 20～30mm，再适度施力把管子压直。如图 3-25 所示。

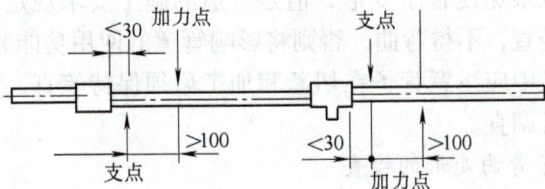

图 3-25　锤击冷调法

2）平台法　长管冷调时可将管子放置在工作平台上，如图 3-26 所示。由两个人配合操作。一人观察管子弯曲部位，另一人在他人指导下进行，用木榔头锤击弯处，为防止锤击变形，不能用铁锤，经过几个翻转即可将管子调直。

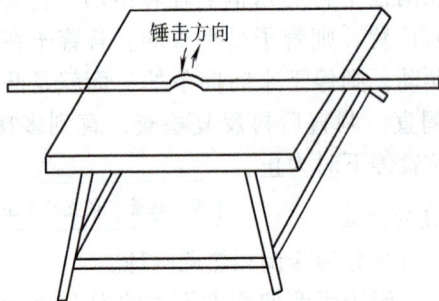

图 3-26　平台冷调法

3）调直台法　当管径较大时，可用调直台法调直也称半机械调直法。如图 3-27 所示。将管子的弯曲部位搁置在调直器两支块中间，凸部向上，支块间的距离可根据管子弯曲部位的长短，进行调整，再旋转丝杠，使压块下压，把凸出的部位逐渐压下去。经过反复转动调整，即可将管子调直。其优点是调直的质量较好，并可减轻劳动强度。

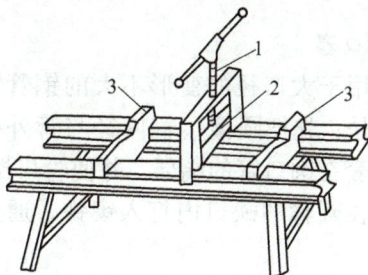

图 3-27　调直台冷调法
1—丝杠　2—压块　3—支块

（2）热调　对于大口径管道直径在 100mm 以下、50mm 以上，或者直径虽小但弯度大于 20° 的管子，必须采用热调直法调直。将有弯曲部分的管子（不装砂子）放在地炉上均匀加热，或用气焊加热，边加热边转动，加热至 600 ~ 800℃（樱桃红色）后，抬放在用若干根管子组成的水平滚动支架上，加热的部位放在中间，管子重量应分别支承在加热段两头的管子上，防止产生重力弯曲。然后进行滚动，使管子在上面滚动，利用管子的重力矫直管子。对于弯曲程度较大的钢管，可以将弯背朝上，用木锤稍加外力，就可以将管子矫直。

热调直后，为了加速冷却，可用废机油均匀地涂抹在加热部位上，保持均匀冷却，防止再产生弯曲及氧化。

对于新型的塑料道，其调直方法一般应采用热调直，即把弯曲的塑料管放在调直平台上，向管内通入蒸汽，使管子呈柔软状后，拆除供汽装置，再使管子在平台上缓慢滚动，利用重力作用使管子调直。

对弯曲严重的管子，一般不再勉强矫直而将其切断作短管使用。

二、钢管的整圆

钢管的不圆变形，多数发生在管口处。管口整圆的方法有：

1. 锤击矫圆

矫圆用锤子均匀敲击椭圆的长轴两端附近范围，然后用圆弧样板检验矫圆的结果。

2. 特制外圆对口器

外圆对口器适用于大口径的变形不大的钢管矫圆，在对口的同时进行矫圆。步骤是：先把圆箍（箍内径与管外径相同，制成两个半圆以易于拆装）套在圆口管的端部，并使管口探出 30mm，使之与椭圆的管口相对。在圆箍的缺口内打入锲铁，通过锲铁的挤压把管口挤圆。

3. 内矫圆器

若管子的变形较大或有瘪口现象，应采用内矫圆器进行矫圆。

第六节　管道的脱脂和除锈

作为初级管工，应掌握金属管道的脱脂和除锈，并掌握除锈的质量标准。

一、金属管道的脱脂

通常管道表面存在有许多杂物，如钢管表面氧化皮、旧涂层、油脂、尘土和污物，在做防腐处理时影响金属表面和油漆层的结合，因此，管道涂漆前应严格进行脱脂除锈。

1. 脱脂的方法

除锈前应用清洗的方法清除可见的油、油脂、可溶的焊接残留物和盐类。被油类污染的金属表面，可用溶剂、碱类溶液或乳剂等进行处理。溶剂脱脂的方法有如下几种：①槽浸法；②涂擦法；③灌浸法；④循环法；⑤喷淋法；⑥冷凝法；⑦超声波法。

下面仅介绍三种常用的脱脂方法：

（1）槽浸法　用于一般机械零件，或形状比较简单的管材，直接放入存有溶剂的槽内浸泡。但为了避免溶剂挥发，槽上面应设置简易的盖板。特别应注意的是溶剂槽不得置于阳光直射的位置和工作场所的下风侧，并防止雨水浸入槽内。槽浸法还得与涂擦法结合起来才能取得更好的效果。

（2）涂擦法　适用于一般手工容易触及的零部件的表面，或较宽敞的容器管道表面，以及油脂沾污轻微的脱脂件表面，可用无短纤维的、干净的织物蘸以溶剂来回涂擦脱脂件，以达到去除油脂的目的。但有一点必须注意：脱脂件表面如有毛刺时应事先经过处理，以避免操作人员受伤，或纤维组织物留在毛刺部位，造成事故的隐患。

（3）灌浸法　用于容积不大的容器、管道等内表面或人工操作无法进入其内部的场合。对于一般小口径的容器，或细长的管道内部脱脂时，采用这种方法较好，只要将溶剂灌注入（但不应灌满），然后用堵物塞住其口，轻微转动，摇晃，使溶剂在内壁、四周都能浸润到。如果能用通气鼓泡的搅拌方法，效果更为显著。当然，如采用通气鼓泡的搅拌方法时，脱脂件的顶端应设置通气孔。否则会增加脱脂件内部的压力，也是不允许的。

2. 脱脂剂的选用

脱脂剂的选用应根据金属表面油物的多少，和油物的种类来选用，见表3-11。

表 3-11　各种脱脂剂的适用范围

清洗方法	适用范围	注意事项
溶剂（如工业汽油、溶剂汽油、过氯乙烯、三氯乙烯等）清洗	除油、油脂、可溶污物和可溶涂层	若需保留旧涂层，应使用对该涂层无损的溶剂，溶剂与抹布应经常更换
碱清洗剂	除掉可皂化的涂层、油、油脂和其他污物	清洗后要用净水充分冲洗，并作钝化处理
乳剂	除油、油脂和其他污物	清洗后应将残留物从钢管表面上冲洗干净

3. 脱脂过程中的安全问题

由于有机溶剂具有有毒、易燃、易爆等特性，所以工作时必须注意安全。

（1）规定范围内脱脂　脂溶剂的必须在规定的范围内进行即其

气体的最高容许浓度不得超过某一个值。

（2）注意个人劳动保护措施　操作时应尽可能采取密闭、隔离措施；操作人员应处于上风侧；尽量避免在无劳动保护用品的情况下与脱脂溶剂直接接触；操作人员应戴防毒面具，穿着胶皮手套、围裙及长统套鞋。禁止在操作现场吸烟和进食；下班时，劳动保护用品不得带回寝室和食堂。

（3）脱脂工作现场必备条件　清除一切引燃物品。临时工棚不应用竹、木材料搭设；具备必需的溶剂药品仓库，并确保脱脂溶剂不与其他物品混合存储；具备各种适用的储罐容器，以便初、终脱脂和残余溶剂回收之需；脱脂现场应设置"严禁烟火"、"禁止吸烟"、"有毒物品"、"闲人莫入"等醒目示牌，以策安全；如果必须在室内脱脂时，应配备排风机和必要的通风排气管，以便调节室内空气。对排气管应接至屋面上方，以利溶剂蒸汽释放于大气中。

二、金属管道的除锈

1. 管道锈蚀等级分类

管道在安装前要先除去管子表面和内部的铁锈。钢材表面原始锈蚀程度决定了除锈所需的工作量、时间和费用。如从生锈的钢材表面除掉污物要比从没有生锈的钢材表面上除掉污物困难得多。因此，要根据钢材表面锈蚀情况划分锈蚀等级。我国 SYJ4007—1987 行业标准，将钢材表面原始锈蚀程度分为 A、B、C、D 四级，见表 3-12。一般说，C 级和 D 级钢材表面需要做彻底的表面处理。

表 3-12　钢材表面原始锈蚀等级

锈蚀等级	锈 蚀 状 况
A 级	覆盖着完整的氧化皮或只有极少量锈的钢材表面
B 级	部分氧化皮已松动，翘起或脱落，已有一定锈的钢材表面
C 级	氧化皮大部分翘起或脱落，大量生锈，但用目测还看不到孔蚀的钢材表面
D 级	氧化皮几乎全部翘起或脱落，大量生锈，目测时能见到孔蚀的钢材表面

要掌握管道除锈的各种方法。

2. 管道除锈的方法

除锈的方法很多，常用的有人工除锈、机械除锈、喷砂除锈和酸洗除锈四种方法。

（1）人工除锈　当钢管浮锈较厚，先用锤子轻轻敲击，使锈蚀层脱落。当锈蚀层不厚时，可用钢丝刷、钢丝布或粗砂布擦拭外表，待露出金属本色后再用棉纱头或破布擦净。人工除锈法适用于零星、分散的作业及野外施工。

（2）机械除锈　用旋转式或冲击式除锈工具除去钢管表面锈蚀。可用外圆除锈机清除钢管外壁锈蚀层，用软轴内圆除锈机清除钢管内壁浮锈，还可用离心式钢管除锈机同时清除管子内外壁的锈蚀。用冲击式工具除锈时，不应将钢表面损伤，用旋转式工具除锈时，不宜将表面磨得过亮。如果钢管表面动力工具除锈不能达到的地方，应用人工除锈方法做补充处理。机械除锈法适用于大量集中的管子除锈。

（3）喷砂除锈　喷砂法除锈既能除去钢管表面的锈蚀层、旧涂层和其他污物，又能使钢管表面形成均匀的小麻点，这样可以增加涂料和金属间的附着力，提高涂料的防腐效果和使用寿命。所以，是一种比较先进的方法。

喷砂法除锈是用压缩空气通过喷枪形成巨大的冲击力，将粒径为 1~2mm 的硅砂喷射在要除锈的管道上，靠砂子撞击金属表面达到除锈的目的，如图 3-28 所示。

喷砂除锈的方法分为开放式和封闭式两种。

1）开放式喷砂除锈法　①先按相关要求布置喷砂操作工作现场，并用橡胶管把空压机、分离器等连接起来，选用 1.4mm 的硅砂或 1.2~1.5mm 的铁砂作为喷砂材料；②将吸砂管的吸砂端完全插入砂堆，在末端锯一小口，使空气进入以便吸砂。也可以把吸砂端对着砂堆斜放；③现场喷砂方向尽量与风向一致，喷嘴与钢管表面呈 70°夹角，并距离管子表面约 10~15cm；④ 起动空气压缩机进行喷砂除锈；⑤除锈完毕，用棉砂将管表面擦净，立即刷底漆。

119

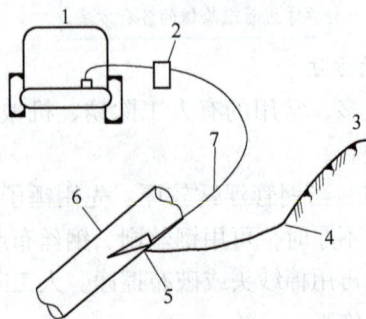

图 3-28　喷砂除锈流程图

1—空气压缩机　2—油水分离器　3—砂堆　4—吸砂管
5—喷嘴　6—钢管　7—压缩空气胶管

2）封闭式喷砂除锈法　①先将砂子存于储砂斗中，经送砂机构送入抛砂装置；②将待除锈管段送进除锈箱内的送管机构；③起动电动机带动抛砂装置内的叶轮作高速旋转，叶轮旋转的离心力把砂子抛向位于除锈机箱内的管段；④落至除锈箱底的砂子，经提升机至高处后再由回砂管送回储砂斗；⑤除锈完毕，应擦去尘土后立即刷一遍底漆。在喷砂除锈过程中应注意使喷砂方向保持与现场风向一致，喷嘴与管子表面成70°夹角，并距离钢管100～150mm左右。

喷砂除锈具有操作简单、生产效率高、除锈质量好等优点。它的缺点是操作时灰尘大，所以操作时工作人员应戴风镜、风帽和口罩等防护用品。喷砂除锈法对管材、板材都适用，适合用于大量的集中除锈。此外，对于集中处理的大批管子，还可以采用高压水除锈。

（4）酸洗除锈　酸洗除锈法是用化学或电解两种方法之一对钢管做酸洗处理。酸洗除锈前，应先将管壁上的油脂除掉，因为油脂易使酸洗液接触不到管壁，影响除锈效果。

酸洗工序可分为酸洗、清水冲洗、中和、再清水冲洗、干燥，最后进行刷漆或钝化处理。钝化处理是把酸洗过的管子经中性处理，干燥后浸入钝化液，使之生成一种致密的氧化膜，提高了管子的耐腐蚀性能。

　　钢管一般用硫酸或盐酸酸洗，铜和铜合金及其他一些有色金属常用硝酸进行酸洗。酸洗是一种化学作用，其速度决定于氧化物的组成、酸的种类、酸的浓度和温度。适当提高酸的浓度可以加快酸洗速度，但是酸的浓度过高会产生过蚀现象，即发生过多的金属溶解。如硫酸的质量分数超过23％时，酸洗的速度反而下降。酸溶液的温度升高也可以加快酸洗速度，但是温度超过一定程度时反应速度将不再增加。所以硫酸溶液温度一般不超过 30～60℃。

　　酸洗的方法一般可分为槽式浸泡法、蘸液涂擦法和电解法三种。

　　1）槽式浸泡法　槽式浸泡法是先将水注入到酸洗槽中，再将盐酸（或稀硫酸、磷酸等）沿搅拌棒慢慢注入水中，切不可先加酸后加水，否则将引起盐酸飞溅伤人。当酸洗液配成后，将管子放入酸洗槽中浸泡，适当掌握浸泡时间，避免发生酸洗不净或浸泡过度现象。酸洗后的管子以目测检查内外壁呈金属光泽为合格。管子酸洗完毕后应立即放入中和槽用氨水或碳酸钠溶液中和。然后再将管子放入热水槽中用热水冲洗，使管壁内外完全保持中性。清洗后要及时干燥。酸洗、中和、干燥、钝化或涂漆等工作应及时连续进行，以免重新生锈。

　　2）蘸液涂擦法　当受到施工条件限制，无法采用浸泡法时，可以采用蘸液涂擦法。这种方法是多次把酸洗液蘸擦在钢管外表面，钢管的内壁酸洗过程是先堵住钢管的一端，然后灌入酸洗液，再堵住另一端，这样对管子内壁进行浸泡。对于大口径的管子或弯管，要适当增加灌入酸洗液的量，并要注意不断地转动管子，使酸洗液与内壁充分接触，酸洗之后，再同样进行冲洗、中和、干燥和钝化即可。

　　这种方法的缺点是费工费时，劳动强度大，优点是操作简单，投资较小，对小批量的酸洗工作是可取的。

　　3）电解法　将钢管放置在酸或碱电解槽中电解，也可以除去钢管表面锈迹（电解中若工件作为阴极，应做适当处理以防止氢脆现象的发生）。如果在碱溶液中进行电解，电解后须用热水充分冲洗，接着在稀磷酸或者稀重铬酸盐的溶液中进行浸泡，直至残留在表面上的碱迹全部清除为止。酸洗除锈法只在对管子内壁除锈要求特别

严格的工程中使用

无论使用哪种方法，经过酸洗后的管子、附件都要妥善保管，尽快使用，否则要作防锈处理，如喷涂底漆，如果保管不善，管子和附件将会发生重新锈蚀。

三、管道除锈的质量等级标准

我国原石油工业部又对金属管道表面除锈的质量颁布了，SYJ4007—1987 标准，规定了除锈质量等级，见表 3-13。

表 3-13　钢材表面除锈质量等级

质量等级	质　量　标　准
手动工具除锈（St2 级）	用手工工具（铲刀、钢丝刷等）除掉钢材表面松动、翘起的氧化皮、疏松的锈，疏松的旧涂层及其他污物。可保留粘附在钢表面且不能被钝油灰刀剥掉的氧化皮、锈和旧涂层
机械工具除锈（St3 级）	用机械工具彻底地除掉钢材表面上所有松动或翘起的氧化皮、疏松的锈、疏松的旧涂层和其他污物。可保留粘附在钢表面上且不能被钝油灰刀剥掉的氧化皮、锈和旧涂层
清扫级喷射除锈（Sa1 级）	用喷砂除锈的方式除去松动、翘起的氧化皮、疏松的锈、疏松的旧涂层及其他污物。清理后钢表面上几乎没有肉眼可见的油、油脂、灰土、松动的氧化皮、疏松的锈和疏松的旧涂层。允许在表面上留有牢固粘附着的氧化皮、锈和旧涂层
工业级喷射除锈（Sa2 级）	用喷（抛）射磨料的方式除去大部分氧化皮、锈、旧涂层及其他污物。经清理后，钢表面上几乎没有肉眼可看见的油、油脂和灰土。允许在表面上留有均匀分布的、牢固粘附着的氧化皮、锈和旧涂层，其总面积不得超过总除锈面积的 1/3
近白级喷射除锈（Sa2 级）	用喷（抛）射磨料的方式除去几乎所有的氧化皮、锈、旧涂层及其他污物。经清理后，钢表面上几乎没有肉眼可看见的油、油脂、灰土、氧化皮、锈和旧涂层。允许在表面上留有均匀分布的氧化皮、斑点和锈迹，其总面积不得超过总除锈面积的 5%
白级喷射除锈（Sa3 级）	用喷（抛）射磨料的方法彻底地清除氧化皮、锈、旧涂层及其他污物。经清理后，钢表面上没有肉眼可见的油、油脂、灰土、氧化皮、锈和旧涂层，仅留有均匀分布的锈斑、氧化皮斑点或旧涂层斑点造成的轻微痕迹

　　注：1. 上述各喷（抛）射除锈质量等级所达到的表面粗糙度应适合规定的涂装要求。
　　　　2. 喷射除锈后的钢表面，在颜色的均匀性上允许受钢材的钢号、原始锈蚀程度、轧制或加工纹路以及喷射除锈余痕所产生的变色作用的影响。

第七节　管道预制与连接技能训练实例

● **训练1　管道的螺纹联接**

管道的螺纹联接有短螺纹联接、长螺纹联接及活接头联接等形式。

（一）短螺纹联接

1. 联接方法技能

短螺纹联接属于固定性联接。其联接方法的技能如下：

1）在联接前清除外螺纹管端上的污物，在螺纹上涂上一层铅油，以保护螺纹不锈蚀，并使填料易粘附在螺纹上，提高接口的严密性。然后再缠麻丝或胶带，其量应适当，如果填料缠得少，起的作用不大，缠得多又会被螺纹挤压出来，同样也不起作用。注意缠填料的方向很重要，一定要从螺纹管端沿与螺纹旋紧相逆的方向向着螺纹深处缠，如图3-29所示。这样缠绕填料，在拧紧管子时，会使填料越缠越紧，而不致从螺纹上松脱下来。

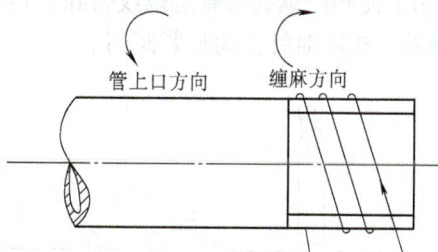

管上口方向　　　缠麻方向

图 3-29　填料缠绕方向

2）缠好填料后，操作者先用手把带内螺纹的管件或阀门拧入短螺纹上2～3扣左右，这一过程称带扣。

3）带完扣后，可利用管子台虎钳夹住带短螺纹的管段，用管钳中部或后部牙口咬紧管件或阀门（有的咬紧带螺纹的管子），操作者同时用一只手扶稳管钳头部，不使钳口打滑和歪倒，用另一只手压钳把渐渐用力。扳转钳把要稳，不可用力过猛或用身体加力于钳把，防止管钳牙齿脱落打滑而伤人，特别是双手用力时（一只手也没按在钳头上），更应该注意避免发生上述情况。如果是三通、弯头、管箍之类的管件，拧劲可稍大些，但阀门之类的控制件，拧劲不可过大，否则极易将其撑裂。

例如：某管段中间处需安装螺纹阀门，如图 3-30 所示。

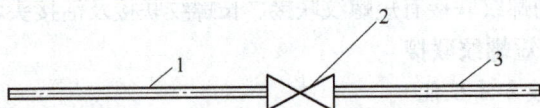

图 3-30　管道中间处安装阀门

1、3—管段　2—阀门

2. 操作步骤

操作步骤简述如下：

1）两管段连接的管段，应预先套短螺纹。

2）将其中一管段的带螺纹的管端固定在台虎钳上，使螺纹端离台虎钳 100mm 左右，并缠好填充材料。

3）操作者用手使阀门螺纹与管端螺纹带扣，再用管钳夹住靠管端螺纹的阀门端部，按顺时针方向拧紧阀门。

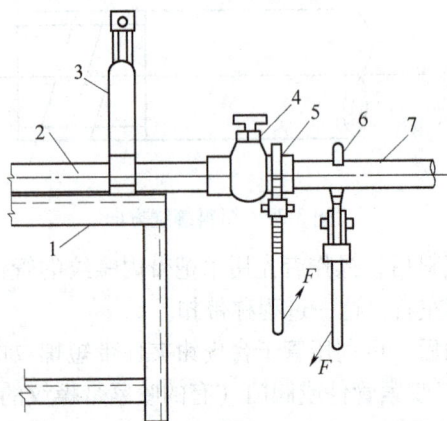

图 3-31　管段与阀门安装的操作示意图

1—台架　2、7—管段　3—管子台虎钳　4—阀门　5、6—管钳

4）在另一管段的带螺纹端，缠好填充材料，并与台虎钳上已连接好的阀门带扣。

5）一人首先用管钳夹住已经拧紧的阀门的一端，另一人再用管钳拧所需拧紧的管段。前一人始终保持阀门位置不变，后一人按前述方法慢慢拧紧管段，如图3-31所示。

（二）长螺纹联接

长螺纹用作管道的活联接部件，代替活接头，易于拆卸，且管道的密封性好。长螺纹由一头是短螺纹而另一头为长螺纹的管子和一个相应直径的根母组成，在散热器支管与立管联接中最为常见。长螺纹联接如图3-32所示。

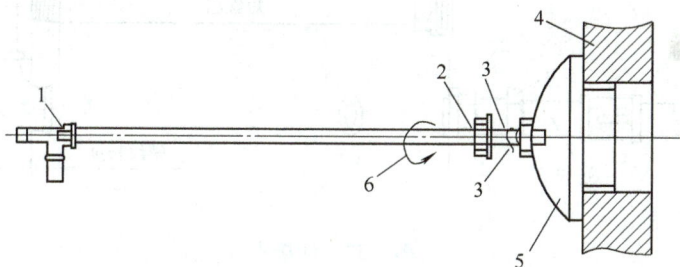

图 3-32　长螺纹联接

1—短螺纹　2—锁紧螺母　3—长螺纹　4—散热器
5—补心　6—锁紧螺母锁紧方向和石棉绳缠绕方向

长螺纹联接的技能操作步骤与方法如下：

1）安装前，在短螺纹的一端缠好填料，并应预先将锁紧螺母拧到长螺纹的底部。

2）不要缠填料，将长螺纹全部拧入散热器内，然后往回倒扣，与此同时将管子的另一端的短螺纹按短螺纹联接方法拧入管箍中。

3）最后拧转长螺纹根部的锁紧螺母，使锁紧螺母靠近散热器。当锁紧螺母与散热器有 3～5 mm 间隙时，在间隙中缠以适量的麻丝或石棉绳，缠绕方向要与锁紧螺母旋紧的方向相同，以防填料松脱，再用合适的扳手拧转锁紧螺母，并压紧填料。

4）拆长螺纹时，操作顺序与安装的顺序相反，即先拧锁紧螺母至底部，去除填料，把长螺纹拧入散热器直至短螺纹的一端与管箍离开，最后把长螺纹从散热器内全部退出。

（三）活接头联接

如果活接头安装在阀门附近，当阀门损坏需要更换时，从活接处拆开很方便。如果阀门附近未安装活接头，拆换阀门时必须从管子的尽头拆起，直拆到阀门，这样费时费力。活接头由三个单件组成，即公口、母口和套母，如图3-33所示。

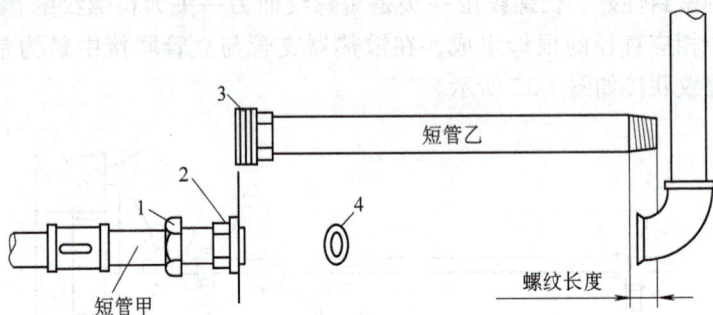

图 3-33　活接头
1—套母　2—公口　3—母口　4—垫圈

公口为一头带插嘴与母口承嘴相配，一头挂内螺纹与管子外螺纹短螺纹联接。母口为一头带承嘴与公口插嘴相配，一头挂内螺纹也与管子外螺纹短螺纹联接。套母的外表面呈六角形，内表面有内螺纹，内螺纹与母口上的外螺纹配合。

活接头的公口和母口应分别与管端的短螺纹联接，其方法是先将套母放在公口一端，并使套母挂内螺纹的一面向着母口（如果忘记装套母或将套母的方向放颠倒了，还得将公口拆下来进行返装），分别将公口、母口与管子短螺纹联接好，其方法与短螺纹联接方法一样。在锁紧套母前，在公口处加上垫（常见有石棉纸板垫和胶板垫），垫的内、外径应与插口相符，然后将公口和母口对平对正，再用套母联接公口和母口。如果公口、母口不对平找正，容易使活接头滑扣而造成渗漏现象。

训练 2　UPVC 管道的粘接

溶剂粘接是塑料管道连接使用最普遍的方法。管道粘接的优点是：连接强度高，严密不渗漏，不需要专用工具，施工迅速。主要缺点是：管道和管件连接后不能改变和拆除，未完全固化前不能移动、不能检验，且渗漏时不易修理。

UPVC 管主要采用的是承插式粘接接口，接口形式如图 3-34 所示。安装工艺和技能如下：

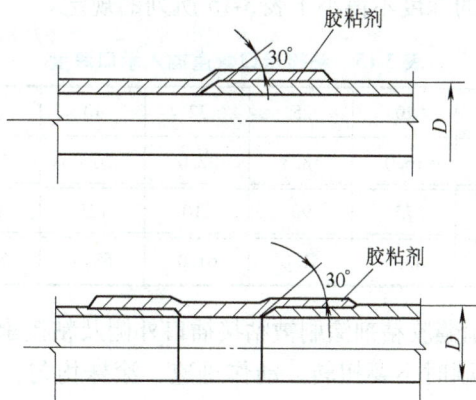

图 3-34　UPVC 管承插连接

1）粘接连接的管道在安装中被切断时，须将插口端进行倒角，锉成坡口后再进行连接。

2）胶粘剂最好选用由管材商所提供的和管材相配套的胶粘剂。胶粘剂的用量见表 3-14。

表 3-14　胶粘剂标准用量

公称外径/mm	20	25	32	40	50	63
胶粘剂用量/（g/个）	0.40	0.58	0.88	1.31	1.94	2.97
公称外径/mm	75	90	110	125	140	160
胶粘剂用量/（g/个）	4.10	5.73	8.43	10.75	13.37	17.28

3）锯管长度应根据实测并结合各连接件的尺寸逐层确定；锯管

工具宜选用细齿锯、割刀和割管机等机具。断口应平整并垂直于轴线，断面处不得有任何变形；插口处可用中号板锉锉成 15°～30°坡口。坡口厚度宜为管壁厚度的 1/3～1/2，长度一般不小于 3mm。坡口完成后应将残屑清除干净。

4）管材或管件在黏合前应用棉纱或干布将承口内侧和插口外侧擦拭干净，使被粘接面保持清洁，无尘砂与水迹。当表面沾有油污时，须用棉纱蘸丙酮等清洁剂擦净。

5）配管时应将管材与管件承口试插一次，在其表面划出标记，管端插入承口的深度不得小于表 3-15 所列的规定。

表 3-15　粘接接口管道插入承口深度

公称外径/mm	20	25	32	40	50	63
插入长度/m	16.0	18.5	22.0	26.0	31.0	37.5
公称外径/mm	75	90	110	125	140	160
插入长度/m	43.5	51.0	61.0	68.5	76.0	86.0

6）用油刷蘸胶粘剂涂刷被粘接插口外侧及粘接承口内侧时，应轴向涂刷。涂刷时不要扭转，动作迅速，涂抹均匀，涂刷的胶粘剂应适量，不得漏涂或涂抹过厚。冬季施工时尤须注意，应先涂承口，后涂插口。

7）承插口涂刷胶粘剂后，应立即找正方向将管道插入承口，使其准直，再加挤压。应使管端插入深度符合所划标记，并保证承插接口的直度和接口位置正确，还应保持一段时间不动。最少保持时间见表 3-16。为防止接口滑脱，预制管段节点间误差应不大于 5mm。

表 3-16　粘接接合最少保持时间

公称外径/mm	< 63	63～160
保持时间/s	> 30	> 60

8）承插接口插接完毕后，应将挤出的胶粘剂用棉纱或干布蘸清洁剂擦拭干净。根据胶粘剂的性能和气候条件静置至接口固化为止。固化时间可参考表 3-17。

表 3-17　静置固化时间

公称外径/mm	管材表面温度/℃		
	45 ~ 70	18 ~ 40	5 ~ 18
< 63	1 ~ 2	20	30
63 ~ 110	30	45	60
110 ~ 160	45	60	90

129

● **训练 3　PP-R 管的热熔连接**

无规共聚聚丙烯管是一种新型的建筑给水管道，又称 PP-R 管道。其连接方法有热熔连接、电熔连接、丝扣连接与法兰连接。这里介绍的是热熔连接。

热熔连接的技能操作步骤如下：

1）切断管材，必须使端面垂直于管轴线。管子切割用的工具是专用割管器。剪切 $DN \leqslant 25mm$ 的小口径管材时，边剪边旋转，以保证切口面的圆度；必要时可使用细齿锯，但切割后管材断面应除去毛边和毛刺。

2）用卡尺与笔在管端测量并标绘出热熔深度，热熔深度应符合表 3-18 的规定长度。量长度时要准确。

3）管材与管件连接端面必须无损伤、清洁、干燥、无油。

4）熔接弯头或三通时，按设计要求，应注意其方向，在管件和管材的直线方向，用辅助标志标出其位置。

5）热熔工具接通普通单相电源［（220 ± 22）V、50Hz］加热，升温时间约 6min，焊接温度自动控制在约 260℃，可连续施工，到达工作温度指示灯亮后方能开始操作。

6）做好熔焊深度及方向记号，在机头上把整个熔焊深度的管材加热，包括管道和接头。

7）无旋转地把管端导入加热套内，插入到所标志的深度，同时，无旋转地把管件推到加热头上，达到规定标志处。加热时间应满足表 3-18 的规定。

表 3-18　热熔连接技术要求

公称直径/mm	热熔深度/mm	加热时间/s	加工时间/s	冷却时间/min
20	14	5	4	3
25	16	7	4	3
32	20	8	4	4
40	21	12	6	4
50	22.5	18	6	5
63	24	24	6	6
75	26	30	10	8
90	32	40	10	8
110	38.5	50	15	10

注：若环境温度小于5℃，加热时间应延长50%。

8）达到加热时间后，立即把管材与管件从加热套与加热头上同时取下，迅速无旋转地直线均匀插入到所标深度，使接头处形成均匀凸缘。

9）在表3-18规定的加工时间内，刚熔接好的接头还可以矫正，但严禁旋转。

10）工作时应避免机头和加热板烫伤，或烫坏其他财物，保持机头清洁，以保证焊接质量。

复习思考题

1. 什么是公称通径？其表示方法如何？常用的公称通径的规格有哪些？
2. 什么是公称压力、试验压力、工作压力？其表示方法如何？
3. 黑铁管、白铁管、铸铁管、无缝钢管、螺纹钢管、塑料管的规格如何表示？并分别举例说明。
4. 铸铁排水管与塑料排水管哪种更优？并陈述理由。
5. 聚氯乙烯管有哪几种？有何优点？
6. 钢塑复合管与塑料给水管、镀锌钢管相比，具有哪些优点？
7. 怎样对塑料管进行外观检查？
8. 常用钢管管件有哪些？各有何用途？

9. 给水铸铁管件和排水铸铁管件如何区别？

10. 对照实物了解各铸铁管件的用途。

11. 塑料给水、排水管管件有哪些？

12. 管道的连接方法有哪些？具体如何选择？

13. 管道螺纹联接的质量要求有哪些？

14. 管道螺纹联接如何操作？为什么要在螺纹联接过程中加合适的填料？何时用麻做填料？何时用聚四氟乙烯带做填料？

15. 钢管对接焊时对口和焊缝位置有何要求？

16. 法兰规格如何表示？如何选择法兰的垫圈？

17. 铸铁管承插连接时常用哪些接口？

18. 翻边松套法兰联接如何操作？

19. 钢管法兰联接时的注意问题有哪些？

20. 什么是构造长度、安装长度和预制加工长度？

21. 如何计算管道的下料长度？

22. 管子切断常用方法有哪几种？手工锯削要注意哪些事项？

23. 怎样使用割管器割管？

24. 较脆的铸铁管和陶土管如何断管？

25. 管子的调直有哪两种方法？各自适用条件如何？

26. 管道脱脂的方法有哪些？

27. 简述管道表面除锈的方法有哪些？各适用于何种场合？

28. 简述喷砂除锈的原理与方法。

29. 简述管材除锈表面标准质量等级的分类。

第四章

管道安装

培训学习目标 了解管道支架的用途与种类，掌握简单管道支架的制作工艺及安装要求。熟知室内给水、排水、采暖系统的组成与安装的一般要求；掌握室内给水、排水、采暖管道的安装步骤与方法。掌握卫生器具、散热器的安装技能。

第一节 管道支架的制作及安装

一、支架的作用与种类

1. 支架的作用

管道的支承结构称为支架，是管道安装中的重要构件之一。支架安装是管道安装的重要环节。

管道支架的作用是支撑管道，并限制管道的位移和变形。管道支架应能承受管道的压力、外载荷作用及温度变化引起管道变形的应力，并将诸力传到支吊结构上去。

2. 支架的种类

支架按用途，可分为活动支架和固定支架两类。每类支架又有多种结构形式。 注意分清各类支架的作用。

（1）固定支架 主要用于固定管道，使管道不产生任何位移，固定支架要牢固地连接在结构上。热力管道上设置固定支架是为了

由于篇幅所限与图例的宽度，此处对该种支架用不作工作
加以详细的说明。该支架的固定与支架的工作原理请读者自行
领悟体会之间。

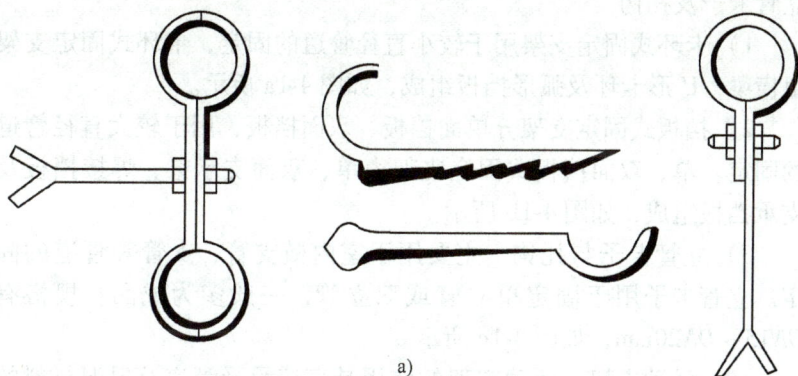

a)

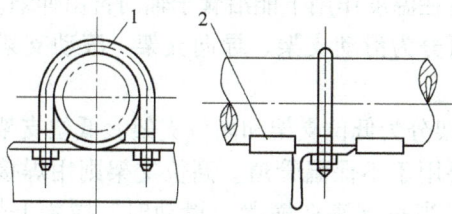

b)

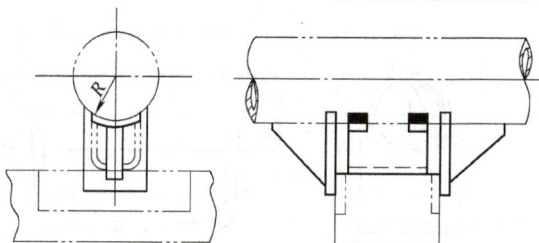

c)

图4-1 固定支架

a）卡环式固定支架 b）挡板式固定支架 c）立管卡子与托钩

1—支承梁 2—焊接挡板

均匀分配补偿器之间管道的伸缩量，保证补偿器正常工作。

固定支架的分类：常分为卡环式固定支架、挡板式固定支架和立管卡子及托钩。

1）卡环式固定支架用于较小直径管道的固定，卡环式固定支架由横梁，U 形卡环及弧形挡板组成，如图 4-1a 所示。

2）挡板式固定支架分单面挡板、双面挡板，用于较大直径管道的固定。单、双面挡板式固定支架由单、双面支承梁、焊接挡板及支承挡板组成，如图 4-1b 所示。

3）立管卡子与托钩，主要用于室内横支管、支管等管道的固定。立管卡子用于固定单立管或双立管，一般多为成品。规格有 $DN15 \sim DN20\text{mm}$，如图 4-1c 所示。

（2）活动支架　活动支架的作用是直接承受管道及保温材料的重量，并使管道在温度作用下能沿管子轴向自由伸缩。

活动支架可分为滑动支架、导向支架、滚动支架及悬吊支架四种。

1）滑动支架分为低位支架和高位支架　低位支架分为卡环式和弧形板式，主要用于不保温管道。高位支架则用焊接在管道上的高支座进行滑动，当高支座在横梁上滑动时，横梁上焊有钢板滑板，以保证高支架不致跌落在横梁上，主要用于保温管道。常用的弧形板滚动支架如图 4-2 所示。

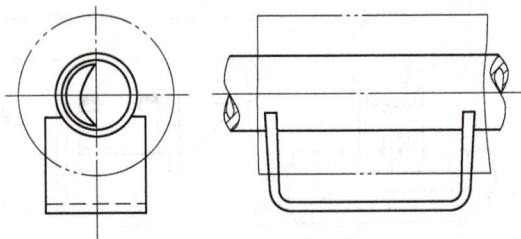

图 4-2　弧形板滑动支架

2）导向支架　由导向板和滑动支架组成，其作用是使管道在支架上滑动时不致偏离管中心线，一般用于补偿器两侧，如图 4-3

所示。

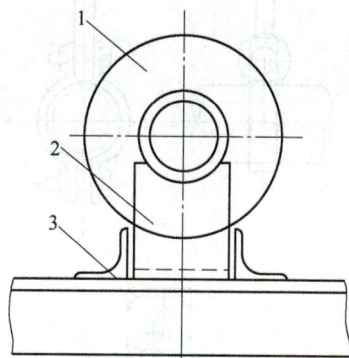

图 4-3 导向支架
1—保温层 2—管子托架 3—导向板

3）滚动支架 分为滚柱支架和滚珠支架，常用的滚珠支架如图 4-4 所示。

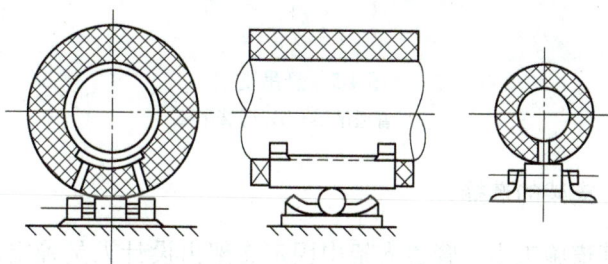

图 4-4 滚珠支架

4）悬吊支架 分为普通吊架和弹簧吊架。普通吊架由卡箍、吊杆和支承结构组成，主要用于小口径无伸缩性的管道。弹簧吊架由卡箍、吊杆、弹簧和支承结构组成，用于有弹性及振动较大的管道。吊杆的长度应大于管道水平伸缩量的若干倍并能自由伸缩，如图 4-5 所示。

a)

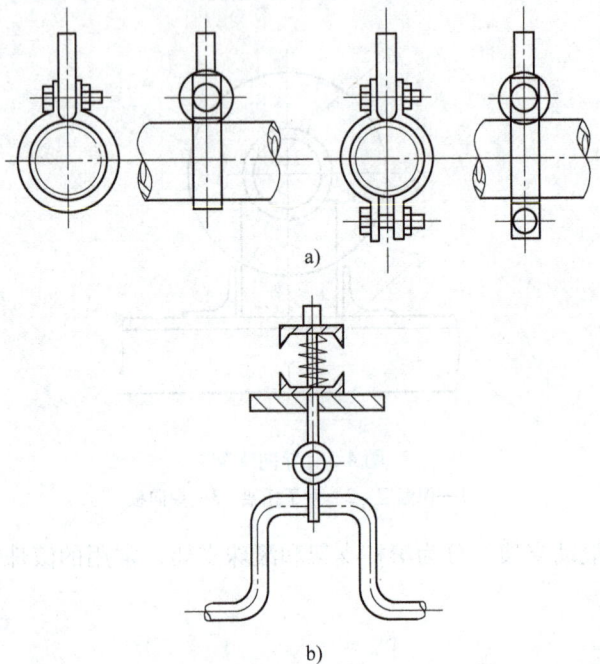

b)

图 4-5　悬吊支架

a）普通吊架　b）弹簧吊架

二、支架的选择

在管道施工中，管道支架中固定支架由设计人员确定，而活动支架是由施工人员在施工现场自行决定的，支吊架的正确选择和合理设置是保证管道安全运行的重要环节。

支架形式的选用应根据管道是否允许有位移和管道所受摩擦力的不同来选择，见表4-1。

表4-1　支架形式与选用

管道位移及摩擦力作用	支架形式
对摩擦产生的作用无严格限制的管子	滑动支架
要求减少管道轴向摩擦力	滚动支架

（续）

管道位移及摩擦力作用	支架形式
要求减少管道水平位移的摩擦力	滚珠支架
水平管道上只允许单向水平位移之处，补偿器两侧适当之处	导向支架
管道有垂直位移	弹簧吊架
不便装活动支架的架空管道	刚性吊架
不允许有位移的管道	固定支架
室内横支管及支管	托钩
固定单立管或双立管	立管卡子

三、支架的制作

支架构件的预制加工较为复杂，下面以型钢支架及 U 形管卡为例，重点阐述制作工艺。

1. 型钢支架的制作

型钢支架按标准图选取与管子相对应规格的角钢，并按规定的长度进行划线下料后，即用机械切断，断口表面应及时除去毛刺，用样冲在孔中心处打出中心孔，而后选取相应规格的钻头钻螺栓孔，不得用气焊烧孔。在角钢另一端划出劈叉折弯线，用氧乙炔焰从支撑角钢末端沿距角钢面 5mm 处切割至折弯线，然后用锤子将切开的部分沿折弯线向外侧敲击，使其与原角钢面成 30°角，安装时栽入墙体进行固定。

2. U 形管卡的制作

U 形管卡广泛应用于支架上固定管子，配合滑动支架作导向用。制作固定管卡时，管卡圆弧要与管子外径紧密吻合，拧紧固定螺母后，使管子牢固不动。制作导向管卡时，管卡圆弧可比管子外径大 2mm，以利导向活动，U 形上半部一般用圆钢制作，下料长度见表 4-2。

制作 U 形管卡时，先按尺寸锯削下料，并在坯料 2 等分处划上管卡的中心标记。然后在台虎钳上，用螺纹扳手套出所需长度的螺纹。对直径较小的坯料，用冷弯法将坯料弯制成符合被卡管子外径大小的 U 形管卡。对直径稍大的坯料，可用氧乙炔焰对坯料中段稍作加热（注意不能燎烤到两端螺纹）后，煨制成 U 形管卡。

表 4-2　U 形卡材料选用表　　　（单位：mm）

管径 DN	15	20	25	32	40	50	65	80	100	125	150
管卡直径	8	8	8	8	10	10	10	12	12	16	16
管卡展开长	152	160	181	205	224	253	301	342	403	177	546
螺纹加工长度	45	45	45	50	50	50	55	55	55	60	60
螺母	M8	M8	M8	M8	M10	M10	M10	M12	M12	M16	M16

四、支架的安装

管道支架制作安装操作程序：支架的选择→支架的制作→支架的安装。

1. 支架的安装位置与数量

（1）支架的定位方法　安装支架时，可从墙面向外量出 1m，定出水平管道两端点的支架位置，根据管道设计坡度和两端点的间距，计算出两点间的支架间的高差，在墙上按标高及支架高度差，打入钎子定出此两点，然后在钎子上系一条小线并拉直，经目测无挠度后，按各管道的最大支架间距，定出支架的数量，再根据此线，定出各支架的标高，画出每一个支架的具体位置。

两支架间的高度差的计算公式为

$$H = IL$$

式中　H——支架间的高差（mm）；

　　　I——管道设计坡度；

　　　L——支架间距（mm）。

（2）管道支架的安装间距　支架间距应按设计要求进行安装。当设计无规定时，应按施工及验收规范进行施工。一般的钢管和塑料管及复合管管道水平安装的支架最大间距，参见表 4-3 和表 4-4。

（3）活动支架的定位原则及做法　活动支架数量与定位是施工中的重要环节。由于设置方法的不统一，诸多工程中常常出现以墙作架，因而造成管道系统局部不稳固，难以保证管道的坡度和平直度、支架设置不均匀等施工缺陷，严重者甚至影响管道系统的正常运行。根据施工经验，可用"墙不作架，托稳转角，中间等分，不超最大"的原则确定活动支架的安装位置。具体做法是：

表4-3　钢管管道支架最大间距

公称直径/mm		15	20	25	32	40	50	70	80	100	125	150
支架最大间距/m	保温管	1.5	2	2	2.5	3	3	4	4	4.5	5	6
	不保温管	2.5	3	3.5	4	4.5	5	6	6	6.5	7	8

表4-4　塑料及复合管管道支架的最大间距

管径 DN/mm			14	16	18	20	25	32	40	50	63	75
支架最大间距/m	主管		0.5	0.6	0.7	0.9	1.0	1.1	1.3	1.6	1.8	2.0
	水平管	冷水管	0.4	0.4	0.5	0.6	0.7	0.8	0.9	1.0	1.1	1.2
		热水管	0.2	0.2	0.25	0.3	0.35	0.4	0.5	0.6	0.7	0.8

139

记住这几条活动支架的定位原则。

墙不作架：指架空管道穿越建筑物内隔墙时，不能把墙体作为活动支架，而应从墙面两侧各向外量过1m，以确定墙体两侧的活动支架位置。

托稳转角：指对管道的转角处（如弯头、伸缩器）应特别重视给予支承。具体做法为自管道转弯的墙角、伸缩器穿墙角各向外量1m，以定位活动支架。

中间等分，不超最大：指在穿越墙和转弯处活动支架定位后，剩余的管道长度上，按不超活动支架最大间距值的原则，均匀设置活动支架。

要掌握支架的安装方法。

2. 支架的安装方法

支架的安装包括支架构件的预制加工、现场安装两个工序。因为支架构件都有国标图集，可按图集要求集中预制。现场施工工序较为复杂的是托架的安装。根据施工要求，支托架的安装方法有膨胀螺栓固定安装、埋墙安装、抱柱安装和预埋铁件安装。

（1）膨胀螺栓固定安装　在没有预留孔洞及没有预埋铁件的混

凝土构件上，可用此方法，如图4-6所示。

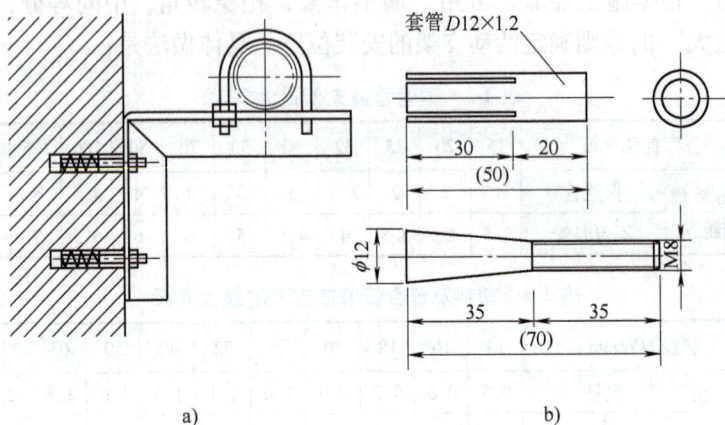

图4-6　膨胀螺栓法安装支架

a）施工工序　b）安装形式

其施工工序：

①按支架位置划线，定出锚固件的安装位置，用冲击钻或电锤，在膨胀螺栓的安装位置处钻孔，孔径与套管外径相同，孔深为套筒长度加15mm并与墙面垂直。

②将膨胀螺栓插入孔内，再用扳手拧紧螺母，在螺栓的锥形尾部便将开口套管尾部胀开，使螺栓和套管紧固在孔内。

③在螺栓上安装型钢横梁，用螺母紧固在墙上。

（2）沿墙栽埋法安装　如图4-7所示，其施工工序如下：

①首先拉线定位画出支托架的位置标记，用錾子和锤子打凿孔洞。埋设洞口不宜过大。

②清除洞内砖石碎块，用水将孔洞中冲洗湿润。

③用水灰（体积比）1∶2的水泥砂浆或细石混凝土填入，将已做过

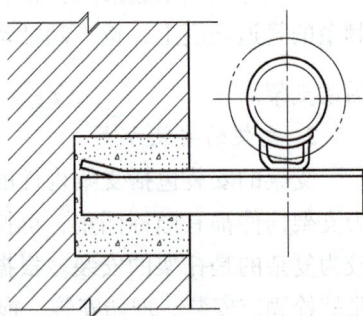

图4-7　沿墙栽埋法支架安装

防腐的支架横梁末端锯成开脚劈叉，栽入墙洞内长度不小于120mm，用碎石卡紧支架后再填实水泥砂浆，使洞口表面略低于墙面，便于装修面层时找平。型钢横梁伸出部分长度方向应水平，顶面应与管子中心线平行。

④ 用水平尺将支架横梁找平找正，不允许出现扭曲或偏斜等缺陷。

⑤ 浇水养护不少于5天。

（3）抱箍法安装　如图4-8所示，其施工工序如下：

① 先在独立的柱子上划线，定出支架顶面安装高度，并清除支架与柱子接触处的粉刷层。

② 用双头螺栓将支架横梁和抱柱角钢箍固定在柱子上。

③ 调整安装高度，并用水平尺找平，然后拧紧螺母。

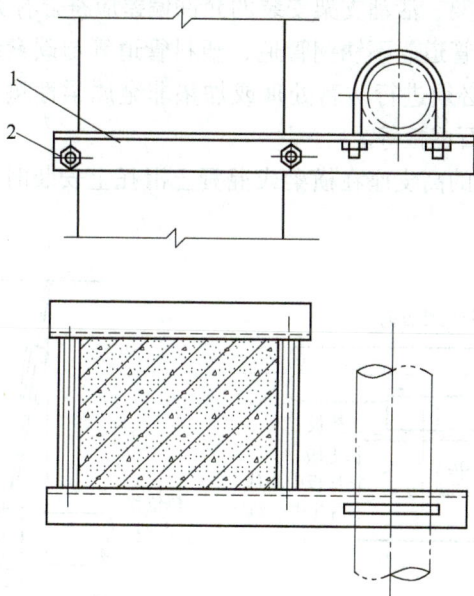

图4-8　抱箍式支架安装

1—双头螺栓　2—角钢

（4）预埋铁件安装　如图4-9所示，其施工工序如下：

① 安装前应将预埋钢板或钢结构型钢表面需施焊处的涂料（油漆）、铁锈或砂浆清除干净。

② 在预埋钢板或钢结构型钢上划线，定出支架的安装位置。

③ 采用焊条电弧焊将支架横梁口用定位焊固定，用水平尺和锤子找平找正，最后完成全部焊接。检查有无漏焊、未焊透或焊接裂纹等缺陷，若有则应及时清除。

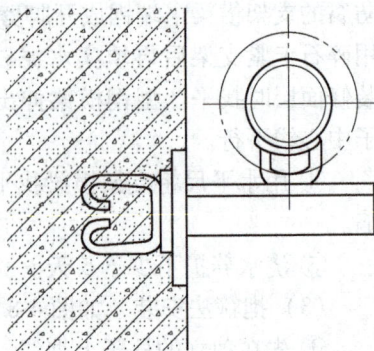

图 4-9　预埋铁件支架安装

3. 支架安装的技术要求

支架的安装有如下的技术要求：

① 固定支架、活动支架安装的允许偏差应符合有关规定。

② 对冷冻管道、不锈钢管道、塑料管道等与碳素结构钢支架相接触的部位，必须进行防腐处理或加垫非金属柔性垫料，如软聚氯乙烯板、橡胶石棉板等。

③ 保温管的高支座在横梁或混凝土滑托上安装时，应向热膨胀

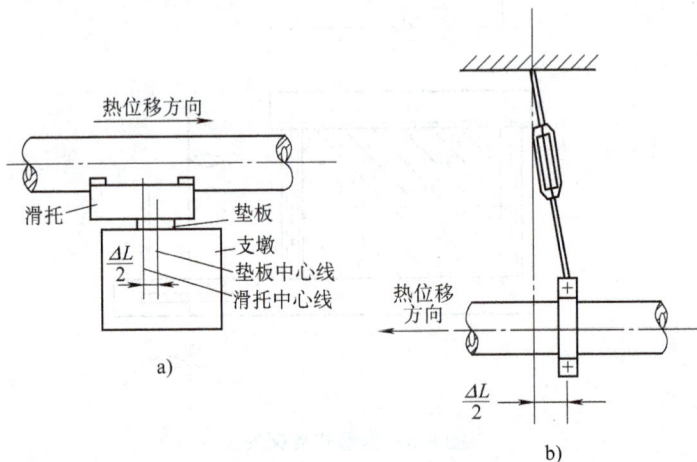

图 4-10　支架偏斜安装

a）高滑托支架偏斜安装　b）悬吊支架偏斜安装

的反方向偏斜 1/2 伸长量安装，如图 4-10a 所示。横梁上应焊有防滑板，防止高支座滑落到横梁上。

④ 无热位移的管道，其吊杆应垂直安装。有热位移的管道，吊杆应在热位移相反方向，按 1/2 伸长量偏斜安装，如图 4-10b 所示。

⑤ 固定支架应在补偿器预拉伸前固定。在无补偿位置，而有位移的直线管段上，不得安装一个以上的固定支架。

⑥ 导向支架或滑动支架的滑动支架应洁净、平整，不得有歪斜和卡涩现象。其安装位置应从支承面中心向位移反方向偏移 1/2 伸长量，保温层不得妨碍热位移伸缩。

⑦ 补偿器两端的支架设置：方形补偿器两侧的第一个支架，宜设在距方形补偿器弯头弯曲起点 0.5～1.0mm 处，应为滑动支架，不得设导向支架或固定支架，以保证补偿器伸缩时，管道横向滑动的膨胀应力，不会集中到支架上。第二个支架为导向支架，保证管道沿轴向位移。方形补偿器两侧的支架安装顺序为滑动支架、导向支架和固定支架。

⑧ 弹簧支架宜装在有垂直膨胀伸缩而无横向伸缩之处。安装时必须保证弹簧能够自由伸缩。弹簧吊架宜安装在横向和纵向均有伸缩之处。

弹簧支、吊架的弹簧安装高度，应按设计要求调整，并做好记录。弹簧的临时固定件，应待系统安装试压施工完毕后方可拆除。

4. 支架安装的注意事项　　注意事项一定要掌握。

1）栽埋支架时应拉线控制支架标高，否则会使一排支架高低不一，影响管道坡度，严重者会导致发生倒坡现象。

2）施工单位不得私自设置固定支架，按施工要求可以合理地设置活动支架。

3）冬期进行支架施工时，应使用热盐水或防冻搅拌的水泥砂浆埋设墙内支架，以防止支架栽埋不牢。

4）焊接预埋铁件支架安装后，大管径的管道在起吊上架前，一定要认真检查支架上全部焊缝是否有缺陷，否则焊在预埋铁件上的横梁将会掉落下来，发生事故。

143

5）用电钻在结构上钻孔时，严禁钻断钢筋，严禁与暗设电线套管相碰，严禁在容易出现裂纹或已经出现裂纹部位及砖缝上埋设膨胀螺栓。

6）支架栽入墙体后，在混凝土强度未达到设计强度 50% 时，不准安装管道及蹬、踏摇动支架。

7）在滑动管卡的施工做法中，U 形管卡只固定一个螺母。管道在卡内可以自由伸缩。若将 U 形管卡的两端都套上螺栓固定，管子将被卡死无法伸缩。

第二节　室内给水管道安装

一、室内给水管道的组成与敷设

1. 室内给水管道的组成

室内给水系统的任务是把水从室外管网引入室内，在保证需要的水压和满足用户对水质要求的情况下，输送足够的水量到各种卫生器具、配水嘴、生产设备和消防设备等各用水点。

室内给水系统按用途可分为三类：生活给水系统、生产给水系统和消防给水系统。三类给水系统，在实际工程中不一定单独设置，可根据具体情况，联合设置组成为：生活—生产、生产—消防、生活—消防、生活—生产—消防合并的给水系统。

室内给水系统一般由引入管、水表节点、水平干管、立管、支管、卫生器具的配水嘴或用水设备组成，如图 4-11 所示。

此外，当室外管网中的水压不足时，尚需设水泵和水箱等加压设备。

2. 室内给水管道的布置

室内给水方式主要决定于室外给水系统的水压和水量是否能满足室内给水系统的要求。一般可分为直接给水方式，设有高位水箱的给水方式，设有水池和水泵的给水方式，设有水池、水泵和水箱的给水方式，设有气压给水设备的给水方式和分区给水方式。

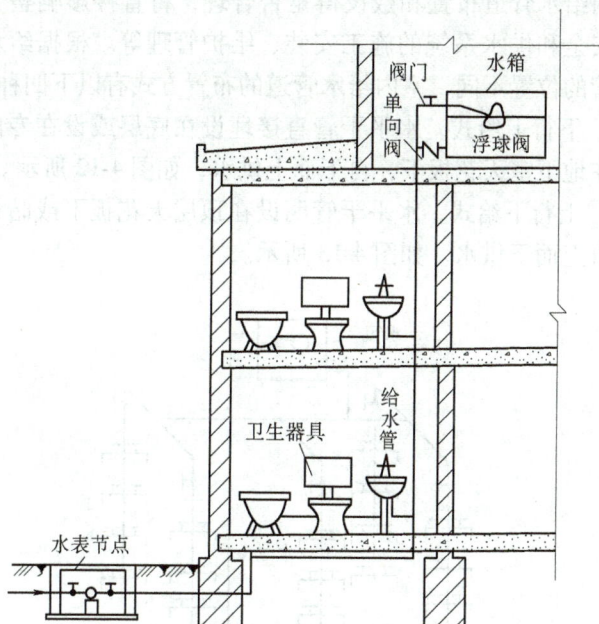

图 4-11 室内给水系统

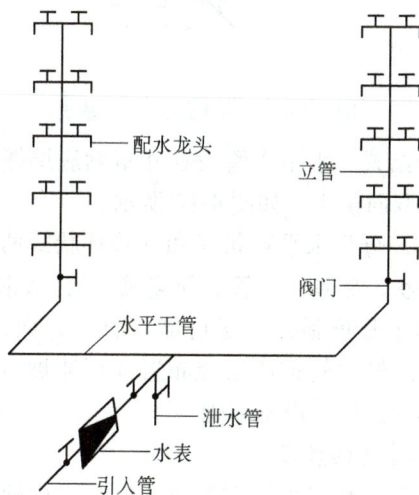

图 4-12 下行上给式给水系统

室内给水管道布置和敷设得是否合理，将直接影响整个建筑物的供水安全和供水系统的施工安装、维护管理等。根据给水方式不同和干管的位置不同，室内给水管道的布置方式有以下四种：

（1）下行上给式　水平干管直接埋设在底层或设在专门的地沟内或设在地下室天花板下，自下而上供水，如图4-12所示。

（2）上行下给式　水平干管明设在顶层天花板下或暗设在吊顶层内，自上而下供水。如图4-13所示。

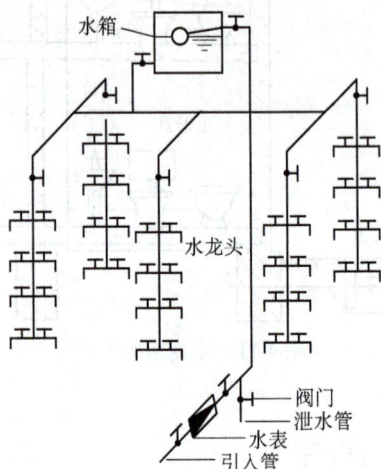

图4-13　上行下给式给水系统

（3）中行分给式　水平干管设在建筑物底层楼板下或中层的走廊内，向上、下双向供水。如图4-14所示。

（4）环状式　分为水平环状式和立管环状式两种。前者为水平干管之间连成环状，后者为立管之间连成环状，如图4-15所示。

管道布置力求长度最短，尽可能呈直线走向，一般与墙、梁、柱平行布置。埋地给水管道应避免布置在可能被重物压坏或设备振动处；管道不得穿过生产设备基础。

3. 室内给水管道的敷设

根据建筑物性质和卫生标准要求不同，室内给水管道敷设分为

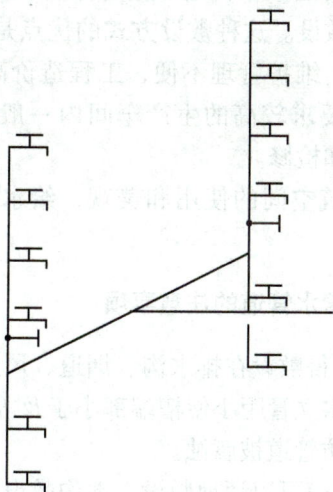

图 4-14　中行分给式给水系统

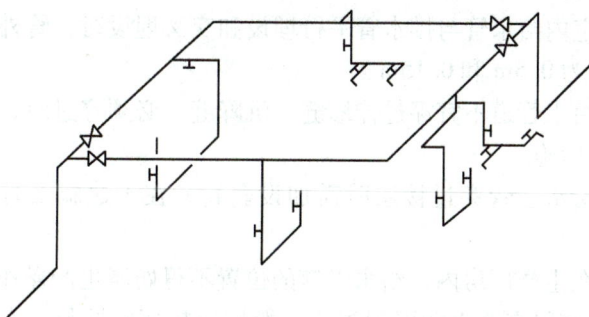

图 4-15　环状式给水系统

明装和暗装两种方式。

（1）明装　即管道在建筑物内沿墙、梁、柱、地板暴露敷设。这种敷设方式优点是：造价低，安装维修方便。缺点是：由于管道表面易积灰、产生凝结水而影响环境卫生和房屋美观。一般民用和工业建筑中多采用明装。

（2）暗装　即管道敷设在地下室天花板下或吊顶中，或在管井、管槽、管沟中隐蔽敷设。这种敷设方式的优点是：室内整洁、美观。缺点是：施工复杂，维护管理不便，工程造价高。标准较高的民用建筑、宾馆及工艺要求较高的生产车间内一般采用暗装。暗装时，必须考虑便于安装和检修。

为了不影响建筑空间的使用和美观，给水管道不宜穿过橱窗、壁柜和木装修等。

二、安装室内给水管道的注意事项

1）给水管道不得敷设在排水沟、烟道、风道内，不得穿过大便槽和小便槽，当给水立管距小便槽端部小于及等于0.5m时，应采取建筑隔断措施，以防管道被腐蚀。

2）室内给水管道可以埋地敷设、地沟敷设和架空敷设。若与其他管道同沟或共架敷设时，宜敷设在排水管、冷冻管的上面或热水管、蒸汽管的下面。给水管不宜与输送易燃、可燃或有害的液体或气体的管道同沟敷设。

3）室内给水管与排水管平行埋设和交叉埋设时，管外壁的最小距离分别为0.5m和0.15m。

4）给水管道不宜穿过伸缩缝、沉降缝，必须穿过时，应采取有效的技术措施。

5）给水立管穿过楼层时需加设套管，在土建施工时应预留孔洞。

6）在生产厂房内，给水管道的位置不得妨碍生产操作和交通运输，不得布置在遇水能引起爆炸、燃烧或损坏的原料、产品和设备的上面。

三、室内给水管道的安装

1. 安装前的准备

掌握给水管道的安装。

（1）熟悉施工图　管道安装应照图施工，因此施工前要熟悉施工图，领会设计意图，如发现原设计不合理或需改进时，与设计人员协商后进行修改，同时还应了解生产工艺概况，工艺对给排水的要求，给排水概况，管线的布置对施工的特殊要求等。

（2）备料 根据施工图准备材料和设备等，并在施工前按设计要求检验材料规格、设备型号和质量，符合要求，方可使用。

（3）配合土建施工预留孔洞和预埋件 通过详细阅读施工图，了解给排水管与室外管道的连接情况、穿越建筑物的位置及做法，了解室内给排水管的安装位置及要求等，以便管道穿过基础、墙壁和楼板时，配合土建留洞和预埋套管等。预留孔洞的尺寸见表4-5。

表4-5 预留孔洞的尺寸 （单位：mm）

管 径	50 以下	50~100	125~150
孔洞的尺寸	200×200	300×300	400×400

2. 室内给水管道的安装顺序

室内给水管道的安装一般是先安装房屋引入管，然后安装室内干管、立管和支管。

（1）引入管安装 建筑物的引入管一般只设一条，应靠近用水量最大或不允许间断供水处接入。当用水点分布较均匀时，可从建筑物的中部引入。对不允许间断供水的建筑，应从室外不同侧设

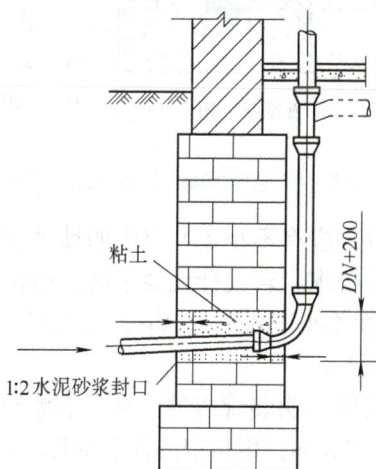

图4-16 引入管穿墙基础图

两条或两条以上引入管，在室内连成环状或贯通枝状双向供水。如不可能时，应采取设储水池（箱）或增设第二水源等保证安全供水措施。也可由室外环网同侧引入，但两根引入管的间距不得小于10m，并在接点间设置阀门。

在引入管上装设水表时，水表可设在室内，也可设在室外的水表井中，水表前后应放置检修阀门。如果采用一条引入管，应绕水表设旁通管。

引入管的敷设，应尽量与建筑物外墙的轴线相垂直。为防止建筑物下沉而破坏管道，引入管穿建筑物基础时，应预留孔洞或钢套管。保持管顶的净空尺寸不小于150mm。预留孔与管道间空隙用粘土填实，两侧用质量比为1：2的水泥砂浆封口，如图4-16所示。引入管由基础下部进入室内的敷设方法，如图4-17所示。

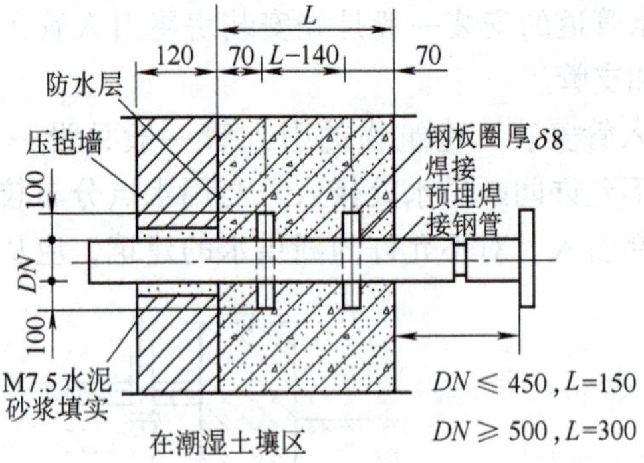

150

图4-17 引入管由基础下部引入室内大样图

敷设引入管时，应有不小于0.003的坡度坡向室外。引入管的埋深，应满足设计要求，若设计无要求时，通常敷设在冰冻线以下20mm，覆土的深度不小于0.7~1.0m，给水引入管与排水排出管的水平净距不得小于1m。

（2）干管的安装　明装管道的干管，沿墙敷设时，管外皮与墙面净距一般为30~50mm，用角钢或管卡将其固定在墙上，不得有松动现象。

暗装管道的干管若敷设在顶棚里，冬季温度低于0℃时，应考虑保温防冻措施。给水横管宜有 0.002~0.003 的坡度坡向泄水装置。

给水管道不宜穿过建筑物的伸缩缝、沉降缝。当管道必须穿过时需采取必要的技术措施，如安装伸缩节，安装一段橡胶软管，利用螺纹弯头短管等。如图 4-18 和如图 4-19 所示。

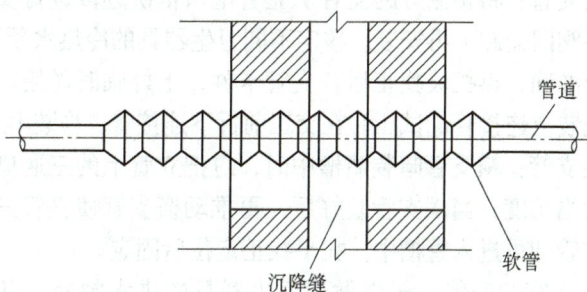

图 4-18 橡胶软管法

（3）立管的安装 立管一般沿墙、梁、柱或墙角敷设。立管的外皮到墙面净距离，当管径小于或等于 32mm 时，应为 25~35mm；当管径大于 32mm 时，应为 30~50mm。

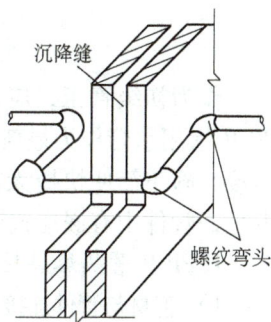

图 4-19 螺纹弯头法

在立管安装前，打通各楼层孔洞，自上而下吊线，并弹出立管安装的垂直中心线，做为安装中的基准线。

按楼层预制好立管单元管段，具体做法是：按设计标高，自各层地面向上量出横支管的安装高度，在立管垂直中心线上划出十字线，用尺丈量各横支管三通（顶层弯头）的距离，用比量法下料，编号存放以备安装使用。

每安装一层立管，均应使管子位于立管安装垂直线上，并用立管卡子固定。立管卡子的安装高度一般为 1.5~1.8m。

校核预留口的高度、方向是否正确，支管的甩口安好临时丝堵。

给水立管与排水立管并行时，应置于排水立管的外侧；与热水立管并行时，应置于热水立管的右侧。

立管上阀门安装的朝向应便于操作和检修。立管穿层楼板时，宜加套管，并配合土建堵好预留洞。

（4）支管安装　支管一般沿墙敷设，用钩钉或角钢管卡固定。

明装支管：将预制好的支管从立管甩口依次逐段进行安装，有阀门的应将阀门盖卸下再安装。核定不同卫生器具的冷热水预留口高度、位置是否准确，再找坡找正后栽支管卡件，上好临时丝堵。支管如装有水表先装上连接管，试压后在交工前拆下连接管，换装上水表。

暗装支管：横支管暗装墙槽中时，应把立管上的三通口向墙外拧偏一个适当角度，当横支管装好后，再推动横支管使立管三通转回原位，横支管即可进入管槽中。找平找正定位后固定。

给水支管的安装一般先做到卫生器具的进水阀处，以下管段待卫生器具安装后进行连接。

四、新型聚丙烯（PP-R）给水管的安装工艺

要掌握新型给水管道的安装。

作为初级管工，应该掌握最新管材给水管道系统的安装工艺。PP-R饮用水管作为最新室内给水管材可取代镀锌管。采用同质热熔连接，施工简便快捷无需套螺纹、安全可靠，永不渗漏。最大的优点是，管件中有嵌注式铜接头，便于与金属管系统连接。

1. PP-R管热熔焊接要点

1）管材与管件连接均采用热熔连接方式，不允许在管材和管件上直接套螺纹。与金属管道及用水器具连接必须使用带金属嵌件的管件。

2）手持式熔接工具适用于小口径管及系统最后连接；台车式熔接机适用于大口径管预装配连接。

3）熔接施工应严格按规定的技术参数操作，在加热和插接过程中不能随意转动管材，允许在管道和接头焊接之后的几秒钟内调节接头位置。正常熔接在结合面应有一均匀的熔接圈。

4）熔接操作技术参数见表4-6。施工后须经试压验收后方能封管及使用。

表4-6 熔接操作技术参数

管材外径/mm	熔接深度/mm	熔接时间/s	接插时间/s	冷却时间/min
20	14	5	4	2
25	15	7	4	2
32	16.5	8	6	4
40	18	12	6	4
50	20	18	6	4
63	24	24	8	6
75	30	30	10	8

2. PP-R 管道熔接工艺

管道熔接前，量好安装长度。量长度要准确，别忘记接套管的深度，利用专用剪刀或细金属锯削断管材。把管端各切去 4～5cm（因为端部可能受损）。用一个自调式聚熔焊机把管材和管件连接在一起，温度为 260℃。把焊机接通电源（220V）并等待片刻，当绿灯闪烁，则说明已达到焊接温度，可开始工作。

（1）焊接方法

1）管件和接头的表面要保证平整、清洁和无油。

2）在管道插入深度处做记号（等于接头的套入深度）。

3）把整个嵌入深度加热，包括管材和管件，在焊接工具上进行。

4）当加热时间完成后，把管道平稳而均匀地推入管件中，形成牢固而完美的结合。

5）由于材料重量轻，有挠曲性，所有焊接可在工作台进行，节省工时。

6）有时要在墙内进行某些连接，要注意留有足够的操作空间。

（2）安装方法

1）暗装敷设管道 埋嵌到墙壁、楼板等处的管道是能够防止膨胀的。压力和拉应力都被吸收而又不损坏各种材料。

2）在竖井中安装管道 在主管的两个支管的附近应各装一个锚接物，主立管就可以在两个楼板之间竖直产生膨胀或收缩。竖井中

153

两个锚接点之间的距离不超过 3m。也可以用其他方法来补偿膨胀现象。如从主管的分管中装设"膨胀支管"。

3）明装敷设管道 用膨胀回路补偿膨胀，管网方向改变的各处均可用来补偿膨胀量，在安装锚接物的位置时，要注意把管道分开成各个部分，而膨胀力又能被导向所需的方向。

五、水表的安装

水表是用户用水的计量工具，一定要选购国家认定的合格厂家生产制造的水表，以保证使用上安全，计量上准确。水表设置在用水单位的供水总管、建筑物引入管或居住房屋内。

给水管道中常用的水表有旋翼式和螺翼式两种。

旋翼式的翼轮转轴与水流方向垂直，叶片呈水平状。旋翼式水表又可分为干式和湿式两种形式。干式水表的传动机构和表盘与水隔开，构造较复杂；湿式水表的传动机构和表盘直接浸在水中，表盘上的厚玻璃要承受水压，水表机件简单。

螺翼式的翼轮转轴与水流方向平行，叶片呈螺旋状。

一般情况下，公称通径小于或等于 50mm 时，应采用旋翼式水表；公称通径大于 50mm 时，采用螺翼式水表。在干式和湿式水表中应优先选用湿式水表。

水表安装时，应满足下列要求：

1）应便于查看、维修，不易污染和损坏，不可曝晒，不会冰冻。

2）安装时应使水流方向与外壳标志的箭头方向一致，不可装反。

3）对于不允许断水的建筑物，水表后应设单向阀，并设旁通管，旁通管的阀门上要加铅封，不得随意开闭，只有在水表修理或更换时才可开启旁通阀。

4）为保证水表计量准确，螺翼式水表前直管长度应有 8～10 倍水表直径，旋翼型水表前应有不小于 300mm 的直线管段。水表后应设有泄水嘴，以便维修时放空管网中的存水。

5）水表前后均应设置阀门，并注意方向性，不得将水表直接放在水表井底的垫层上，而应用红砖或混凝土预制块把水表垫起来，如图 4-20 所示。

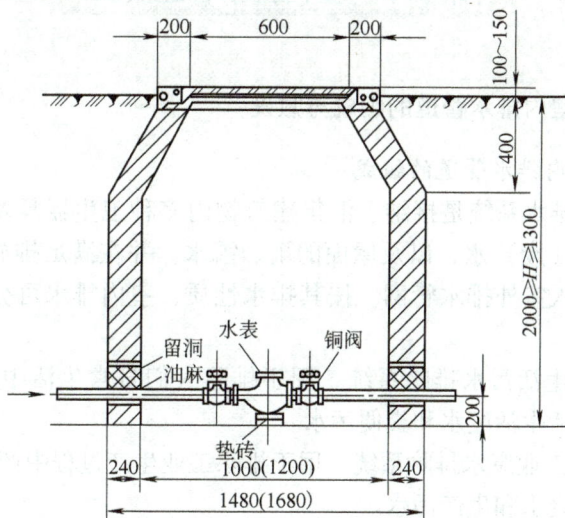

图 4-20　楼房水表节点安装图

6）对于明装在建筑物内的分户水表，表外壳距墙表面不得大于 30mm，水表的后面可以不设阀门和泄水装置，而只在水表前装设一个阀门。为便于维修和更换水表，需在水表前后安装补心或活接头，

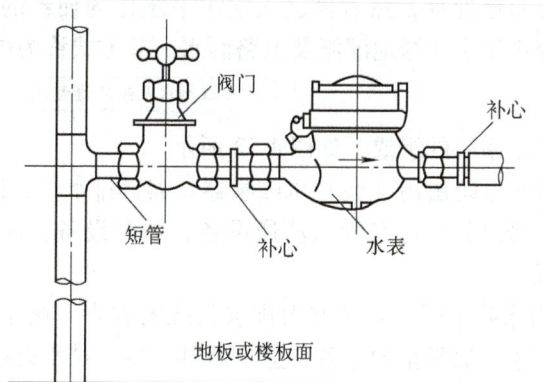

图 4-21　室内水表安装图

155

如图 4-21 所示。

第三节　室内排水管道安装

一、室内排水管道的组成与敷设

1. 室内排水管道的组成

室内排水系统是接纳、汇集建筑物内多种卫生器具及用水设备排放的污（废）水，以及屋面的雨、雪水，并在满足排放要求的条件下，排入室外排水管网。按其排水性质，室内排水可分为以下四类：

（1）生活污水排除系统　用于排除人们日常生活中产生的污、废水。包括生活废水和粪便污水。

（2）工业废水排除系统　用于排除工业生产过程中产生的废水。包括生产废水和生产污水。

（3）雨水排除系统用于排除建筑屋面的雨水和融化的雪水　上述三种排水系统中排除的各类污、废水由于受污染程度不同，水质差异较大。若分别设置管道排放，此方式称为分流制。若将其中二类或三类合并排放，此方式称为合流制。若将建筑排水中的污染轻微的诸如洗涤废水、盥洗淋浴废水，通过中水管道系统回收，经过沉淀过滤等简单处理，然后再进入给水系统作为便器的冲洗水，或将中水系统用于小区绿地灌溉及道路洒水。此方式称为中水制。

> 要掌握排水系统的组成。

室内排水系统的组成，如图 4-22 所示。

室内排水系统由污（废）水收集器、器具排水管、排水横支管、排水立管、排出管、通气管和清通设备、抽升设备、局部污水处理构筑物组成。

（1）污水收集器　它是室内排水系统的起点，用于收集和接纳各种污、废水，通常指的是各种卫生器具，生产排水设备及雨水斗。

（2）排水管道系统　它是由器具排水管、排水横管、立管和排

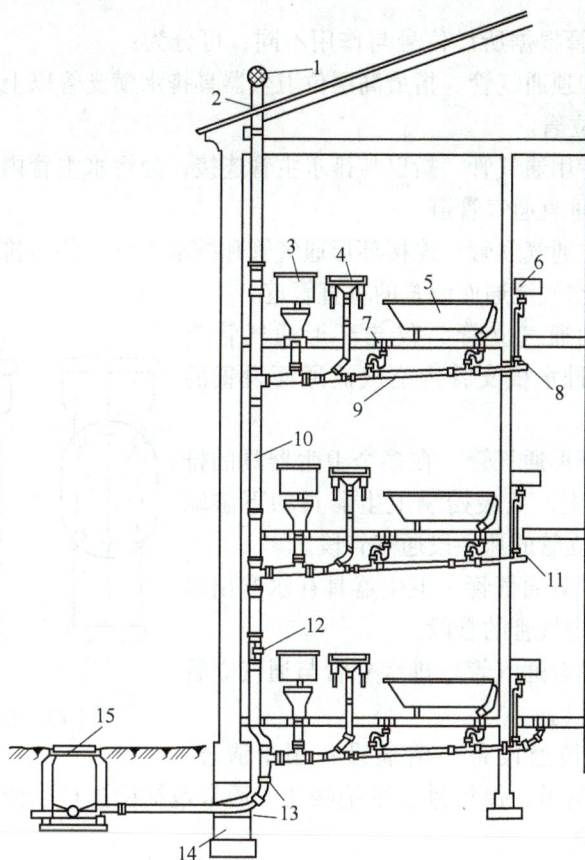

图 4-22　室内排水系统的组成

1—网罩　2—通气管　3—大便器　4—洗脸盆　5—浴盆　6—洗涤盆
7—地漏　8、11—清扫口　9—横管　10—立管　12—检查口
13—45°弯头　14—排出管　15—窨井

出管组成，用于输送，排除污、废水。

（3）通气管系统　通气管系统是指建筑物内排水系统，无污水流过的与大气相通的管道。通气管具有排除管道中有害气体，减少废气对管道的腐蚀和稳定管内气压以防止卫生器具水封破坏的作

用。

通气管根据所设位号与作用不同，可分为：

1）伸顶通气管　指最高层位卫生器具排水横支管以上延伸出屋顶的一段立管。

2）专用通气管　指仅与排水主管连接，为污水主管内空气流通而设置的垂直通气管道。

3）主通气立管　连接环形通气管和排水立管，并为排水支管和排水主管空气流通而设置的垂直管道。

4）副通气立管　仅与环形通气管连接，为使排水横支管内空气流通而设置的通气管道。

5）环形通气管　在多个卫生器具的排水横支管上，从最始端卫生器具的下游端接至通气立管的那一段通气管段。

6）器具通气管　卫生器具存水弯出口端接至主通气管的管段。

7）结合通气管　排水立管与通气立管的连接管段。

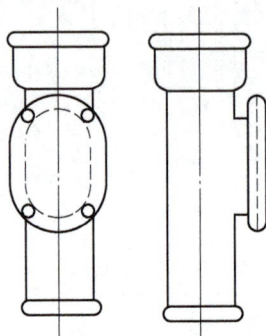

图 4-23　检查口

（4）清通设备　清通设备用于清理、疏通排水管道，保护排水系统畅通。通常包括检查口、清扫口和室内检查井等。

1）检查口：检查口是一个带盖板的开口短管。如图 4-23 所示，设在排水立管上，可双向清通。检查口的设置，规定在立管上除建筑最高层及最低层必须设置外，可每隔两层设置 1 个。检查口设置高度一般距地面 1m，应高出该层卫生器具上边缘 0.15m，与墙面成45°夹角。

2）清扫口：当悬吊在楼板下面的污水横管上有两个及两个以上的大便器或三个及三个以上的卫生器具时，应在横管的起端设清扫口。如图 4-24 所示。

3）室内检查井：检查井为排水管道上连接其他管道以及供养护工人检查、清通和出入管道的构筑物。如图 4-25 所示。

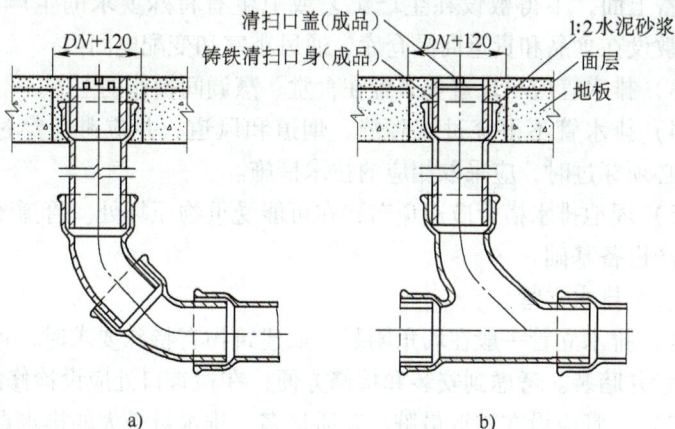

清扫口盖(成品)
铸铁清扫口身(成品)
1:2水泥砂浆
面层
地板
DN+120
DN+120

a)　　　　　　　　b)

图4-24　清扫口

（5）抽升设备　当建筑物室内标高低于室外地坪，污水不能自流排至室外时，需设置污水抽升设备进行抽升后排除。如地下室、人防建筑、高层建筑的地下技术层等。常用的抽升设备有污水泵及气压扬液器等。

（6）局部污水处理构筑物　室内污水未经处理不允许直接排入室外排水管道，需经过局部处理后排放。常用的局部污水处理的构筑物有化粪池、隔油池、沉淀池等。

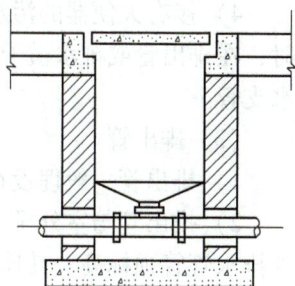

图4-25　室内检查井

2. 室内排水管道的布置与敷设

（1）排水横支管

1）排水横支管的敷设位置，视卫生器具排水设备位置而定，可埋地敷设、沿楼地面敷设或在楼板下悬吊敷设。如建筑或工艺有特殊要求时，可在管槽、管沟或吊顶内暗装，但必须考虑安装和检修的方便。

2）悬吊管不得布置在遇水引起燃烧、爆炸或损坏的原料、产品和设备上面，不得敷设在生产工艺或卫生有特殊要求的生产房内，不得敷设在食品和贵重商品仓库、通风小室和变配电间内。

3）排水管应尽量避免布置在食堂、烹调间操作的上方。

4）排水管不得穿过沉降缝、烟道和风道，并应避免穿过伸缩缝。必须穿过时，应采取相应的技术措施。

5）埋地排水横管应避免布置在可能受重物压坏处。管道不得穿越生产设备基础。

（2）排水立管

1）排水立管一般在墙角明装，如建筑物有特殊要求时，可在管槽、管井暗装。考虑到安装和检修方便，在检查口处应设检修门。

2）立管应设在靠近最脏、杂质最多、排水量最大的排水点处。

3）生活污水立管应尽量避免穿越卧室、病房等对卫生、安静要求较高的房间，并应避免靠近与卧室相邻的内墙。

4）接有大便器的污水管道系统如无专用通气立管或主通气立管时，在排出管或排水横干管管底以上0.7m的立管管段内不得连接排水支管。

（3）排出管

1）排出管一般埋设在地下，必要时可敷设在地沟里。

2）排出管与室外排水管道的连接：排出管管顶标高不得低于室外排水管管顶标高。其连接处的水流转角不得小于90°，当落差大于0.3m时，可不受角度的限制。

3）在接有大便器的污水管道系统中，距立管中心线3.0m范围内的排出管或排水横干管上不得连接排水管道。

4）排出管穿过地下室外墙或地下构筑物的墙壁时，应采取防水措施。

二、安装室内排水管道的注意事项

1. 立管安装的注意事项

1）立管上应该设检查口，其中心距地面1m并高于该卫生器具上边缘150mm，检查口的朝向应便于检修，检查口盖的垫片选用厚度不小于3mm的橡胶板。设置检查口的方法是：顶层必须调节，其他层则隔层设置。

2）安装立管时一定要注意将三通的方向对准横管的方向，以免在安装横管时由于三通的偏斜而影响安装质量。三通中高度由横管的长度和坡度决定，距离楼板250~300mm。

2. 管安装的注意事项

1）一般横接口较多，各接口处不得产生拱塌、扭曲和歪斜现象。保证三通中和弯头中在同一轴线上，严禁产生倒坡。

2）吊卡一定要按横管管径选用，不得大管用小卡或小管用大卡。吊杆必须选用可调节吊架以保证横管的安装坡度。吊杆吊卡要垂直，下端不得偏向主管方向，以防横管受力后从立管承口中拔出。

3）预制成组合件的横管，待接口凝固后再吊装。吊装时不得碰撞，以防接口松动。

3. 支立管的安装

1）支立管不得有反坡和"扭曲"现象，应保证支立管的坡度和垂直度。

2）应根据卫生器具的种类决定支立管露出地坪的长度，严禁地漏高出地坪和小便池落水高出池底。

3）管道安装后，应拆除一切临时支架（如吊管用的铁丝或打在墙上的錾子）。

三、室内排水管道的安装

掌握排水管道的安装。

根据施工图及技术交底，配合土建完成管段穿越基础、墙壁和楼板的预留孔洞，并检查、校核预留孔洞的位置和大小尺寸是否准确。

施工现场要有能满足施工需要的材料堆放处。排水铸铁管应码放在平坦的场所，管道下面用木方垫平垫实。硬聚氯乙烯管道应存放于温度不高于40℃的库房内，避免堆放在热源附近。

室内排水管道的安装

室内污水管道一般采用铸铁排水管或硬聚氯乙烯（UPVC）塑料排水管。安装的一般顺序是：

排出管→立管→通气管→横管→支管→卫生器具。

1. 排出管的安装

为便于施工，可对部分排水管材及管件预先捻口，养护后运至施工现场。在房中或挖好的管沟中，将预制好的管道承口作为进水方向，按照施工图所注标高，找好坡度及各预留口的方向和中心，捻好固定口。待铺设好后，灌水检查各接口有无渗漏现象。经检查合格后，临时封堵各预留管口，以免杂物落入，并通知土建填堵孔洞，按规定回填土。

管道穿过房屋基础或地下室墙壁时应预留孔洞，并应做好防水处理，如图 4-26 所示。预留孔洞尺寸见表 4-7 示。

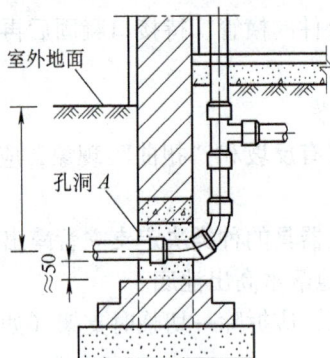

图 4-26　排水管穿墙基础图

表 4-7　排水管穿基础预留孔洞尺寸　（单位：mm）

管　径	50 ~ 100	125 ~ 150	200 ~ 250
孔洞 A 尺寸（长×宽）	300 × 300	400 × 400	500 × 500
孔洞 A 穿砖墙（长×宽）	240 × 240	360 × 360	490 × 490

为了减小管道的局部阻力和防止污物堵塞管道，通向室外的排出管，穿过墙壁或基础必须下返时，应用两个45°弯头连接，（见图4-26）。排水管道的横管与横管、横管与立管的连接，应采用45°三通或45°四通和90°斜三通或90°斜四通。

排出管应与室外排水管道管顶标高相平齐，并且在连接处的排出管的水流转角不应小于 90°。排出管与室外排水管道连接处应设检查井，检查井中心至建筑物外墙的距离不宜小于 3m。检查井也可设在管井中。

生活污水和地下埋设的雨水排水管的坡度应符合要求。

2. 排水立管的安装

排水立管通常沿卫生间墙角敷设，排水立管穿楼板做法如图 4-27 所示。现浇楼板则应预留孔洞，预留孔洞位置及尺寸可见表 4-8。

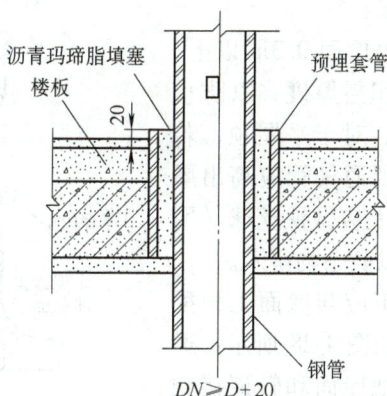

图 4-27　排水立管穿楼板示意图

表 4-8　立管与墙面距离及楼板预留洞尺寸（单位：mm）

管　　径	50	75	100	150
管轴线与墙面距离	100	110	130	150
楼板预留洞尺寸（长×宽）	100×100	200×200	200×200	200×200

安装立管时，应两人上下配合，一人在上层楼板上用绳拉，一人在下面托，把管子移动对准下层承口将立管插入。下层的人要把甩口（三通口）的方向找正，随后吊直，这时，上层的人用木楔将管临时卡牢，然后捻口，堵好立管洞口。

现场施工时，立管可先预制，也可将管材、管件运至各层进行现制。

3. 排水支管的安装

安装排水支管时，应根据各卫生器具位置排料、断管、捻口养护，然后将预制好的支管运到各层。安装时需两人将管托起，插入立管甩口（三通口）内，用铁丝临时吊牢，找好坡度、找平，即可打麻捻口，配装吊架，其吊架间距不得大于2m。然后安装存水弯，找平找正，并按地面甩口高度量卫生器具短管尺寸，配管捻口、找平找正，再安卫生器具，但要临时堵好预留口，以免杂物落入。

4. 通气管安装

通气管应高出屋面0.3m以上，并且应大于最大积雪厚度，以防止雪掩盖通气管口。对于平屋顶，若经常有人逗留，则通气管应高出屋面2.0m。通气管上应做铁丝球（网罩）或透气帽，以防杂物落入。

通气管的施工应与屋面工程配合好，一般做法如图4-28所示。通气管安装好后，把屋面和管道接触处的防水处理好。

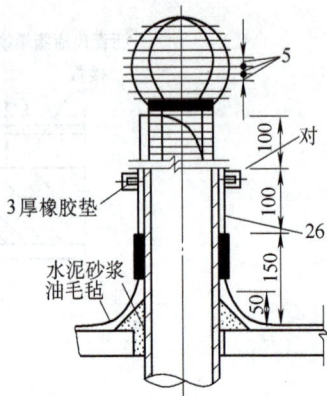

图4-28 通气管出屋面的示意图

5. 清通设备

排水立管上设置检查口。检查口中心距地面一般为1m，并应高出该层卫生器具上边缘150mm。检查口安装的朝向应以清通时操作方便为准。暗装立管，检查口处应安装检修门。

排水横管上的清扫口，应与地面相平。当污水横支管在楼板下悬吊敷设时，可将清扫口设在其上面楼板地面上或楼板下排水横支管的起点处。

为了清通方便，排水横管清扫口与管道相垂直的墙面距离不得小于200mm，若排水横管起点设置堵头代替清扫口，则与墙面距离不得小于400mm。

6. 卫生器具的安装

详见本章第四节内容。

新型管道的安装要掌握。

四、硬聚氯乙烯排水管道的安装

作为初级管工，应该掌握最新型材料的排水管道安装方法。目前室内的铸铁排水管道正逐渐被新型的塑料管道硬聚氯乙烯管道所代替。

硬聚氯乙烯管道的连接方法有螺纹连接和粘接两种。管道的吊架、管卡可用定型注塑材料，也可用其他材料。

硬聚氯乙烯埋地管道安装时应在管沟底部用 100～150mm 的砂垫层，安放管道后要用细砂回填至管顶上至少 200mm。当埋地管穿越地下室外墙时，应采取防水措施。

1. 立管安装

当层高小于或等于 4m 时，应每层设置一个伸缩节；当层高大于 4m 时，应按计算伸缩量来选伸缩节数量。安装时先将管段扶正，将管子插口插入伸缩节承口底部，并按要求预留出间隙，在管端划出标记，再将管端插口平直插入伸缩节承口橡胶圈内，用力均匀，找直、固定立管，完毕后即可堵洞。住宅内安装伸缩节的高度为距地面 1.2m，伸缩节中预留间隙为 10～15mm。

2. 支管安装

将支管水平吊起，涂抹胶粘剂，用力推入预留管口，调整坡度后固定卡架，封闭各预留管口和填洞。

硬聚氯乙烯管道支架允许最大间距，见表 4-9。

表 4-9 硬聚氯乙烯塑料管支架间距

管径/mm		50	75	110	125	160
支吊架最大间距/m	横管	0.5	0.75	1.10	1.30	1.6
	立管	1.2	1.5	2.0	2.0	2.0

注：立管穿楼板和屋面处，应为固定支承点。

排水塑料管与排水铸铁管连接时，捻口前应将塑料管外壁用砂布、锯条打毛，再填以油麻、石棉水泥进行接口。

室内排塑管道安装完毕后，对安装质量和安装尺寸进行检查和复核，并应做系统灌水试验。

第四节 卫生器具安装

一、卫生器具安装的一般知识

1. 卫生器具的用途和材质要求

卫生器具是用来洗涤、收集和排除生产及生活中的污水、废水的设备，是室内排水系统的重要组成部分。为防止排水管道中的有害气体，进入室内污染环境，卫生器具下部一般需装设存水弯。

卫生器具的作用与排水管道不同，其基本要求是：卫生器具的材质应耐磨、耐腐蚀、耐老化，具有一定的强度，不含对人体有害的成分；表面光滑，不易积污纳垢，沾污后易清洗；要便于安装和维修，用水量小和噪声小；存水弯要保持有足够的水封深度等。

各种卫生器具的结构、形式及材料各不相同，根据卫生器具的用途、装设地点、维护条件、安装等要求而定。卫生器具广泛采用陶瓷、不锈钢、搪瓷生铁、水磨石等材料制造。

2. 常用的卫生器具的分类

常用卫生器具按其作用可分为以下几类：

（1）便溺用卫生器具 便溺用卫生器具包括大便器、小便器、大便槽和小便槽等。便溺用卫生器具设在公共建筑的厕所或住宅、旅馆的卫生间内，主要用于收集和排放粪便污水。

1）大便器 大便器是排除粪便的卫生器具，其作用是将大便时的粪便及冲洗水快速地排入下水道，同时又要防止臭气外逸。大便器按其形式可分为坐式大便器和蹲式大便器两种。

① 坐式大便器：坐式大便器构造本身包括存水弯。按水力冲洗的原理来分有冲洗式坐便器和虹吸式坐便器。冲洗式坐便器如图4-29 所示。虹吸式坐便器如图4-30 所示。冲洗设备一般为低水箱。坐式大便器多装在家庭、宾馆等建筑内。

② 蹲式大便器：蹲式大便器如图4-31 所示，它本身不带存水弯，需另外装设。一般用于公共卫生间、家庭、旅店等建筑内。

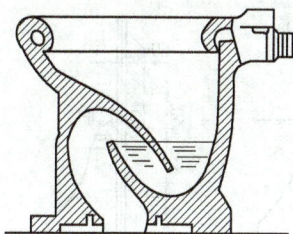

图 4-29　冲洗式坐便器　　　　图 4-30　虹吸式坐便器

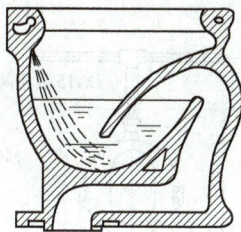

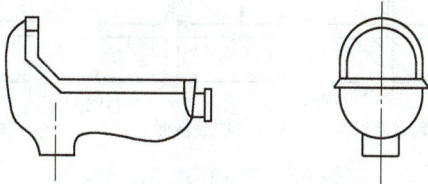

图 4-31　蹲式大便器

除大便器外，在公共厕所或建筑标准不高的公共建筑的厕所内，常设置大便槽。大便槽是一个狭长的开口槽，用水磨石或瓷砖制造。大便槽受污面积大，有恶臭，且耗水量大。但设备简单，造价低。

2）小便器　小便器设于公共建筑的男厕所内，有挂式、立式和小便槽三种。挂式小便器的安装如图 4-32 所示。

小便槽是用瓷砖沿墙砌筑的浅槽，广泛应用于集体宿舍、工矿企业和公共建筑的男厕所。小便槽长度一般不大于 6m。冲洗管距地面高度为 1.1m，管径为 15～20mm，管壁开有 2mm 直径的小孔，孔间距 30mm，喷水方向与墙面成 45°夹角。

（2）盥洗、淋浴用卫生器具　盥洗、淋浴用卫生器具包括洗脸盆、盥洗槽、浴盆、淋浴器等。

1）洗脸盆装置在盥洗室、浴室、卫生间供洗漱用。大多用带釉陶瓷制成。形状有矩形、三角形、椭圆形，架设方式有墙架式、柱架式、台式三种。墙架式洗脸盆使用较广。墙架式洗脸盆如图 4-33 所示。

167

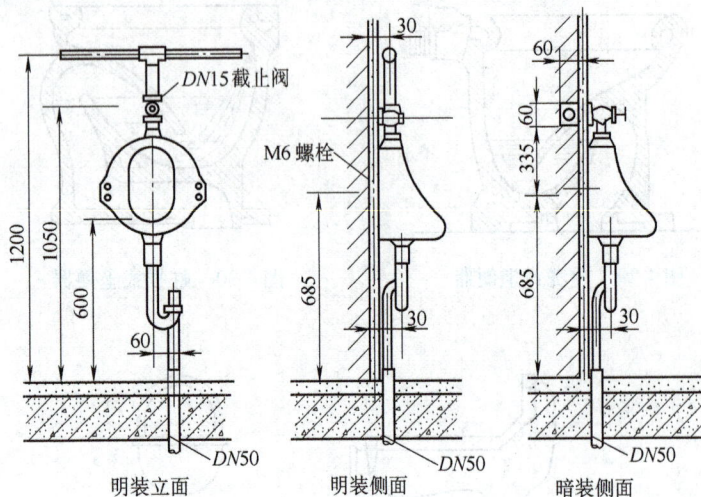

明装立面　　　　　明装侧面　　　　暗装侧面

图 4-32　普通挂式小便器安装

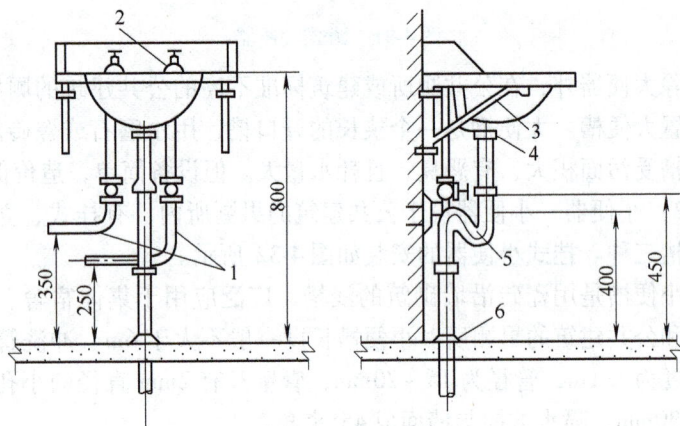

图 4-33　墙架式洗脸盆

1—给水管　2—脸盆水嘴　3—托架
4—排水栓　5—存水弯　6—护口盘

立柱式洗脸盆亦称柱脚式洗脸盆，排水存水弯暗装在立柱内，外表美观。

台式洗脸盆一般为圆形或椭圆形，嵌装在大理石或瓷砖贴面的台板上。

2）盥洗槽大多装设在公共建筑的盥洗室和工厂生活间内，可做成单面长方形和双面长方形，常用钢筋混凝土水磨石制成。

3）浴盆一般设在卫生间或公共浴室内，供人们洗浴之用。材质一般用陶瓷、搪瓷、铸铁或水磨石制成，外形呈长方形。

4）淋浴器大量用于公共浴室、卫生间及体育场馆等处的洗浴设备。具有占地少、造价低、清洁卫生等优点。淋浴器分为管件组装式和成品式两类。图4-49为管件组装式淋浴器安装图。

（3）洗涤用卫生器具　洗涤用卫生器具包括洗涤盆、污水盆等。洗涤用卫生器具供人们洗涤器皿之用。装设于家庭厨房，公共食堂等处。洗涤盆供洗涤餐具和食物用。污水盆装置在公共厕所或盥洗室中，供洗拖布和倒污水用。

（4）其他专用卫生器具　其他专用卫生器具包括地漏、化验盆等。

地漏主要设置在卫生间、盥洗室、浴室及其他需排除地面污水的室内。地漏用铸铁管或塑料管制作。规格有 $\phi50$、$\phi75$、$\phi100mm$ 三种。地漏应装在室内地面最低处，并且地面应有不少于0.01的坡度坡向地漏，以利于排除地面积水。

化验盆设置在化验室或实验室内，盆本身为陶瓷制品，下部自带水封，不需另设存水弯。

> 要牢记卫生器具的安装注意事项。

二、安装卫生器具的注意事项

卫生器具的安装一般是在室内装修工程施工之后，室内排水管道安装完毕、所留甩口位置正确时进行的。

卫生器具安装的工艺流程一般为：安装准备→卫生器具及配件检验→卫生器具的安装→卫生器具配件预装→卫生器具稳装→卫生器具与墙、地缝隙处理→卫生器具外观检查→满水和通水试验。

卫生器具安装前，应检查外观，其安装高度应符合设计要求，如设计无要求，可参见表4-10的要求。允许偏差：单独器具 $\pm10mm$，成排器具 $\pm5mm$。连接卫生器具的排水管管径和最小坡度，应符合设计要求。

169

表4-10　卫生器具的安装高度

序号	卫生器具的名称		卫生器具安装高度/mm		备　注
			居住和公共建筑	幼儿园	
1	污水盆（池）	架空式	800	800	—
		落地式	500	500	
2	洗涤盆（地）		800	800	自地面至器具上边缘
3	洗脸盆和洗手盆（有塞、无塞）		800	500	
4	盥洗槽		800	500	
5	浴盆		≯520	—	
6	蹲式大便器	高水箱	1800	1800	自台阶面至高水箱底
		低水箱	900	900	自台阶面至低水箱底
7	坐式大便器	高水箱	1800	1800	自地面至高水箱底
		低水箱 外露排出管式	510	—	自地面至低水箱底
		低水箱 虹吸喷射式	470	370	
8	小便器	挂式	600	450	自地面至下边缘
9	小便槽		200	150	自地面至台阶面
10	大便槽冲洗水箱		≯2000	—	自台阶面至水箱底
11	妇女卫生盆		360	—	自地面至器具上边缘
12	化验盆		800	—	

卫生器具布置的最小间距要求如下：

1）大便器至对面墙壁的最小净距应不小于460mm。

2）大便器与洗脸盆并列，从大便器的中心至洗脸盆的边缘应不小于350mm，距边墙面不小于380mm。

3）洗脸盆设在大便器对面，两者净距不小于760mm。洗脸盆边缘至对面墙壁应不小于460mm。

4）洗脸盆距镜子底部的距离为200mm。

> 要掌握卫生器具的安装方法。

三、卫生器具的安装

作为管道初级工，应该了解卫生器具的一般知识，同时应掌握大便器、小便器、洗脸盆、浴盆、和淋浴器的安装知识。

1. 坐式大便器安装

在墙面和地面工程完工后，根据已安装好的下水管口中心和坐便器位置，在地板上和墙面上画出低水箱和坐便器的中心线及箱底水平线（水箱距地面480mm），然后用膨胀螺栓法将水箱拧固在墙上。

低水箱安装后，先将坐便器对准地板的十字线和水箱中心线试装并找正找平后，在地板上画出坐便器的轮廓和四个孔眼的十字中心线，移开后在地板上打入膨胀螺栓，并注意做好防水处理，然后将坐便器下水口抹油灰对准排水短管，稳装在地板上，找正找平后加垫圈拧固。此后向水箱内组装铜活零件，连接水箱进水管和水箱底至坐便器进水口之间的 DN50mm 冲洗管，待试水合格后再将坐便器圈、盖安好。

2. 蹲式大便器安装

蹲式大便器安装时需另加存水弯。在地板上稳装蹲式大便器时，至少需要设高180mm的平台。

配用于蹲式大便器的高水箱，一般为陶瓷制品。

首先在土建蹲台砌筑时稳装大便器，清理好排水短管的承口。并将承口中心引至墙上作为确定水箱安装中心线。在大便器的出水口上抹油灰，承口内也抹少许，然后把大便器的出口挤压在承口内，找正找平，稳装严密，将挤出的油灰抹光，并将大便器进水口的中心对准墙上中心线。

根据水箱安装高度，在墙上中心线处划出横线，将水箱内的铜活或沾具预装好，用木螺钉或膨胀螺栓加垫把水箱拧固在墙上，把浮球阀加橡胶垫从水箱中穿出来，再加橡胶垫用螺母紧固，将水箱排水栓加胶垫从水箱中穿出，套上胶垫和铁皮垫圈后用螺母紧固，以防漏水。

水箱和大便器安装固定后，再安装冲洗管，将已做好乙字弯的冲洗管上端套上锁紧螺母，管头缠麻丝抹铅油插入水箱排水栓，之后按冲洗阀蹲式大便器安装图将锁紧螺母锁紧，下端套上橡胶碗，并将其另一端套在大便器的进水口上，最后用14号铜丝把橡胶碗绑扎牢固，如图 4-31 所示。

用小管连接水箱的浮球阀和给水管的角型阀，做水箱冲洗试验，冲洗管与大便器软接头部位不漏后，按图 4-31 要求封闭，并埋干砂以便于日后更换橡胶碗。

3. 挂式小便器安装

挂式小便器悬挂在墙上。安装时，将安好的排水管中心偏离60mm，向墙上引小便斗竖中心线，再由地坪向上量 600mm 划出水平线，找出小便器两耳孔中心，用膨胀螺栓或预埋木砖用木螺钉将小便斗拧固在墙上，然后连接给水支管和冲洗阀门及小便器存水弯，待试水不漏即可。

此外，还有立式小便器和小便槽。立式小便器安装方法与挂式小便器类似。

4. 洗脸盆的安装

洗脸盆安装时，根据洗脸盆排水短管口中心和安装高度在墙上划出中心线和水平线，找出盆架位置，用木螺钉和膨胀螺栓将盆架固定。脸盆固定前，预先将冷热水嘴和排水栓加热，用螺母锁紧装好。脸盆固定后，连接冷热水（左热右冷）支管，然后将存水弯和排水栓连接，存水弯下端套上护口盘插入地面排水短管内，其间隙用铅油缠麻丝塞紧，盖好护口盘。脸盆的堵、链用螺钉系于脸盆上。

5. 浴盆安装

浴盆多设在住宅、宾馆、医院等卫生间及公共浴池内，卫生间设置的浴盆常布置在房间一角，供给浴盆用冷热水支管均在墙内暗装。安装时，根据排水短管口中心和安装高度在墙上划中心线和高度线，按要求的位置将浴盆稳固，找正找平。将溢水管、弯头、三通等进行预装配，在浴盆上组装排水栓，排水栓零件与浴盆内外接触处均应加胶垫。将弯头安装在已紧固好的排水栓上，在溢水口处安装弯头，然后利用短管、三通将溢水口、排水栓连接，并使三通下部的短管插入预留的浴盆排水短管口内，其间隙要用油麻丝堵塞、抹光，最后从预留的冷、热水管上装引水管，用弯头、短节伸出墙面，装上水嘴（左热右冷）。

6. 淋浴器的安装

淋浴器与浴盆相比占地少、造价低，应用很广泛。淋浴器有成套供应的成品和现场管件组装两类。

管件淋浴器安装时先将冷、热水水平支管及其配件用丝扣联接安装好，在热水管上安装短节和阀门，在冷水管上配抱弯再安装阀门，混合管的半圆弯用活接头与冷、热水的阀门连接，最后装上混合管和喷头，混合管上端应设一单管卡。

除以上介绍的卫生器具外，还有大便槽、立式小便器、小便槽、盥洗槽、洗涤盆、污水池、地漏等，可参考国家及地区标准图集施工。

第五节　消防管道安装

建筑消防工程关系到国家利益、人民生命及财产安全，政策性和技术性强，涉及面广。我国的消防方针是"预防为主，防消结合"。因此，在消防管网和设施安装时，必须严格按设计要求进行，不得违反国家有关技术规定，特别是强制性标准必须严格执行。

在此，主要阐述常用的普通消火栓和自动喷淋灭火系统。

常用的室内消火栓给水系统主要适用于低层或多层建筑，用于扑灭初期火灾，当大火发生时，可由室内消防给水系统和市政消防车共同满足建筑物所需消防水量和水压。自动喷淋系统在一些功能齐全、火灾危险大、高度较高、标准高的民用建筑，以及一些火灾危险性大的工业建筑、库房内设置，国家有强制性标准，必须保证施工质量。

一、室内普通消火栓系统的安装

1. 室内普通消火栓的组成

室内消火栓成套灭火设备包括水枪、水龙带、消火栓、消防软管卷盘、消火栓箱、消防按钮。

水枪的作用是产生一定的充实水柱以灭火。水枪与水龙带配备规格为：13mm 水枪配 50mm 水龙带；16mm 水枪配 50 或 65mm 水龙带，19mm 水枪配 65mm 水龙带。水龙带和消火栓有 50mm 和 65mm 两种口径，均应配套使用。

消火栓应布置在建筑物各层中，且应设有明显的、常有人出入、使用方便的地方，如楼梯间、走廊及大厅的出入口处。消火栓之间间距要保证所要求的水柱股数能同时射到建筑物内的任何地方，且不允许有任何死角。

消防水泵接合器是在室内消防水泵发生故障或室内消防用水不足时，消防车从室外消火栓取水，加压后通过水泵接合器将水送至室内消防给水管网，供灭火设施使用。

消防水泵接合器按安装形式分为地上式、地下式和墙壁式三种，主要部件有闸阀、溢流阀、单向阀、弯管、接管、集水管和接口等。

此外，当设有自动喷水灭火系统的高层建筑、地下工程以及采用高位水箱或水塔难于满足消防设备的水压要求时，常采用全自动气压给水设备来保证扑救初期火灾的水量和水压。

全自动气压给水设备有变压式、恒压式、自动补气式和隔膜式四种。其特点是气压水罐设置灵活，且实现机电一体化，施工安装方便，占地面积小，设备密封好，水质不易污染，又便于集中管理。

2. 室内消火栓给水系统

室内消火栓给水系统形式常见的有：①常压室内消防给水系统，特点是室外管网给水系统能满足室内最不利点的消防用水量和压力要求。②设有高位水箱的临时高压室内消防给水系统，其特点是室外管网在最大时不能满足室内最不利点的消防用水要求。③设有水池、水泵和水箱的临时高压室内消防给水系统，常用于高层建筑或消防水量、水压均不能由外网保证的场合。④分区消防临时高压给水系统，适用于高层建筑，且消火栓的静压超过约 0.8kPa（80mH_2O）时选用。

3. 消防管道系统的安装

（1）消防管道安装

1）供水干管若设在地下时，应检查挖好的地沟或砌好的管沟须满足施工安装的要求。

2）按不同管径的规定，设置好需用的支座或支架，依设计埋深和坡度要求，确定各点支座（架）的安装标高。

3）由供水管入口处起，自前而后逐段安装，并留出各立管的接头。

4）管子在隐蔽前应先做好试压，再进行防腐与隔热施工。

5）对干管设在顶层吊顶内时，施工顺序与前述相同，只是安装时由上而下逐层进行。

6）各分支立管安装是由下而上或由上而下逐层进行，并按设计要求的位置与标高，留出各层水平支管的接头。

7）各层消防设施与各层水平支管连接。

8）各层消防管道施工安装后，应按设计要求或施工验收规范的规定，进行水压试验和气密性试验，并填写试验记录，存入工程技术档案。

（2）消防设施安装　普通消火栓给水系统中的室内外消火栓、消防水泵接合器和消防增压设施的安装，应按国家标准图进行安装。

1）室内消火栓安装　有明装、暗装、半暗装三种。明装消火栓是将消火栓箱设在墙面上，暗装或半暗装是将消火栓箱置于预留的墙洞内。

① 先将消火栓箱按设计要求的标高，固定在墙面上或墙洞内，要求横平竖直固定牢靠，对暗装的消火栓，应将消火栓箱门预留在装饰墙面的外部。

② 对单出口的消火栓、水平支管，应从箱的端部经箱底由下而上引入，其安装位置尺寸见有关标准。消火栓中心距地面1.1m，栓口朝外与墙成90°角（乙型）或出水方向向下（甲型）。

③ 对双出口消火栓，有甲、乙、丙型三种安装方式，其安装尺寸按国标进行。

④ 将按设计长度截好的水龙带与水枪、水龙带接扣组装好，并将其整齐地折挂或盘卷在消火栓箱的挂架上。

⑤ 消防卷盘包括小口径室内消火栓（$DN25mm$ 或 $DN32mm$）、输水胶卷、小口径开关水枪和转盘整套消防卷盘可单独放置，一般与普通消火栓组合成套配置，其安装按相应图号进行。

175

2）消防水泵接合器安装　它与室外消火栓的安装工艺基本相同，简述如下：

① 开箱检查水泵接合器、室外消火栓的各处开关是否灵活、严密、吻合，所配附属设备配件是否齐全。

② 室外地下消火栓、地下接合器应砌筑消火栓和接合器井，地上消火栓和接合器应砌筑闸门井。在路面上，井盖上表面同路面相平，允许 ±5mm 偏差，无正规路面时，井盖高出室外设计标高50mm，并应在井口周围以 0.02 的坡度向外做护坡。

③ 消火栓、接合器与主管连接的三通或弯头均应先稳固在混凝土支墩上，管下皮距井底不应小于 0.2m，消火栓顶部距井盖底面不应大于 0.4m，若超过 0.4m 应加设短管。

④ 按标准图要求，进行法兰阀、双法兰短管及水龙带接口的安装，接出直管高于 1m 时，应加固定卡子一道，井盖上应铸有明显的"消火栓"和"接合器"字样。

⑤ 室外地上消火栓和接合器安装：接口（栓口）中心距地高为700mm，安装时应先将接合器和消火栓下部的弯头安装在混凝土支墩上，安装应牢固；对墙壁式消火栓和接合器，如设计未要求，进出口栓口的中心安装高度距地面应为 1.10m，其上方应设有防坠落物打击的措施。

⑥ 安装开、闭阀门，两者距离不应超过 2.5m。

⑦ 地下式安装若设阀门井，须将消火栓、接合器自身放水口堵死，在井内另设放水门。且应在阀门井盖上标有消火栓、接合器字样。

⑧ 水泵接合器的溢流阀、单向阀安装位置和方向应正确，阀门启闭应灵活。

⑨ 各零部件连接及与地下管道连接均应严密，以防漏水、渗水。管道穿过井壁处，应严密不漏水。

⑩ 安装完后，应按设计要求或国家验收规范规定进行试压。

⑪ 在码头、油田、仓库等场所安装室外地下消火栓时，除应有明显标志外，还应考虑在其附近配有专用开井、开枪等工具和消火栓连接器、消防水带等器材的室外消火栓箱，以便使用方便。

3）消防增压设施的安装　用于水消防灭火系统的加压设施主要有水泵和气压罐。消防水泵的安装与水泵类同。下面主要介绍隔膜自动气压水罐的安装方法。

① 隔膜式自动气压给水设备在出厂前，已进行水压和气密性试验，现场安装时不得随意拆卸罐体，以防降低气密性。

② 给水设备在调试前，先将电器设备和水泵进行手动空载试运行，待设备运转正确时，方可进行正式调试工作。

③ 气压水罐的试调，应本着先流水后充氮的原则进行。充水可利用市政管阀充水。当气室压力达到最高压力值时，充气完毕，关闭气阀。一般情况下，充水时将排气阀打开，当水室空气排净时即停止充水关闭排气阀，开始充气。充气前将电接点压力表上下指针转至需要最高和最低压力位置上，再充气。

④ 气压给水设备调试后，开始自动运转，管理人员应定期检查维修，保证正常使用。

⑤ 经生产厂家调试正常运转后，不准乱动。如需充气可由厂方帮助，若自行充气时，应严格按此操作程序进行。

二、室内自动喷淋系统的安装

1. 自动喷淋系统的分类

室内自动喷淋系统一般分为两大类，即：闭式自动喷水灭火系统和雨淋自动喷淋灭火系统。

1）闭式自动喷水灭火系统采用闭式喷头，当发生火灾时，由于温度升高，使喷头的玻璃球破裂或易熔金属脱落，从而自动喷水灭火。按其管道内是否充水分为湿式、干式和预作用喷水灭火系统三种。

湿式喷水系统在报警阀的上下管道内均充满压力水，适用于温度不低于4℃且不高于70℃的建筑物、构筑物内。

干式喷水系统则在报警阀的上部管道内不充压力水，而是充有压气体。适用于温度低于4℃或高于70℃的建筑物、构筑物内。

预作用喷水灭火系统是在管内充以有压或无压气体，平时管内无水，火灾时通过火灾探测系统来控制预作用阀开启，向管内供水，再由闭式喷头开启喷水灭火。无手动开启装置，用于不允许有水渍损失的建筑物和构筑物内。

2）雨淋自动喷水灭火系统是一种开式喷水灭火系统。其特点是发生火灾时，所有喷头均同时喷水。用于严重危险级的建筑物和构筑物内。

2. 自动喷水系统的设备组成

自动喷水系统的设备组成较简单，主要包括喷头和报警阀。喷头有闭式和开式两种。常用的有易熔金属元件闭式喷头和玻璃球闭式喷头。报警阀有湿式报警阀、干湿两用阀、预作用阀和雨淋阀四大类。报警阀起到一个声响报警作用，有火灾时，发出声响报警信号，同时打开预作用阀，使系统充水，并从已动作喷头处喷水灭火。

3. 自动喷水系统的安装

（1）管网安装 自动喷水系统管道安装工艺同消火栓管道。此外，施工中还应满足下列要求：

1）管道安装位置应符合设计要求，若设计无要求时，管道中心线与梁、柱、楼板等的最小距离参见表4-11的规定。

表4-11 管中心线与梁、柱、楼板最小距离（单位：mm）

公称通径	25	32	40	50	65	80	100	125	150	200
距离	40	40	50	60	70	80	100	125	150	200

表4-12 管道支吊架间距

公称通径/mm	25	32	40	50	65	80	100	125	150	200	250
距离/m	3.5	4.0	4.5	5.0	6.0	8.0	8.5	7.0	8.0	9.5	11.0

2）管道支架、吊架、防晃支架的安装应符合以下要求：①是支吊架距离应按表4-12的规定安装；②是支吊架、防晃支架的形式、材质、加工尺寸及焊接质量等符合设计要求和国家现行有关标准的规定；③是支吊架的位置不应妨碍喷头的喷水效果，且与喷头的间距不宜小于300mm，与末端喷头之间距离不宜大于750mm；④是配水支管上每一直管段、相邻两喷头间的管段上设置吊架均不宜少于1个，若两喷头相距小于1.8m时，可隔段设吊架，但吊架间距不宜大

于3.6m；⑤是公称通径等于或大于50mm时，每段配水干管或配水管设防晃支架不应小于1个，当管道改变方向时，应增设防晃支架；⑥是竖直安装的配水干管应在其始端和终端设防晃支架或采用管卡固定，安装位置距地面或楼面的距离宜为1.5～1.8m。

3）管道变径宜用异径接头；弯头处不得采用补心；当采用补心时，三通上可用1个，四通上不应超过2个；公称通径大于50mm的管道上不宜用活接头。

4）管道穿变形缝时，应设柔性短管。穿过墙体或楼板时应加设套管，套管不得小于墙厚，或应高出楼面或地面50mm；管道焊接环缝不得在套管内，套管与管道间隙应采用不燃烧材料填塞密实。

5）管道横向安装宜设0.002～0.005的坡度，且应坡向排水管。

（2）喷头安装 喷头安装应在系统试压、冲洗合格后进行，并宜采用专用的弯头和三通，安装时，不得对喷头进行拆装、改动，并严禁给喷头附加任何装饰性涂层；应使用专用扳手安装，严禁利用喷头的框架施拧；喷头框架、溅水盘产生变形或释放原件损伤时，应采用规格型号相同的喷头更换；当喷头公称直径小于10mm时，应在配水干管或支管上加设过滤器；安装在易受机械损伤处的喷头应设防护罩；喷头溅水盘与吊顶、门、窗、洞口或墙面的距离应符合设计要求。

（3）报警阀组安装 应先安装水源控制阀、报警阀，然后再进行报警阀辅助管道的安装。水源控制阀、报警阀与配水干管的连接，应使水流方向一致。报警阀组安装的位置应符合设计要求；当设计无要求时，报警阀组应安装在便于操作的明显位置，距室内地面高度宜为1.2m；两侧与墙的距离不应小于0.5m；正面与墙的距离不应小于1.2m。安装报警阀组的室内地面应有排水设施。

报警阀组附件的安装应符合下列要求：压力表应安装在报警阀上便于观测的位置；排水管和试验阀应安装在便于操作的位置；水源控制阀安装应便于操作，且应有明显开闭标志和可靠的锁定设施。

（4）其他组件安装。

1）水力警铃 水力警铃应装在公共通道或值班室附近的外墙上，并装有检修、测试用阀门，与报警阀的连接用镀锌钢管，若直径为 15mm 时，长度不大于 6m；若直径为 20mm 时，长度不大于 20m，安装后的水力警铃启动压力不小于 0.05MPa。

2）水流指示器　水流指示器安装应满足下列要求：应在管道试压和冲洗合格后安装，其规格、型号应符合设计要求；应竖直安装在水平管道上侧，动作方向应与水流方向一致，安装后其浆片、膜片应动作灵活，且不与管壁碰擦。

3）信号阀　信号阀应装在指示器前的管道上，与指示器相距在 300mm 以上。

4）排气阀　排气阀在管网试压和冲洗合格后安装，位于配水干管顶部、配水管的末端，并确保无渗漏。

5）控制阀　控制阀规格、型号和所装位置应符合设计要求，且方向正确，阀内清洁、无堵塞、无渗漏；主控阀应加设启闭标志；隐蔽处的控制阀应在明处设有指示其位置的标志。

6）节流装置　节流装置应设在直径为 50mm 以上的水平管上；减压孔板应装在管内水流转弯处下游侧的直管上，且与转弯处的距离不小于管径的 2 倍。

7）压力开关　压力开关要竖直装在通往水力警铃的管路上，且在安装中不应拆装改动。

8）末端试水装置　末端试水装置宜装在系统管网末端或分区管网末端。

三、消防系统的调试

1. 调试条件

系统调试应在施工完毕后进行，并应具备以下条件：消防水池、水箱储水量符合设计要求；供电正常；消防气压给水设备水位、气压满足设计要求；湿式喷水系统管网已注满水，干式、预作用喷水系统管网内气压符合设计要求，阀门均无泄漏；与系统配套的火灾自动报警系统已处于工作状态。

2. 调试内容

调试内容按系统正常工作条件、关键组件性能、系统性能等确定。具体包括以下内容：

1）水源调试 水源应充足可靠。

2）消防水泵调试 是临时高压管网扑救火灾时的主要供水设施。

3）稳压水泵调试 是高压管网正常工作的保证。

4）报警阀调试 是系统的关键组成部件，其动作的准确、灵敏，直接影响灭火的成功率。

5）排水装置调试 是确保系统运行和试验时不产生水害的设施。

6）联动试验 即系统与火灾自动报警系统的联锁动作试验，它反映了系统各组成部件间是否协调和配套。

3. 水源测试要求

首先是按设计要求全面核实消防水箱的容积、设置高度及保证消防储水量不作它用的技术措施。其次是按设计要求核实消防水泵接合器的数量和供水能力，并做供水试验进行验证。

4. 消防水泵调试要求

以自动或手动方式起动消防水泵时，消防水泵应在5min内投入正常运行；以备用电源切换时，消防水泵应在90s内投入正常运行；并对水泵主要性能进行调试检查，检查结果应满足设计要求。

稳压泵调试时，模拟设计启动条件，稳压泵应立即起动，当达到系统设计压力时，稳压泵应自动停止运行。

5. 报警阀调试

报警阀功能是接通水源、起动水力警铃报警、防止系统管网的水倒流。

湿式报警阀调试时，在其试水装置处放水，报警阀应及时动作；水力警铃应发出报警信号，水流指示器应输出报警电信号，压力开关应接通电路报警，并应起动消防水泵。

干式报警阀调试时，开启系统试验阀，报警阀的启动时间、启动点压力、水流到试验装置出口所需时间，均应符合设计要求。

干湿式报警阀调试时，当差动型报警阀上室和管网的空气压力降至供水压力的1/8以下时，试水装置应能连续出水，水力警铃应发出报警信号。

6. 排水装置调试

开启排水装置主排水阀，应按系统最大设计灭火水量做排水试验，并使压力达到稳定。试验过程中，从系统排出的水应全部从室内排水系统排走。

7. 联动试验

采用专用测试仪表或其他方式，对火灾自动报警系统的各种探测器输入模拟火灾信号，火灾自动报警控制器应发出声光报警信号并起动自动喷水灭火系统。

起动一只喷头或以 0.94 ~ 1.5L/s 的流量从末端试水装置处放水，水流指示器、压力开关、水力警铃和消防水泵等应及时动作并发出相应的信号。

第六节　室内采暖管道的安装

一、热水采暖系统的组成与敷设

采暖系统通常是由热源、输热管道和散热设备组成。采暖系统的任务是：把锅炉生产的具有一定参数的热媒，用输热管道安全可靠地输送到热能用户，通过散热设备散放热能，补偿建筑内冬季热损耗，维持室内一定的温度，使人们在舒适的空气环境中生产、生活。

室内采暖系统在土建主体结构完成、墙面抹灰后开始安装。但其中预留孔洞、预埋件可配合土建施工进行。

采暖系统常用的热媒有热水和蒸汽。这里主要介绍热水采暖系统。

热水采暖系统按照水循环的动力不同，可分为自然循环热水采暖系统和机械循环热水采暖系统两种。

自然循环热水系统又称重力循环热水采暖系统，是依靠水温不同而形成的容积差，来推动水在系统中循环的。由于作用力小，目前在集中采暖中很少采用。

机械循环热水系统中，除了自然循环热水系统中的锅炉、散热器、膨胀水箱和供水管路外，还设有循环水泵、除污器、集气罐、补水泵等，是目前常采用的采暖系统。如图4-34所示。

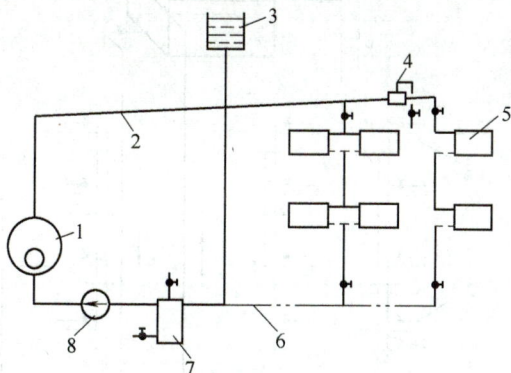

图4-34 机械循环热水采暖系统

1—热水锅炉 2—供水干管 3—膨胀水箱 4—集气罐 5—散热器
6—回水干管 7—除污器 8—循环水泵

初级管工应掌握室内热水采暖系统的安装。

1. 室内热水系统的组成

室内热水采暖系统由热水锅炉、供水管道、散热器、集气罐、回水管道、膨胀水箱及循环水泵组成，如图4-35所示。

室内采暖管道主要是指热力入口、主立管、横干管、立管和连接散热器的支管。

1）热水锅炉 将冷水加热成热水。

2）供水管 锅炉至散热器之间的管道。热水沿供水干管进入立管，然后由供水支管流入散热器。

3）散热器 将热量散入室内。

4）回水管 散热器至锅炉之间的管道。由散热器出来的回水经支管、立管进入回水干管经水泵加压打入锅炉。

5）集气罐 排除系统中空气的装置。

6）膨胀水箱 用来容纳水受热的膨胀量。安装在系统最高处，水箱与管道连接处设在回水管循环水泵吸水口前，对系统起定压作

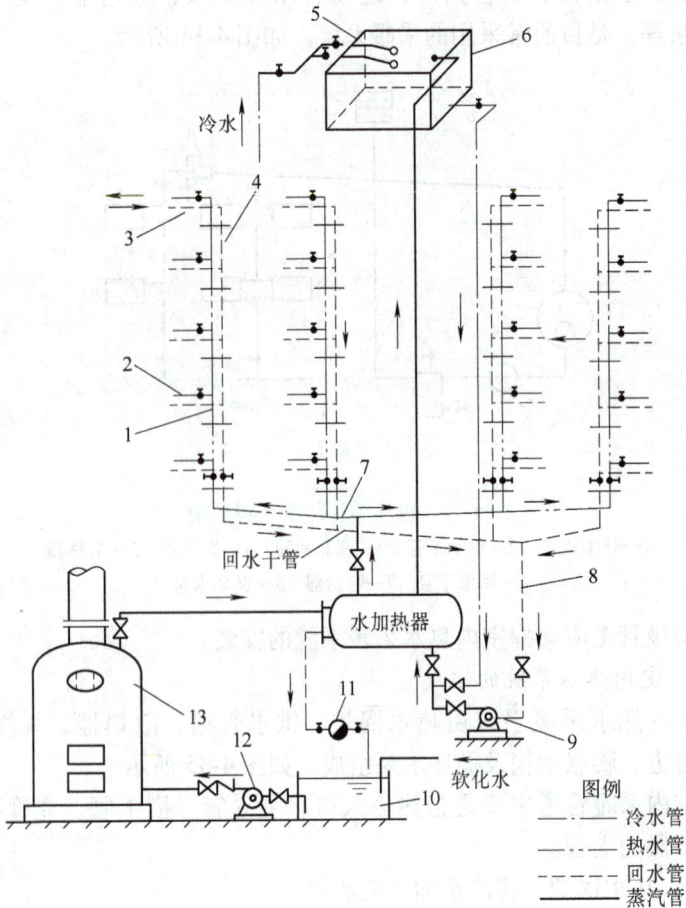

图 4-35　热水采暖系统的组成

1—配水立管　2—配水支管　3—回水支管　4—回水立管　5—浮球阀

6—给水箱　7—配水干管　8—回水总管　9—循环水泵

10—凝结水池　11—疏水器　12—补水泵　13—锅炉

用；补充系统因漏失和冷却造成水的不足，还可以起到排除系统中空气的作用。

2. 采暖系统管路的布置

采暖系统管路布置原则是：管线走向要简捷，节省管材并减小阻力；便于调节热水流量和平衡压力；有利于排除系统中的空气；有利于泄水；有利于吸收热伸缩；保证系统的安全正常运行。

采暖系统管路，在美观要求较高的建筑中采用暗装，一般房间均采用明装。

二、安装前的准备工作

1. 识读施工图

施工前，熟悉图样，配合土建施工做好预留孔洞和预埋件工作。

2. 备料

按施工图的要求，提出采暖工程所需的管材、散热器、阀门及其他设备和材料的种类、规格和数量。

3. 预制加工

按照施工图进行管件、支吊架、管段预制等项加工、预制。

三、室内热水采暖管道的安装

掌握热力管道的安装技能。

室内热水采暖管道系统的安装要求如下：

1. 热力入口装置

对于热水采暖系统，在热力入口的供回水管上应设置阀门、温度计、压力表、除污器等，供水管和回水管之间设连通管，并设有阀门。蒸汽采暖系统中，当室外蒸汽压力高于室内蒸汽系统的工作压力时，应在热力入口的供汽管上设置减压阀、溢流阀等。

热力入口装置的安装详见本书第五章的第四节内容。

2. 干管的安装

采暖干管分为保温干管和非保温干管，安装必须明确。室内干管的定位是以建筑物纵、横轴线控制走向，通常确定安装平面的位置见表4-13。在立面高度上，一般设计图上标注的标高为管中心的标高，根据管径、壁厚推算出支架横梁面标高，来控制干管的立面安装位置和坡度。

表4-13　预留孔洞尺寸及管道与墙净距 （单位：mm）

管道名称及规格		管外壁与墙面最小净距	明装留孔尺寸（长×宽）	暗装墙槽尺寸（宽×深）
供热主干管	$DN \leqslant 80$ $DN = 100 \sim 125$	——	300×250 350×300	——
供热立管	$DN \leqslant 25$ $DN = 32 \sim 50$ $DN = 70 \sim 100$ $DN = 125 \sim 150$	$25 \sim 30$ $35 \sim 50$ 55 60	100×100 150×150 200×200 300×300	130×130 150×130 200×200 ——
散热器支管	$DN \leqslant 25$ $DN = 32 \sim 40$	$15 \sim 25$ $30 \sim 40$	100×100 150×130	60×60 150×100

干管安装具体方法如下：

（1）定位放线及支架安装　干管应具有一定的坡度，通常为0.003，不得小于0.002。当干管与膨胀水箱连接时，干管应做成向上的坡度。通常干管坡向末端装置。干管的高位点设排气装置；低位点设泄水装置。

根据施工图的干管位置、走向、标高和坡度，挂通管子安装的坡度线，如未留孔洞时，应打通干管穿越的隔墙洞，弹出管子安装坡度线。在坡度线下方，按设计要求画出支架安装孔洞位置。

（2）管子上架与连接　在支架栽牢并达到设计强度后，即可将管子上架就位，通常干管安装应从进户管或分支路点开始。所有管口在上架前，均用90°角尺检测，以保证对口的平齐。采用焊接连接的干管，对口应不错口并留1.5～2.0mm间隙，定位焊后调直最后焊死。焊接完成后即可校核管道坡度，无误后进行固定。采用螺纹联接的干管，在螺纹头处涂上铅油、缠好麻，一人在末端扶平管子，一人在接口处把管对准螺纹，慢慢转动入扣，用管钳拧紧适度。装好支架U形卡，再安装下一节的管段，以后照此进行连接。

（3）干管通过建筑物的安装　干管过墙、过门的安装方法，如图4-36所示。

管道安装后，检查标高、预留口等是否正确，然后调直，用水平尺对坡度，调整合格，调整支架螺栓U形卡，最后焊牢固定支架的止动板。

放正各穿墙处的套管，封填管洞口，预留管口加好临时管堵。

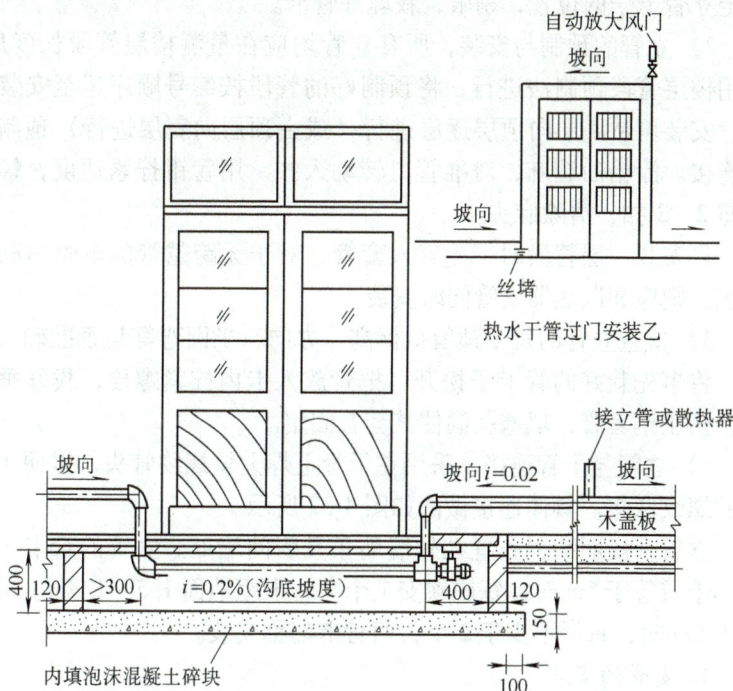

图 4-36 热水采暖干管过门做法

（4）干管安装要点 干管的变径：应把大管径管口加热缩口加工到与连接管相同的管径，再进行对接焊接。立管位置应距变径点200～300mm 处。供、回水干管取管顶平的偏心异径管，有利于空气的排出。（供气干管取管底平的偏心异径管，有利于沿途凝结水的排出）。凝结水干管取同心变径接管。

当干管与分支干管处于同一平面上的水平连接时，其水平分支干管应用羊角弯及弯管连接，不能作成 T 形硬三通。

3. 立管的安装

立管位置由设计确定，但距墙所保持的最小净距应易于安装操作。立管的安装步骤如下：

1）校对各层预留孔洞位置是否垂直，自顶层向底层吊通线，若未留预留孔洞，先打通各层楼板，吊线。再根据立管与墙面的净距，确定立管卡子的位置，剔眼，栽埋好管卡。

2）立管的预制与安装，所有立管均应在量测楼层管段长度后，采用楼层管段预制法进行，将预制好的管段按编号顺序运至安装位置。安装可从底层向顶层逐层进行（或由顶层向底层进行）预制管段连接。涂铅油缠麻，对准管口转动入扣，用管钳拧紧适度，螺纹外露 2～3 扣，清除麻头。

每安装一层管段时，先穿入套管，对于无跨越管的单管串联式系统，则应和散热器支管同时安装。

3）检查立管的每个预留口标高、方向、半圆弯等是否准确、平正。将事先栽好的管卡子松开，把管放入卡内拧紧螺栓，找好垂直度，扶正钢套管，填塞孔洞使其套管固定。

4）立管与干管连接，采用在干管上焊上短螺纹管头，以便于立管的螺纹联接。具体连接做法如图 4-37 所示。

立管一般明装，布置在外墙墙角及窗间墙处。立管的管卡当层高小于或等于 5m 时，每层须安 1 个，管卡距地面 1.5～1.8m。层高大于 5m 时，每层不少于 2 个，两管卡匀称安装。

4. 支管的安装

散热器支管上一般都有乙字弯。安装时均应有坡度，以便排出散热器中的空气和放水。当支管全长小于或等于 500mm，坡度值为 5mm；大于 500mm 时，坡度值为 10mm。当一根立管连接两根支管时，其中任一根超过 500mm，其坡度值均为 10mm。当散热器支管长度大于 1.5m 时，应在中间安装管卡或托钩。

安装步骤如下：

1）检查散热器安装位置及立管预留口是否准确。量出支管尺寸，即散热器中心距墙与立管预留口中心距离之差。

2）配支管，按量出支管的尺寸，减去灯叉弯的量，加工和调直管段，将灯叉弯两端头抹上铅油麻丝，装好活接头，连接散热器。

3）检查安装后的支管的坡度和距墙的尺寸，复查立管及散热器有无移位。

上述管道系统全部安装之后，即可按规定进行系统试压、防腐、保温等项的施工。

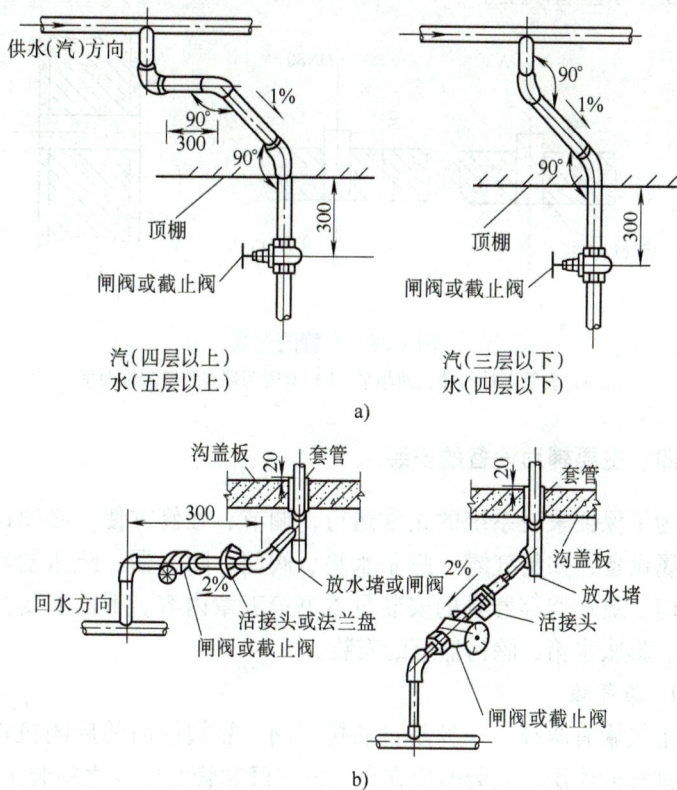

图 4-37 立管与干管的连接

a）干管与立管靠墙的连接方法 b）地沟内的立管与干管的连接方法

5．套管的安装

采暖管道穿过墙壁和楼板时，一般房间采用镀锌铁皮套管，厨房和卫生间应用钢套管。套管直径大小选择原则是：当导管直径小于或等于 65mm 时，套管直径比导管直径大两号；当套管直径小于或等于 80mm 时，则大一号。安装穿楼板的套管时，套管上端应高出地面 20mm，套管下端与楼板面相平。如图 4-38a 所示。安装穿墙套管时，两端应与墙壁装饰面平，如图 4-38b 所示。套管安装前，要求套管内刷一道防锈漆。若预埋套管时，要求套管中心线上下一致，在一条垂直线上。

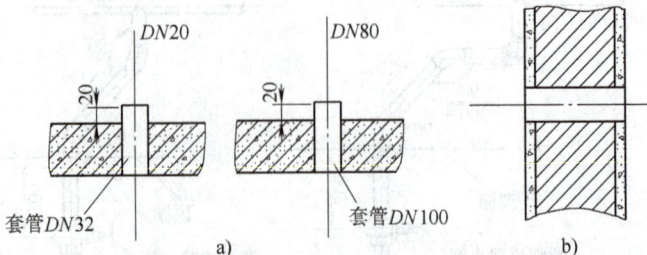

图 4-38　套管的安装

a）套管下端与楼板面相平　b）套管两端与墙壁装饰面平

四、主要辅助设备的安装

为了保证采暖系统的正常运行，调节、维修方便，必须设置一些附属设备，如集气罐、膨胀水箱、阀门、除污器、疏水器等。其中阀门、疏水器等器具的安装见本书第五章内容。下面主要介绍集气罐、膨胀水箱、除污器等的安装。

1. 集气罐

集气罐有两种，一种是自动排气阀，靠阀体内的启闭机构起到自动排气的作用。安装时应在自动排气阀和管路接点之间装个阀门，以便维修更换。一种是用 4.5mm 的钢板卷成或用管径 100～250mm 钢管焊成的集气罐。在放气管的末端装有阀门，其位置要便于使用。

2. 膨胀水箱

膨胀水箱和系统的连接点，在循环水泵无论运行与否时都处于不变的静水压力下，该点称为供暖系统的恒压点。恒压点对系统安全运行起着很重要的作用。

膨胀水箱有方形和圆形两种。膨胀水箱上有 5 根管，即膨胀管、循环管、溢流管、信号管（检查管）及泄水管（排水管）。施工安装时，各管子的规格按设计要求施工。

膨胀水箱的膨胀管和循环管一般连接在循环水泵前的回水总管上，并不得安装阀门。

膨胀水箱应设置在系统最高处，水箱底部距系统的最高点应不小于600mm。

水箱内外表面除锈后应刷两道红丹防锈漆，在采暖房间，外壁刷两道银粉，若设在不采暖房间，膨胀水箱应做保温。

3. 除污器

除污器是热力管网运行中必不可少的基础设备之一。它一般安装在供热系统的锅炉、循环泵、板式（或管式）换热器等设备的入口前，其主要作用是，过滤和清除掉供热管网中的杂质、污物，以保证系统对水质的要求。因此除污器的作用：一是过滤杂质、污物；二是及时排除杂质、污物，从而防止锅炉、换热器、散热器及管路的堵塞，有力地保证热力管网的安全经济运行。

除污器的型式有立式和卧式两种。由筒体、过滤网、排气管及阀门、排污管或丝堵构成。其中过滤网脏了可以取出，清洗后再用。

除污器可自制，上部设排气阀，底部装有排污丝堵（排污阀），定期排除污物。安装时要注意方向，并设旁通管，在除污器及旁通管上，都应装截止阀，除污器一般用法兰与管路连接。

五、散热器的安装

详见本章第七节的介绍。

六、采暖系统的试压、冲洗

详见本书第六章

七、热水采暖系统的调试

见高级管工要求。

第七节　散热器安装

一、散热器的类型

散热器的种类很多，根据材料来分，常用的散热器有铸铁散热器、钢制散热器和铝制散热器三种。

铸铁散热器结构简单，耐腐蚀，使用寿命长，造价低，但承压能力低，金属耗量大，安装运输不方便。而钢制散热器金属耗量小，占地面积小，承压能力高，但容易腐蚀，使用寿命短。

下面介绍常用的几种散热器类型：

1. 铸铁散热器

铸铁散热器主要有柱型散热器、翼型散热器、和灰铸铁散热器。

1）柱型散热器　散热器是单片的柱状连通体。每片各有几个中空的立柱，有二柱、四柱和五柱。散热器有带柱脚和不带柱脚之分，可以组对成组落地安装和在墙上挂式安装。

2）翼型散热器　翼型散热器有圆翼型和长翼型两种。圆翼型散热器为管型，外表面有许多圆形肋片。翼型散热器为长方形箱体，外表面带有长方形肋片。

3）灰铸铁散热器　灰铸铁散热器的主要优点是抗压强度高，单片试验压力为 1.5MPa，组装试验压力为 1.2MPa（一般铸铁散热器不超过 0.4MPa），单位散热面积的质量略轻，但是价格较高。

2. 钢制散热器

钢制散热器主要有钢柱型、钢板型、钢扁管型和钢串片型散热器。

1）钢柱型散热器　钢柱型散热器的构造和铸铁柱型散热器相似。这种散热器是采用 1.5 ~ 2.0mm 厚普通冷轧钢板经过冲压形成半片柱状，再经缝焊复合成单片，单片之间通过气体保护电弧焊焊成所需要的散热器段。每组片数可根据设计而定，一般不宜超过 20片。钢柱型散热器色彩和造型多样，表面喷塑，易于清洁；散热性能好，热辐射比例高；重量轻，耐腐蚀，寿命长；承压能力达1MPa，适用各种高层建筑。

2）钢板型散热器　该散热器也是由冷轧钢板冲压、焊制而成。主要由面板、背板、进出口接头等组成，对流片多采用 0.5mm 的冷轧钢板冲压成形，点焊在背板后面，以增加散热面积。

3）钢扁管型散热器　该散热器是由数根矩形扁管叠加焊制成排

管，两端与联箱连接，形成水流通路。扁管型散热器的板型有单板、双板、单板带对流片和双板带对流片四种结构形式。单、双板扁管型散热器两面均为光板，板面温度高，有较大辐射热。带对流片的板型散热器，背面主要以对流方式进行传热。

4）闭式钢串片型散热器 该散热器由钢管、带折边的钢片和联箱等组成。这种散热器的串片间形成许多个竖直空气通道，产生了烟囱效应，增强了对流放热能力。

3. 铝制散热器

铝制散热器是由铝合金翼型管材加工成排管状。铝制散热器外形美观，质量轻，耐腐蚀，承压高，传热性能好。但材质软，运输、施工易碰损且价格昂贵。

二、散热器的安装要求

散热器一般采用明装，对房间装修和卫生要求较高时可以暗装，但会影响散热器的放热效果，从而不利于节能。如确需暖气罩来美化居室，可以将活动的百叶窗框罩倒置过来，使百叶翅片朝外斜向，有利热空气顺畅上升，提高室内温度。此外，最近的实验结果证明，改变散热器表面涂银粉漆的传统做法，代之以涂如浅蓝漆等其他各种颜色的非金属涂料，可提高散热器的辐射换热比例。

散热器的一般安装要求如下：

1）散热器安装必须牢固平稳、端正美观，其支承件（托钩、卡件、支座）必须有足够的数量和强度。

2）散热器垂直中心线与窗口中心线基本一致，同一房间内所有散热器的安装高度一致。

3）散热器应平行于墙面安装，散热器中心与墙表面的距离应符合要求。

4）散热器与支管的连接处，应设活接头以便拆卸。

5）落地安装的柱型散热器足片数量规定，15片以下时，安装两个足片；15～24片时，安装3个足片；25片以上的安装4个足片；足片应分布均匀。

6）片式散热器组对数量，一般不宜超过下列数值：

细柱形散热器（每片长度 50～60mm）25 片；

粗柱形散热器（每片长度 82mm）20 片；

长翼形散热器（60 型的每片长度 280mm）6 片。

其他片式散热器每组的连接长度不宜超过 1.6m。

7）设有放气阀的散热器，热水采暖的应安装在散热器顶部；低压蒸汽采暖的应安装在散热器下部 1/3～1/4 高度上。

8）散热器安装在钢筋混凝土墙上时，应先在墙上预埋铁件，然后将托钩和卡件焊在预埋件上。

9）散热器底部距地面距离，一般不小于150mm，当散热器底部有管道通过时，其底部离地面净距一般不少于250mm。

10）长翼型、圆翼型散热器安装时，应使其掉翼片的一面朝墙里挂装；圆形散热器组对时应使其加强肋置于同一直线上，并使加强筋处于垂直的上下的位置上，以保证美观。

11）圆翼型散热器安装时，每根应设两个托钩支承。当热媒为热水时，两端应使用偏心法兰接管，使供水管偏上，回水管偏下连接；热媒为蒸汽时，进汽管用正心法兰，凝结水管用偏心法兰偏下安装。

重点内容要掌握哦!

三、散热器组对与安装方法

散热器组对与安装操作程序为：编制组片及配件统计表→柱型散热器组对→外拉条预制、安装→散热器单组水压试验→散热器安装→散热器跑风安装→支管预制安装→系统打压→涂漆。

1. 编制组片及配件统计表

按施工图分段分层分规格统计出散热器的组数、每组的片数。为了便于组对安装，可列成一览表。可按表 4-14 选择计算组对配件数量。

2. 柱型散热器组对

1）根据散热器型号、规格及安装方式，进行检查核对，并确定单组散热器的中片或足片的数目。

表4-14 散热器组对材料计算表 （组）

材料名称	规 格	单位	计 算 公 式		
				足片	中片
散热器片		片	柱型挂装	/	n n
			柱型落地	2	$n-2$
			当 n 为 15～24 片	3	$n-3$
			$N>25$	4	$n-4$
对丝	DN40	个	2 （$n-1$）		
丝堵	DN40 （右旋、左旋）	个	2 （右旋、左旋）		
补心	DN40×25×20	个	2 （右旋、左旋）		
耐热橡胶	DN40δ=1.5mm	个	2 （$n+1$）		

注：表中 n 为散热器设计片数。

2）用钢刷除净对口及内螺纹处的铁锈砂粒，并将散热器内部的污物倒净，正螺纹朝上，按顺序涂刷防锈漆和银粉漆各一遍，并依次码放（其螺纹部分和连接用的对丝也应除锈并涂上机油）。散热器每片上的各个密封面应用细砂布或断锯条打磨干净，直至露出全部金属本色。铸铁散热器的密封面连接处，用浸油的牛皮纸垫圈密封。

3）组对用石棉橡胶垫片，用机油随用随浸。

4）按统计表的片数及组数，选定合格的丝堵、对丝、补心，试扣后进行组装。

5）备好散热器组对架子与专用钥匙。

6）组对时按两人一组开始进行。将第一片散热器足片（或中片）平放在组架上，使接口的正螺纹向上，以便于加力。拧上对丝1～2扣，试其松紧度。套上石棉橡胶垫，将与端片接口螺纹相反的散热器的顶部对顶部，底部对底部，不可交叉对错。插入钥匙开始用手扭动钥匙进行组对。先轻轻按加力的反方向扭动钥匙，当听到有入扣的响声时，表示正、反两方向的对丝均已入扣。然后，换成加力的方向继续扭动钥匙，使接口正反方向对丝同时进扣锁紧，直至用手扭不动后，再插加力杠加力，直到垫片压紧挤出油为止。

195

照此法逐片组对到设计片数，放倒散热器再根据进水和出水的方向，为散热器装上补心和堵头。

7）将组对好的散热器慢慢立起，用运输小车运至打压地点，按顺序集中堆放。

3. 散热器单组水压试验

散热器组对后应进行水压试验。水压试验要求如下：

1）将组对好的散热器抬到试压台上，并放置稳妥，用管钳上好临时堵头和补心，安装一放气阀，连接好试压泵和临时管路。如图4-39所示。

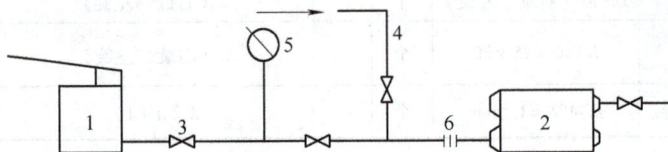

图4-39　散热器试压装置

1—手压泵　2—散热器组　3—单向阀
4—给水管　5—压力表　6—活接头

2）试压时先打开进水截止阀向散热器内充水，同时打开放气阀，将散热器内的空气排净，待水灌满后关上放气阀。

3）散热器水压试验压力如设计无要求时，应为工作压力的1.5倍，不小于0.6MPa。见表4-15规定。试验时应关闭进水阀门。将压力增至表4-14所规定值，恒压2~3min，压力不降且每个接口不渗不漏即为合格。

表4-15　散热器试验标准

散热器型号	60型、M132、M150型柱型、圆翼型		扁管型		板式	串片式	
工作压力/MPa	≤0.25	>0.23	≤0.25	>0.25	—	≤0.25	>0.25
试验压力/MPa	0.4	0.6	0.6	0.8	0.75	0.4	1.4
要求	试验时间为2~3min，不渗不漏为合格						

4）为了使试压泵能与汽包迅速地连接，试压泵上装半个活接

头。为了观察试验压力，试压泵管上装有压力表。试压前，打开汽包上的排气阀，旁通管接自来水，并充灌汽包，直到排气阀出水关闭旁通管阀。为防止压力水返回试压泵水箱内，试压泵出口装有逆止阀和截止阀。由试压泵向汽包内进水加压，直至压力表指针达到规定的试验压力时停止。试验压力值持续保持时间一般为 10 min，汽包上未出现渗漏，即认为试压合格。

5）如发现有接口渗漏，用铅笔在渗漏处做出记号，把散热器内的水放空，卸下丝堵或补心，用组对长钥匙的长柄从散热器的外部比试一下渗漏位置，量到漏水接口的长度，标记在钥匙杆上。将钥匙伸至标记位置，按对丝旋紧方向转动钥匙使接口上紧或卸下换垫。修复好后再进行水压试验，直至接口不再渗漏，即为合格。

6）打开泄水阀门，拆掉临时丝堵和补心，将水泄净排空，把成组散热器的 4 个丝扣安上丝堵和补心，用运输小车把散热器运至集中地点，安放稳妥，集中保管。按规范要求试压后，散热器刷一道防锈漆，再刷一遍银粉漆。

4. 柱型散热器安装

按设计要求将不同的型号、片数、规格，经组对好并试压合格后的各组散热器运到安装地点所在房间，根据安装位置及高度，在墙上画出安装位置的中心线。

1）栽托钩　是散热器安装的关键工作。栽托钩的施工工序为：划线定位、打洞、挂线栽钩。

① 先检查固定卡或托架的规格、数量和位置是否符合要求。

② 参照散热器外形尺寸表及施工规范，用散热器托钩定位画线尺、线坠，按要求的托钩数，分别定出上下各托钩的位置，放线、定位做出标记。

③ 托钩位置定好后，用錾子或冲击钻在墙上按画出的位置打孔洞。固定卡孔洞的深度不少于 80mm，托钩孔洞的深度不少于 120mm，现浇混凝土墙的深度不少于 100mm。

④ 用水冲洗孔洞，在托沟或固定卡的位置上定点挂上水平挂线，栽牢固定卡或托钩，使钩子中心线对准水平线，经量尺校对标

高准确无误后，用水泥砂浆抹平压实。

2）柱型散热器落地安装　将带足片的散热器抬到窗下安装位置稳装就位，用水平尺找正找直。检查足片量是否与地面接触平稳。散热器的正螺纹一侧朝立管方向，将固定卡的螺栓在散热器上拧紧。

如果散热器安装在轻质结构墙上，设置托架时，应先预制托架，待安装托架后，将散热器轻轻抬起落座在托架上，用水平尺找平找正、找直、垫稳。然后拧紧固定卡。

5. 散热器跑风安装

1）按设计图样要求，将需要安装跑风的丝堵卸下来放在台钻上打 $\phi 8.4mm$ 的孔，在台虎钳上用 1/8 丝锥攻螺纹。

2）将丝堵抹好铅油，套上石棉橡胶垫，在散热器上用管钳子上紧。在跑风的螺纹上抹铅油缠麻丝，拧在丝堵上，用扳子上至松紧适度。放风孔向外斜 $45°$。

6. 散热器支管预制安装

（见本章第六节）

7. 系统水压试验和涂漆

（见本书第六章）

四、安装散热器的注意事项

1）在平台上组对散热器时，用对丝钥匙拧紧，用力要缓慢均匀。应设专人扶住正在组对过程中的散热器。用小车运送散热器组对，应防止散热器从车上掉下来砸伤工人。

2）带足的散热器安装中，如果出现高低不平，严禁垫砖石木块，可以用锉刀锉平找正，必要时也可用垫铁找正。

3）散热器组对后，用木方分层垫平，要轻搬轻放，防止扭曲破坏丝扣造成漏水。

4）散热器安装后，严禁出现气袋或水袋，以至造成散热器不热。

5）散热器组装前应严格除锈，清理污物，组对及试压后应严防污物堵塞散热器内腔，防止散热器安装后不热或冷热不均。

第八节 工艺配管的安装

初级管工应会一般设备的配管安装，其中包括容器配管、排放点、吹洗点的工艺配管安装。

一、容器的配管

容器的配管一般包括进入管和排出管。

1. 进入管管路的敷设方式

对需设置平台进行操作的设备，进入管可采用对称集中安装方式进行配管，如图4-40所示。对能站在地（楼）面上操作的设备，进入管敷设在设备的前半部分，如图4-41所示。对站在地面操作的较高设备，进入管的敷设方式，由垂直的管道从设备的顶部引入，同时在设备的下方设置阀门，方便操作，如图4-42所示。立式容器一般进料管在顶部，出料管在底部。

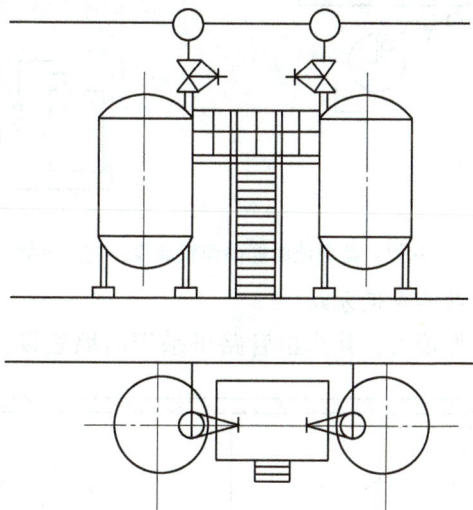

图4-40 进入管对称集中安装

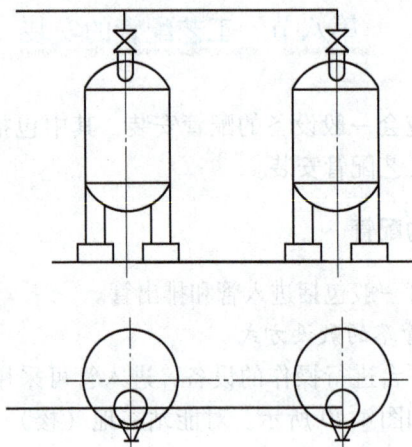

图 4-41　进入管敷设在设备的前半部分

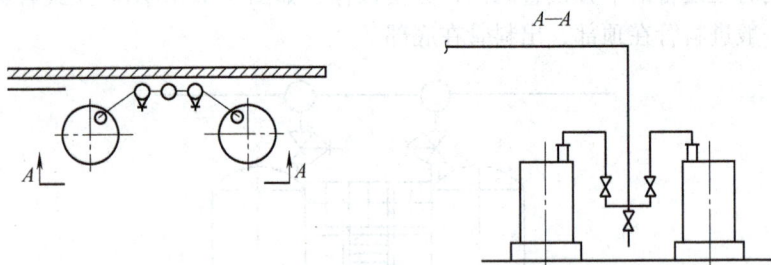

图 4-42　站在地面能操作较高设备的进入管

2. 排出管路的敷设方式

若设备间距较大，其排出管路可采用沿墙敷设，如图 4-43 所

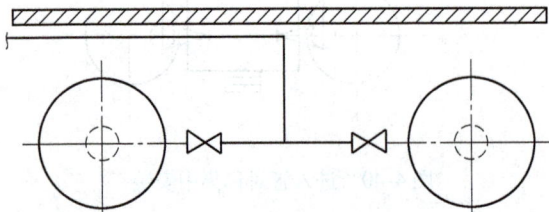

图 4-43　排出管沿墙敷设

示。若设备间距及设备离墙距离都较小，其排出管路从设备前引出，排出管道通过阀门后一般立即引至地下管道（地沟或埋地）敷设，如图4-44所示。当设备距地面较高，并有足够间距安装阀门时，排出管可从设备底部接出，如图4-45所示，若设备直径过大，则不能采用此法配管，否则会影响阀门的开启。

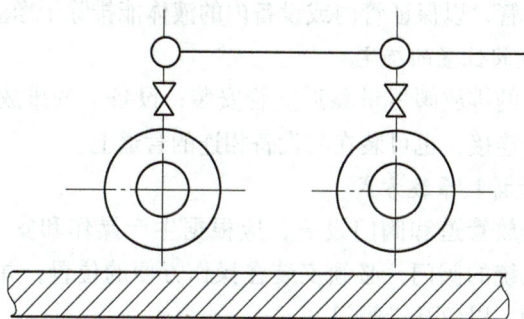

图4-44 排出管在设备前引出

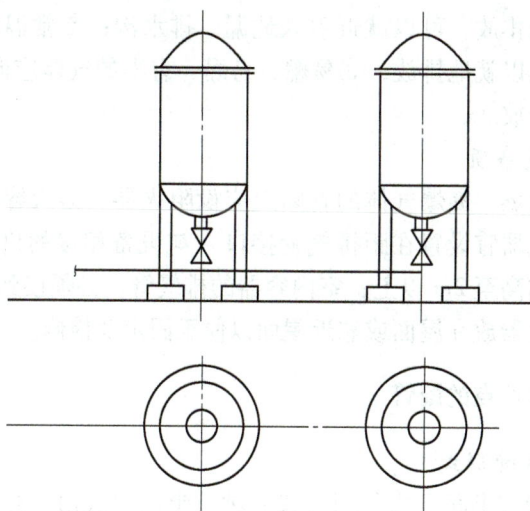

图4-45 排除管在设备的底部引出

二、排放点的配管

1. 放气阀、排液阀的配管管道

设备的最高点应设置放气阀，以保证管内或设备内的气体能排放干净；最低点应设排液阀，另外在设备停车后可能积液的部位也需设置排液管，以保证管内或设备内的液体能排除干净。

2. 排放阀位置的确定

管道上的排放阀尽量靠近立管安装；设备上的排放阀最好与设备本体直接连接，也可装在与设备相连的管道上。

3. 事故排放系统方式

事故排放管道和阀门设置，应根据生产操作和安全要求确定。事故排放系统的阀门，必须安装在操作方便的位置，并加铅封或显著颜色区别，以免开错阀门。

4. 排放地点及措施

由排放口泄出的气体或液体，应根据介质的性质排放到规定地点。①水的排放，可以就近引入地漏、排水沟；②常温的空气和惰性气体，可以就地排放；③易燃、易爆、有毒的气体应向高空排放，或向火炬排放。

5. 注意事项

排放易燃、易爆气体的管路上应设阻火器。露天容器的排气管道上的阻火器宜设置在距排气管接口（与设备相接的口）0.5m 处，排气管应加高至2m 以上；室内容器的排气管，必须接到室外并超过屋顶，阻火器放在屋面或靠近屋面以便于固定及检修。

三、吹洗点的配管

1. 吹洗管形式

吹洗管有半固定式与固定式两种。半固定式由一短管和切断阀门组成，吹洗时临时接上软管通入吹洗介质。固定式系装有固定管道，吹洗时仅需打开阀门即可通入吹洗介质。一般吹洗比较频繁或吹洗管径大于 $DN25mm$ 时采用固定式，其他则采用半固定式。

2. 吹洗介质

可根据工艺要求选用水、空气、氮气和蒸汽。

3. 吹洗管径

半固定式一般选用 $DN25mm$ 的管径，固定式可按表4-16选用。

4. 吹洗管排放点的确定

吹洗管路时，一般均吹往与管路连接的容器内，但进出车间的管路一般吹往工厂罐区或排放系统。

表4-16　固定式吹洗管管径

被吹洗管管径/mm	吹洗管管径/mm	
	被吹洗管管长≤100m	被吹洗管管长≥100m
$DN≤100$	20	25
$100≤DN<200$	25	40~50
$DN≥200$	40	80

203

四、安装配管的注意事项

安装配管的过程中应注意以下问题：

1）管子配管前应仔细检查，凡管材质量不符合质量要求的不得使用。

2）管子切割可以手工锯削或机械锯削，要求锯口端面与管子轴线垂直，不允许有毛刺。

3）管子螺纹，可以用铰扳手工套制或机械套制。无论采用哪一种方法，一次进给量不宜过大。套一遍调整标盘增加进给量后再套第二遍。螺纹松紧要适度。

4）螺纹上填料及装配管件。螺纹加工完毕应涂抹或缠绕填料，可以在内、外螺纹之间加麻丝或聚四氟乙烯填料带、白厚漆等填料。缠绕应按逆螺纹方向进行，以便在旋转螺纹入扣时，填料可越旋越紧，一般缠4~5圈为宜。装配管件时，应根据管径不同选用管钳。管件装紧后，应外露螺纹2~3扣。

5）全管段的调直，管段逐段配制后，需要进行全管段（由各分管段装配而成）的"假"联接（即管件联接处一端不加填料的联接），目的是进行全管段的调直。管段调直后，把"假"联接拆开，注意在"假"联接拆开前，在联接处相邻两管段的端部均应做出联接位置的轴向标记，以便在室内实际安装时管道找中，同时在"假"联接拆开后，管段应带有管件，每根管段就可以在室内就位安装了。

第九节　管道安装技能训练实例

● 训练1　*DN* 15mm 单管固定 U 形管卡的制作

（一）管卡的形式

U 形管卡由圆钢管卡、螺母和垫圈组成，如图 4-46 所示。

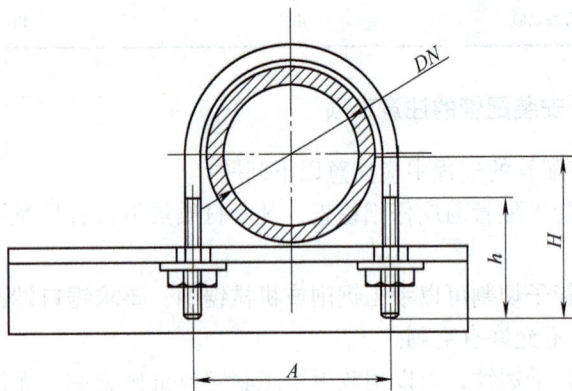

图 4-46　单管固定 U 形管卡

（二）管卡材料与下料

1. 管卡材料及配件

ϕ8mm 圆钢一根、M8mm 螺母 2 个、内径为 ϕ8.5mm 垫圈 2 个。

2. 管卡下料

U 形圆钢下料尺寸见本章第一节的有关表中，取 ϕ8mm 圆钢长度为 152mm，用锯弓锯削下料。

（三）**制作步骤与方法**

1）选取 ϕ8mm 圆钢，量取 152mm 锯削下料，并在坯料 2 等分处划上管卡中心标记。

2）选择螺纹板牙，方法是首先将相应规格的圆扳牙套进扳手的导座内，然后旋紧螺钉固定。检查在扳手保持水平位置时是否与工件成 90°的正确角度后，即可套螺纹。

3）将坯料夹持在台虎钳上，用板牙在坯料两端分别套制出需要长度为 45mm 的螺纹，应一边套螺纹一边加润滑油冷却。为避免磕碰螺纹，完成后在螺纹两端要加装螺母。

4）用冷弯法将坯料弯制成符合被卡管子外径大小的 U 形管卡。

5）弯好后的管卡，在实际管子上做检查，检查其和管子的间隙是否合理。

● **训练2 坐式大便器的安装**

坐式大便器分高、低水箱冲洗式两种，常见为低水箱坐式大便器。现将低水箱坐式大便器的安装技能知识简述如下。

（一）**低水箱坐式大便器的组成**

低水箱坐式大便器由三部分组成，有坐便器、低水箱、进水管和冲洗管组成。

1. 坐式大便器

简称坐便器，其本体构造自带水封，所以不另安装存水弯，如本章第四节有关的图示。

2. 低水箱

由陶瓷、塑料制成，形状呈方形，有进水孔、排水孔，水箱背上部有 2~3 个孔。

3. 进水管和冲洗管

水箱进水管规格为 DN15mm，冲洗管规格为 DN50mm，冲洗管常为成品。

（二）**低水箱坐式大便器的安装技能**

安装低水箱坐式大便器的顺序也是大便器、水箱、进水管和冲洗管。

低水箱坐式大便器应根据设计图样所提供的尺寸安装，其安装如图 4-47 所示。

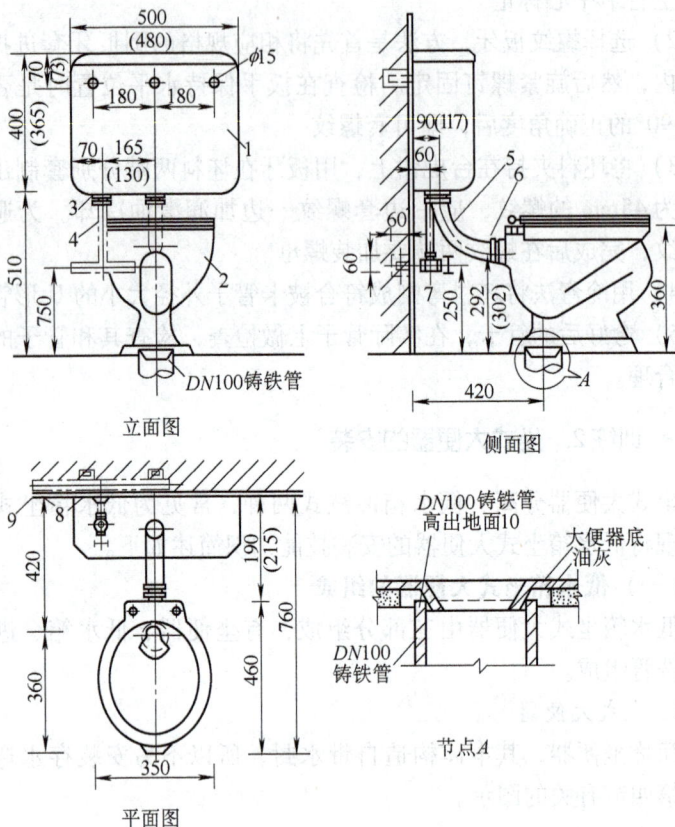

图 4-47 低水箱坐式大便器的安装

1—低水箱 2—坐式大便器 3—浮球阀 DN15mm

4—水箱进水管 5—冲洗管及配件 DN50mm 6—锁紧螺母 DN50mm

7—角阀 DN15mm 8—三通 9—给水管

1. 坐式大便器的安装

坐式大便器座落在卫生间的地面上，不设台阶。安装前将大便器的污水口插入预先在地面埋好的排水管内，再将大便器底座外廓和螺栓孔眼的位置，用石笔在地面上标出，移开大便器后，在孔眼位置处打洞（不凿穿），或预埋膨胀螺栓，或埋设木砖于洞内，用水泥砂浆固定。安装大便器时，取出大便器排水管口的管堵，把管口清理干净，并检查大便器内有无残留杂物。在大便器排水口周围和大便器底面抹以油灰或纸筋水泥，但不能涂抹得过多，按前所标出的外廓线将大便器的排水口插入 $DN100mm$ 的排水管承口内，并用水平尺反复校正，慢慢嵌紧，使填料压实且稳正。如地面内嵌入的是木楔，用长 70mm 木螺钉配上铝垫圈插入底座孔眼内，拧紧在木砖上，如地面内是预埋螺栓或膨胀螺栓，只要把螺栓插入大便器底座孔眼内，将螺母拧紧即可。不论采用哪种方法固定，不可过分用力，以免瓷质大便器底部碎裂。就位固定后应将大便器周围多余水泥及污物擦拭干净，并用 1～2 桶水灌入大便器内，防止油灰或纸筋水泥粘贴，甚至堵塞排水管口。大便器的木盖（或塑料盖）应在即将交工时安装，以免在施工过程中把木盖（或塑料盖）损坏。

2. 低水箱的安装

在安装低水箱前，可将水箱内的塑料零件预先在地面上组装好。划线时，先按低水箱上边缘的高度，在墙上用石笔或用粉袋弹出横线，然后以此线和大便器的中心线为基准线，根据水箱背部孔眼的实际尺寸，在墙上标出螺栓孔的位置，打孔预埋木砖或预埋螺栓，再用木螺钉或预埋螺栓加铝垫圈等方法固定在光墙上。就位固定后的低水箱，应横平竖直、稳固贴墙，水箱出水口和大便器进水口中心对正。

3. 管道的安装

将水箱出水口与大便器进水口的锁紧螺母卸下，背靠背地套在90°弯的塑料或钢制冲洗管弯头上，在弯头两端螺纹上涂白铅油，并缠上麻丝，一端插入低水箱出水口，另一端插入大便器进水口，两端均用锁紧螺母拧紧，使低水箱和坐便器连成一体。

水箱进水管上 $DN15mm$ 角阀与水箱进水口处的连接，通常用黄铜管（$\phi14 \times 1mm$）进行镶接，也有用 $DN15mm$ 镀锌钢管或塑料管的。如角阀与低水箱进水管口不在同一垂直线上时，应冷弯成来回弯，弯曲圆度不得大于10%，铜管或镀锌管或塑料管两端应缠上白漆麻丝，用锁紧螺母拧紧。

- 训练3 洗脸盆的安装

洗脸盆的安装方法和要点如下：

（一）洗脸盆的构成

洗脸盆又称洗面器，大多用陶瓷制成，颜色根据需要配制。盆形有长方形、椭圆形和三角形，其安装形式有墙架式和柱脚式。

在洗脸盆上一般装有冷、热水水嘴各一只，其排水口通常靠盆底里侧，少数在盆底中心。排水口的关闭用橡胶塞头或用金属管状塞头。洗脸盆都有溢水口，设在盆内壁的后侧面。

一套完整的洗脸盆由脸盆、盆架、排水管、排水栓、链堵和脸盆水水嘴等组成。

（二）脸盆的安装技能

洗脸盆的安装顺序为脸盆架、脸盆、排水管和进水管。其安装示意图如图4-48所示。

1. 安装脸盆架

根据给水管道的甩口位置和安装高度，在墙上划出横、竖中心线，找出盆架的安装位置，照盆架上的孔在墙上打好洞，并预埋好木砖，如墙壁为钢筋混凝土结构，需预埋膨胀螺栓，再用木螺钉或膨胀螺栓固定。为了保证脸盆上沿口离光地面高800mm，预埋木砖的上口离光地面为750mm，两木砖的中心距离应根据盆的实际大小而定。

2. 稳好洗脸盆

将脸盆稳好在盆架上，用水平尺测量平正，如盆放不平时，可用铝垫片垫平、垫稳。

3. 安装脸盆排水管

将排水栓加胶垫，由盆内排水口穿出，并加垫用根母紧固，注意使排水栓的保险口与脸盆的溢水口对正。排水管暗装时，用P形存水弯，明装时用S形存水弯。与存水弯连接的管口应套好螺纹，缠麻丝涂厚白漆，再用锁紧螺母分别锁紧。P形存水弯应用铜盖盖住，排水管穿插或穿地板处也应加铜盖压住。

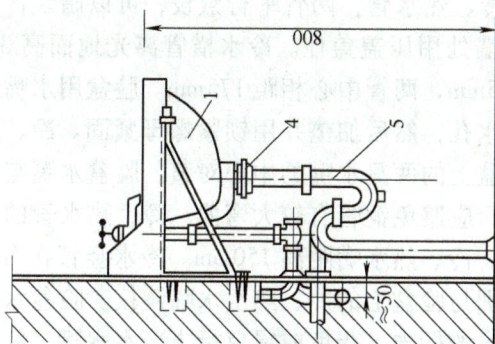

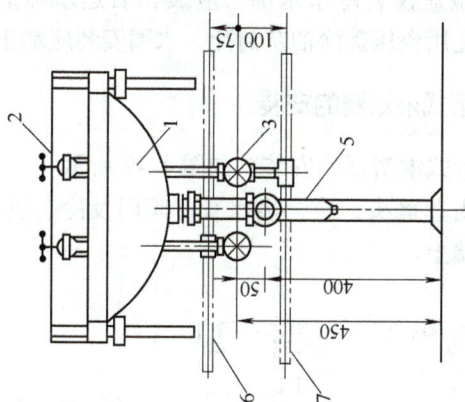

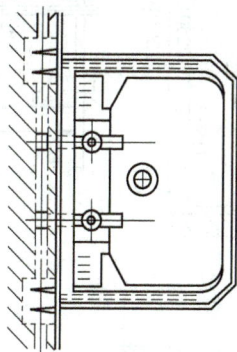

图 4-48　墙架式洗脸盆的安装

1—洗脸盆　2—水嘴　3—角式截止阀　4—排水栓　5—弯存水弯头　6—热水管　7—冷水管

209

4. 水管的安装

洗脸盆安装有冷、热水管，两管平行敷设，可以暗装，也可以明装。暗装管在出墙处用压盖盖住。冷水横管离光地面高 350mm，热水管离光地面 525mm，两管中心相距 175mm。脸盆用水嘴垫上橡胶垫穿入脸盆的进水孔，然后加垫并用锁紧螺母紧固。冷、热水管的角阀中心应与脸盆上的两只水嘴的中心对直。脸盆水嘴与角阀之间用黄铜管镶接时，应避免铜管有较大弯曲。冷、热水管的角阀中心距地面高 450mm，冷、热水嘴距离 150mm。冷水竖管在右边，热水竖管在左边，分别与脸盆上的冷、热水水嘴镶接。脸盆水嘴的手柄中心处有冷、热水的标志，蓝色或绿色标志冷水水嘴，红色标志热水水嘴。如果脸盆仅装冷水水嘴，应装在右边水嘴的安装孔内，左边的水嘴安装孔用瓷压盖涂油灰封死。水嘴安装应端正、牢固。

- 训练4　管式淋浴器的安装

现场制作的管式淋浴器的安装，如图 4-49 所示。

管式淋浴器由莲蓬头、冷、热水管、阀门及冷、热水混合立管等组成，安装在墙上。

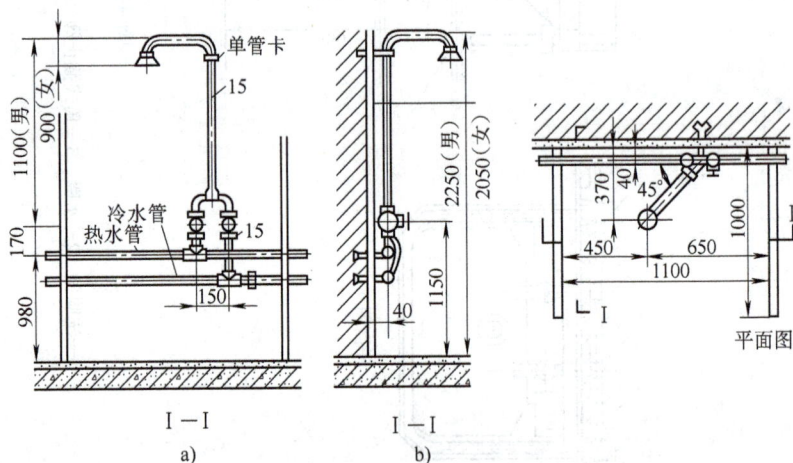

图 4-49　淋浴器的安装

a）立面图　b）侧面图

管式淋浴器的安装步骤如下：

1）先在墙上划出管子垂直中心线和阀门水平中心线。一般连接淋浴器的冷水横管中心距光地面 900mm，热水横管距光地面 1000mm，冷、热水管平行敷设，中心间距 100mm。

2）冷、热水管平行布置，且冷水管在下、热水管在上，所以连接莲蓬头的冷水支管用元宝弯的形式绕过热水横管。

3）明装淋浴器的进水管中心离墙面的间距为 40mm。元宝弯的弯曲半径为 50mm，与冷水横管夹角为 60°。

4）淋浴器的冷、热水管采用镀锌钢管，管径一般为 $DN15mm$，在离地面 1800mm 处装管卡一只，将立管加以固定，不准用勾钉固定。

5）冷、热水截止阀中心距光地面的高度为 1150mm，冷水竖管截止阀偏右边，热水竖管截止阀偏左边，同脸盆的水嘴一样，阀柄中心有红、蓝标志。

6）紧靠截止阀的活接头应装在阀门的上面，不能装在阀门的下面。两立管阀门的中心距离镀铬淋浴器为 950mm。连接莲蓬头的出水横管中心离光地坪高男用为 2240mm ，女用为 2100mm。

7）两组以上淋浴器成组安装时，阀门、莲蓬头及管卡应保持在同一高度，两淋浴器间距一般为 900～1000mm，安装时将两路冷、热水横管组装调直后，先按规定的高度尺寸，在墙上固定就位，再集中安装淋浴器的成排支、立管及莲蓬头。

● 训练5 铸铁散热器的组对安装

（一）散热器组对的工具

组对铸铁散热器常用组对钥匙和管钳等工具。组对钥匙用高碳钢加工制成，头部呈长方形，以便伸到汽包内能转动对丝，尾部呈圆形，用于穿管转动尾端组对。组对钥匙如图 4-50 所示。

组对钥匙应有三把，短的两把用于组对，长的一把用于修理。短钥匙的长度依每片散热器长度（应大于散热器长度）而定，长钥匙的长度与组对后片数多的那组散热器长度一样。散热器组对时，组对钥匙使用情况如图 4-51 所示。

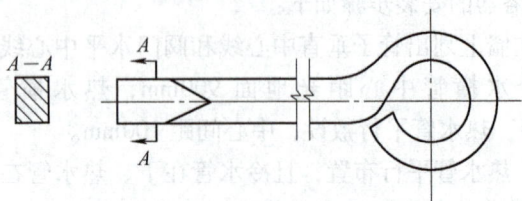

图 4-50　组对钥匙

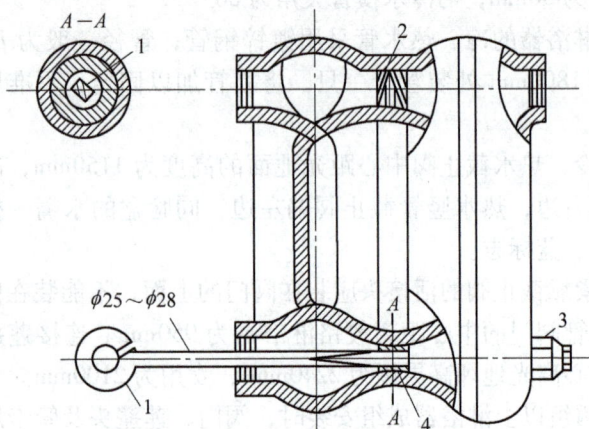

图 4-51　组对时的钥匙使用情况

1—组对钥匙　2—垫片　3—汽包补心　4—汽包对丝

（二）散热器组对前的准备

1. 选择和检查散热器

在组对前，应对所有散热器的型号、数量和外观进行检查。外观检查中如发现散热器的翼片缺损不符要求的不能使用。如长翼型铸铁散热器顶部掉翼数超过 2 个或 1 个且其长度大于 50mm 的，侧面掉翼数超过 2 个或掉翼 2 个且其长度大于 200mm 的不能使用；对口不平的、散热器有砂眼或气孔的不能使用。经外观检查合格的散热器片上的铁锈必须除净，特别是对口处更应用钢丝刷或砂布等刷出光面。

2. 设置工作平台

组对散热器时应设置工作平台。工作平台有多种，永久性的工作平台是钢制平台。钢制平台能提高组对工作效率，保证组对质量。如图 4-52 所示。

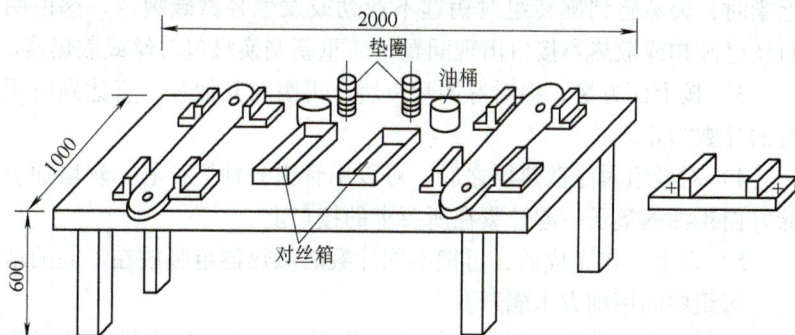

图 4-52 钢制平台

简易工作平台是用两根平行放置在地面上的管子架制成的。还有用方木制作的工作平台，用木桩固定在地面上。

工作平台设在施工现场，应尽量靠近散热器堆放处。为了提高工作效率，散热器堆放时，每片上、下一致，汽包正螺纹的一边和反螺纹的一边需对应。

3. 清理和分类摆放组对材料

把对丝、左丝堵、右丝堵、左补心、右补心、汽包垫片分类摆放，并设明显标志。对于补心，不但要分清左、右，还要分清管径孔的大小。

（三）散热器组对操作

1）把两片散热器摆上工作平台后，上、下与左、右对齐。试拧对丝丝扣，两个接口都要试。（用手不能旋到螺纹根部而拧紧的对丝和接口与对丝扣间隙过大的对丝不能用）

2）把两面涂好白铅油的垫片套在试好的对丝中间，再将两个对丝连同垫片分别套在其中一片散热器同一面的两个接口上，再将另一片散热器两个不同方向的螺纹接口对上，且在同一平面上，将两把组对钥匙从其中一片散热器的另两个孔伸进去，与两个对丝扣上，用手握住钥匙把，分别试拧两个对丝，找出旋转方向，且让两个对丝与后对上的散热器带上扣，然后用两根管插进组对钥匙把尾圈，同时同向旋转两把组对钥匙，直到汽包把垫压出油来为止。如果在上紧时，突然感到旋转组对钥匙不费劲或发生轻微破裂声，这说明对丝已破扣或散热器接口出现问题，应重新调换汽包对丝或散热器。

3）按上面方法，组对好两片以后，再组对其他片，直达到所规定的片数为止。

4）对丝组对好散热器之后，可以用管钳分别把补心、丝堵加上涂好白铅油的垫子一起拧紧在所要求的接口上。

5）以上工作完成后，再把不同片数的散热器组竖放在不同的地方，每组中间用细方木隔开。

组对片式散热器，每组片数有以下限制：①细柱型散热器（每片长度 50~60mm）不能多于 25 片；②粗柱型散热器（每片长度 82mm）不能多于 20 片；③长翼型散热器（60 型的每片长度 280mm）不能多于 7 片。超过以上片数，会使散热器组易于折断。

复习思考题

1. 管道支架的作用是什么？管道支架按用途分为几种？
2. 活动支架有哪些形式？支架安装位置与数量如何确定？
3. 滑动支架又可分为哪几种？导向支架有什么作用？
4. 方形补偿器的两侧如何设置支架？
5. 安装支架有哪几种常用的方法？支托架的安装方法有哪些？
6. 安装支架时要注意哪些问题？
7. 室内给水管道布置方式有哪些？
8. 安装管道时，如何控制管道的中心与标高？
9. 室内给水管道的明装和暗装各有什么特点？适用范围如何？
10. 室内给水系统由哪几部分组成？室内给水管道如何安装？有何质量要求？
11. 引入管穿墙、穿基础如何施工？干管如遇伸缩缝、沉降缝如何处理？
12. PP-R 给水管如何安装？

13. 安装水表时有何要求?

14. 常用水表有几种? 螺翼式水表是怎样工作的?

15. 观察自家的水表,算出一周的用水量。

16. 室内排水管道如何布置和敷设?

17. 建筑排水系统分几类? 什么是分流制?

18. 室内排水系统由哪几部分组成?

19. 试说明排水管道的安装程序。

20. 安装地漏、清扫口和检查口的要求有哪些?

21. 排水管道的通气管有哪几种? 它们有什么作用?

22. 管道穿楼板如何施工? 通气管伸出屋面如何处置?

23. 硬聚氯乙烯排水管安装要求如何?

24. 按用途卫生器具分为哪几类?

25. 卫生器具安装前应作哪些检查?

26. 安装卫生器具的一般要求是什么?

27. 卫生器具的安装要求与安装步骤有哪些?

28. 坐式大便器、蹲式大便器及水箱、冲洗管如何安装?

29. 洗脸盆和浴盆如何安装?

30. 安装卫生器具应注意哪些问题?

31. 普通消火栓系统由哪几部分组成?

32. 室内消防管布置有何要求?

33. 消防管道安装时,应注意哪些要求?

34. 室内消火栓安装有哪几种形式,其安装有何要求?

35. 在进行喷头安装中,应特别注意哪些问题?

36. 报警阀在安装中应注意哪些基本要求? 不同类型报警阀,其各自安装要求又有哪些?

37. 自动喷水系统调试条件和内容有哪些?

38. 机械循环水采暖系统由哪些部分组成?

39. 采暖系统管路如何布置和敷设?

40. 说明室内采暖管道的安装程序。

41. 说明室内采暖管道的干管、立管和支管的安装要求有哪些?

42. 说明供热管道的坡向要求。

43. 热水采暖系统在最高点应设什么装置? 在底点应设什么装置?

44. 采暖干管过门如何安装?

45. 采暖管道穿楼板或墙壁时为什么要安装套管? 安装套管时有何要求?

215

46. 除污器的作用是什么？
47. 何谓散热器？可以分哪几种？各自有什么特点？
48. 试计算出 17 片铸铁散热器组对材料（落地安装）表。
49. 说明常用散热器安装要求及方法。
50. 试绘出散热器试压装置图，并简答试压要求是什么。
51. 散热器的安装注意事项有哪些？
52. 配管安装的注意事项有哪些？

第五章

管道阀门及仪表安装

培训学习目标 了解常用阀门、仪表的型号和用途，掌握常用阀门减压阀、疏水器的安装要求。掌握热力入口的安装和常用仪表压力表、水位计的安装要求。

第一节 常用阀门

阀门是控制管内介质流动的具有可动机构的机械产品的总称，在管道工程中广泛应用。由于阀门的使用目的不同，阀门的类型多种多样，为了统一制造标准、正确识别选用阀门，我国原第一机械工业部对常用的阀门制定了系列标准（JB/T 308—1975）。随着我国的科学技术和社会生产力的发展，许多企业开发和制造了不少新结构、新材料和新用途的阀门。并且正在与国际标准（CAV2.1—1984）接轨，该国际标准与我国的标准有若干的相同之处，故国内的阀门标准仍在实际工作中被广泛采用。

作为管道初级工应重点了解阀门的以下知识。

一、阀门型号的表示方法
要熟记阀门的编号。

阀门种类繁多，其结构、材质、性能各不相同，为了便于选用，每种阀件都有一个特定型号，以说明阀件类型、驱动方式、连接形式、结构形式、密封面或衬里材料、公称压力及阀体材料。即标准阀门产品型号由七个单元组成，其表示方法如下：

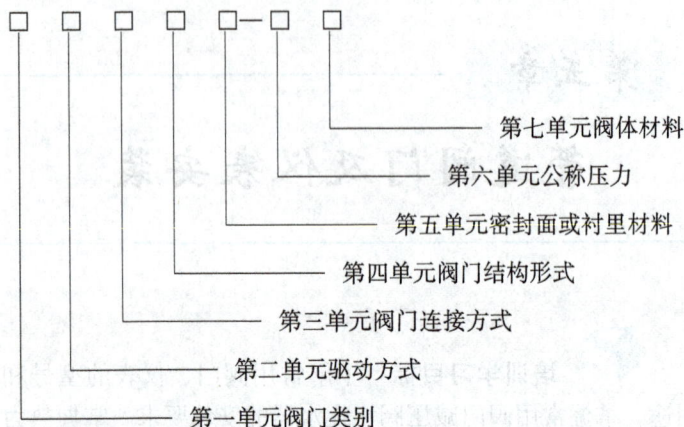

第七单元阀体材料

第六单元公称压力

第五单元密封面或衬里材料

第四单元阀门结构形式

第三单元阀门连接方式

第二单元驱动方式

第一单元阀门类别

1）第一单元用汉语拼音字母表示阀门类别，见表5-1。

表 5-1　阀门类型及代号

阀门类型	闸阀	截止阀	旋塞阀	减压阀	节流阀	蝶阀	球阀	疏水阀	溢流阀	单向阀	隔膜阀
代号	Z	J	X	Y	L	D	Q	S	A	H	G

2）第二单元用一位阿拉伯数字表示阀门驱动方式，见表5-2。但对于手轮、手柄和扳手等直接驱动的阀门和自动阀门，此单元可省略。

表 5-2　阀门驱动方式及代号

驱动方式	电磁动	电磁-液动	电-液动	蜗轮	正齿轮	伞齿轮	气动	液动	气-液动	电动
代号	0	1	2	3	4	5	6	7	8	9

3）第三单元用一位阿拉伯数字表示阀门与管道的连接方式，见表5-3。

表 5-3　阀门连接形式及代号

连接形式	内螺纹	外螺纹	法兰	法兰	法兰	焊接	对夹	卡箍	卡套
代号	1	2	3	4	5	6	7	8	9

注：法兰联接代号中，3仅用于双弹簧安全阀，5用于杠杆式安全阀，4用于其他法兰。

218

4）第四单元用一位阿拉伯数字表示阀门的结构形式，见表5-4。

表5-4　阀门结构形式及代号

代号 类别	1	2	3	4	5	6	7	8	9	0
截止阀	直通式	直角式	直通式	直角式	直流式	平衡 直通式	平衡 角式	—	—	—
闸阀	明杆 楔式 单闸板	明杆 楔式 双闸板	明杆 平行式 单闸板	明杆 平行式 双闸板	暗杆 楔式 单闸式	暗杆 楔式 双闸板	暗杆 平行式 单闸板	暗杆 平行式 双闸板	—	明杆 楔式弹 性闸板
旋塞阀	直通式	—	填料 直通式	填料 T形 直通式	填料 四通式	—	油封 直通式	油封 T形 三通式	—	—
球阀	浮动 直通式	—	—	浮动 L形 三通式	浮动 T形 三通式	—	固定 直通式	—	—	—
单向阀	升降 直通式	升降 立式	—	旋启 单瓣式	旋启 多瓣式	旋启 双瓣式	—	—	—	—
疏水阀	浮球式	—	浮筒式	—	钟形 浮子式	—	双金 属片式	脉冲式	热动 力式	—
减压阀	外弹簧 薄膜式	内弹簧 薄膜式	膜片 活塞式	波纹 管式	杠杆 弹簧式	气垫 薄膜式	—	—	—	—
蝶阀	垂直板 式	—	斜板式	—	—	—	—	—	—	杠杆式

5）第五单元用汉语拼音字母表示密封面或衬里材料，见表5-5。

表5-5　阀门密封面或衬里材料及代号

密封面 或衬里材料	铜合 金	橡胶	尼龙 塑料	氟塑 料	锡基轴 承合金	合金 钢	渗氮 钢	硬质 合金	衬胶	衬铅	搪瓷	渗硼 钢	无密 封面
代号	T	X	N	F	B	H	D	Y	J	Q	C	P	W

6）第六单元用公称压力数值的10倍直接表示，并以短横线与前五单元隔开，阀门常用的公称压力等级为：0.05MPa、0.10MPa、0.25MPa、0.4MPa、0.6MPa、1.0MPa、1.6MPa、2.5MPa、4.0MPa、

6. 4MPa、10MPa、16MPa、20MPa、25MPa、32MPa。

7）第七单元用汉语拼音字母表示阀体材料。对于公称压力小于或等于1.6MPa的灰铸铁阀体和公称压力大于或等于2.5MPa的碳素钢阀体，此单元可省略，见表5-6。

表5-6 阀门阀体材料及代号

阀体材料	灰铸铁	可锻铸铁	球铸铁	铸铜	碳钢	中铬相合金钢	铬镍钛（铌）耐酸钢	铬镍钼钛（铌）耐酸钢	铬相矾合金钢
代号	Z	K	Q	T	C	I	P	R	V

阀门型号编制的举例如下：

① J11T—16。该阀门型号表明：手动驱动、内螺纹、直通式、密封面材料为黄铜、公称压压力 $pN=1.6$MPa、阀体材料为灰铸铁的截止阀，产品名称为内螺纹直通式截止阀。

② H44Y—40I。该阀门型号表明：直接驱动、法兰、旋启单瓣式、密封面为硬质合金、公称压力 $pN=4.0$MPa、阀体材料为铬钼合金钢的单向阀，产品名称为法兰旋启式单瓣单向阀。

二、阀门的标志和识别

阀门的标志和识别涂漆是为了便于从外部判断、区别阀门，以利于阀门的保管、验收和正确安装，避免发生差错。

1. 阀门的标志

在阀体正面中心标志出公称压力或工作压力及公称直径和介质流动方向的箭头，箭头下方为阀门的公称直径。闸阀、球阀、旋塞阀可不标箭头，因为他们在安装时没有方向性。

2. 阀门的识别

阀门的类别、驱动方式和连接形式，可以从阀件的外形加以识别。公称直径、公称压力和介质流动的方向，可以从阀体的正面标志上直接看出。对于阀体材料、密封圈材料以及带衬里的材料，可根据阀体各部位所涂油漆的颜色来识别。阀体材料的标志颜色涂在阀体上，密封面材料的标志颜色涂在阀门的手轮或阀盖上。它们可通过涂漆的颜色来识别，见表5-7～表5-9。

表 5-7　阀体材料识别标志涂漆颜色

阀体的材料	识别涂漆的颜色	阀体的材料	识别涂漆的颜色
灰铸铁，可锻铸铁	黑色	耐酸钢或不锈钢	浅蓝色
球墨铸铁	银色	合金钢	蓝色
碳素钢	灰色		

表 5-8　密封面材料识别标志涂漆颜色

阀件密封零件材料	识别涂漆的颜色	阀件密封零件材料	识别涂漆的颜色
青铜或黄铜	红色	硬质合金	灰色周边带红色条
巴氏合金	黄色	塑料	灰色周边带蓝色条
铝	铝白色	皮革或橡胶	棕色
耐酸钢或不锈钢	浅蓝色	硬橡胶	绿色
渗氮钢	淡紫色	直接在阀体上制作密封面	同阀体的涂色

表 5-9　衬里材料识别标志涂漆颜色

衬里的材料	识别涂漆的颜色	衬里的材料	识别涂漆的颜色
搪瓷 橡胶及硬橡胶 塑料	红色 绿色 蓝色	铅锑合金 铝	黄色 铝白色

221

三、常用阀门的介绍

1. 闸阀

闸阀又称闸板阀、水门。多用于对一般汽、水管路作全启或全闭操作。按阀杆的形式分为明杆式和暗杆式；按闸板的形状分为平行式和楔式，如图 5-1 所示。

（1）工作原理　闸阀的闸板沿阀座中心线的垂直方向移动，使闸板密封面与阀座密封贴合，并依靠顶楔、弹簧或闸板的楔形来增强密封效果，从而阻止介质通过。

（2）特点　①闸阀安装长度

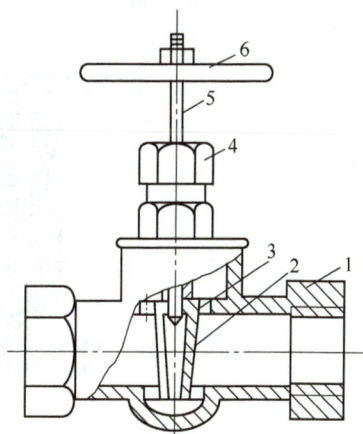

图 5-1　闸阀

1—阀体　2—闸板　3—密封圈
4—压盖　5—阀杆　6—手轮

较小，无方向性；②全开启时介质流动阻力较小；③密封性能较好；④加工较截止阀复杂，密封面磨损后不便于修理。

2. 截止阀

截止阀又称球形阀，主要用来切断介质通路，也可调节流量，多用于给水、蒸汽管道。截止阀可分为直通式、直角式和直流式三种。

直通式截止阀的进出口成一条直线，经阀座拐一小直角弯，适用于直线管路，便于操作，应用广泛，但对流体阻止较大，如图5-2所示。直角式截止阀，又称八字门，进出口通道互成直角，用于管

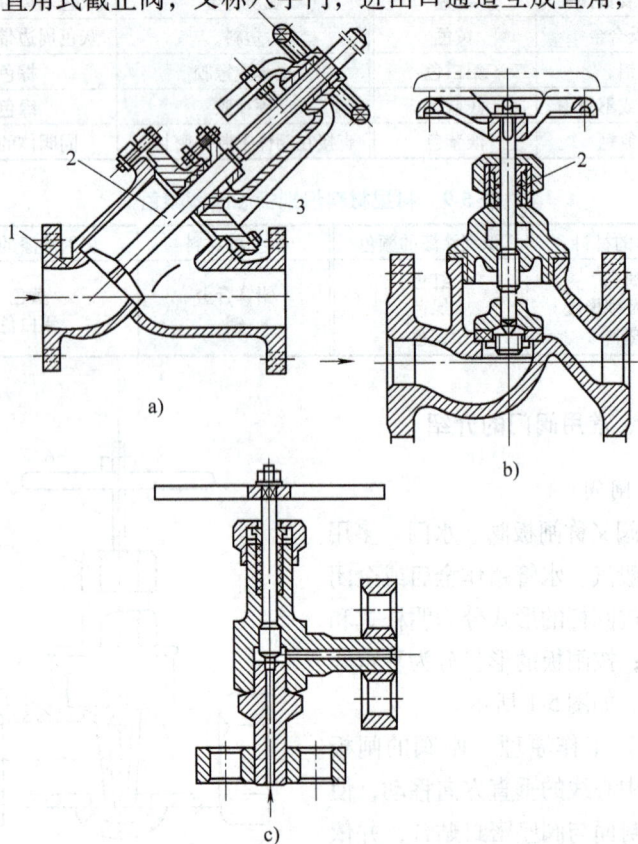

图 5-2　截止阀

a）直通式　b）直角式　c）直流式

1—阀体　2—阀杆　3—密封圈

路转弯处。直流式截止阀的进出口通道成直线，流体阻力很小，与闸阀接近，但因阀杆倾斜，所以操作不便。

（1）工作原理 截止阀的阀瓣沿阀座中心垂直移动，依靠阀杆螺纹的旋压，使阀瓣密封面紧密贴合，从而截止介质流通。

（2）特点 ①截止阀制造简单，价格较低，调节性能好；②安装长度大，流体阻力较闸阀、球阀、旋塞阀大；③密封性较闸阀差，密封面易磨损，但其修理容易。

3. 旋塞阀

旋塞又称转心门，是一种快开式阀门。多用于温度较低、粘度较大的介质和要求开关迅速的部位，如燃气管道、燃料油管路。可分为直通式、三通式、四通式。直通式控制直管段上介质的流通；三通式、四通式可用于分配介质和改变其流向，如图5-3所示。

（1）工作原理 塞子在壳体中只能旋转运动而不能作上下移动，依靠旋塞体上的通口与阀体两端通口的对应关系，来达到开启与关闭的目的。

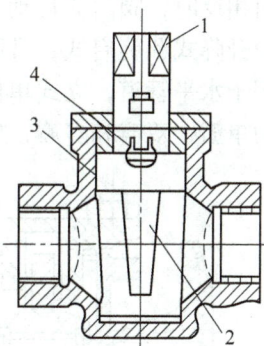

图 5-3 旋塞阀
1—转芯 2—转芯的开孔
3—阀体 4—沟槽

（2）特点 ①开关迅速，操作方便，旋转90°即可开关；②结构简单，外形尺寸小，重量轻；③阻力小，流量大；④旋塞体与阀座接触面大，容易磨损泄漏而造成密封性能差，维修困难；⑤阀心在高温高压下可能变形，容易卡住。

4. 节流阀

节流阀主要用来节制介质流量，多用于温度较低、压力较高的介质和要求压力降较大的管路。节流阀可分为直角式和直通式。直角式用于管道转90°弯处；直通式用于直管段上，如图5-4所示。

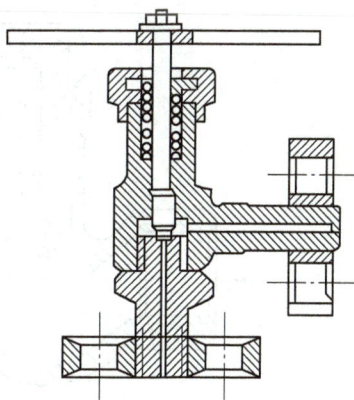

图 5-4 节流阀

（1）工作原理　通过改变抛物线状阀瓣的截面积大小，来调节流体的流量和压力。

（2）特点　①调节性能较好，但调节精度不高；②流体通过阀瓣和阀座间时，流速较大，易冲蚀密封面；③因密封性较差，不能代替截止阀及其他隔断阀。

5. 单向阀

单向阀又称止回阀、逆止阀，只允许水流单向流动，当水流方向相反时，阀门会自动关闭。多用于给水管道。单向阀按结构可分为升降式和旋启式，升降式单向阀又分为立式和卧式，卧式单向阀用于水平管道，立式单向阀用于垂直管道。按单向阀阀瓣分又可分为单瓣、双瓣和多瓣，如图5-5所示。

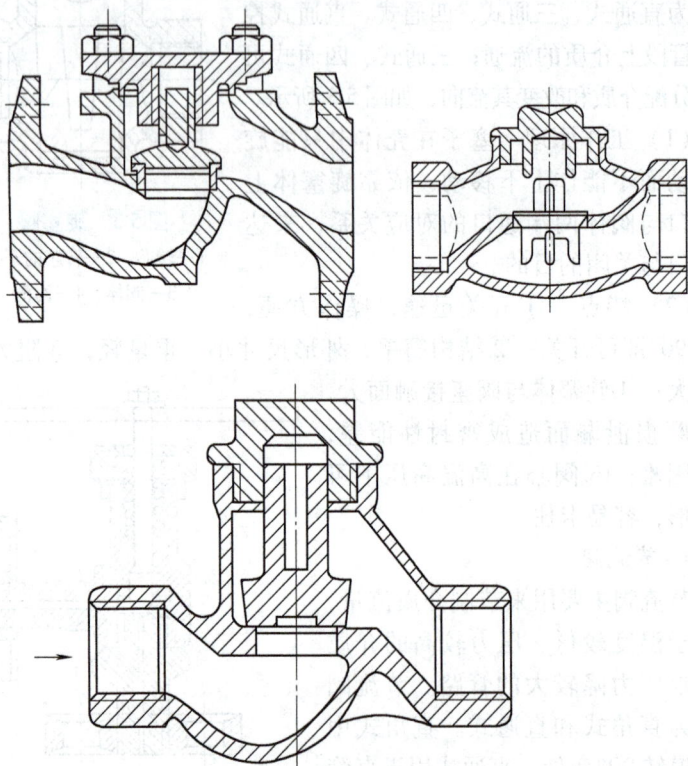

图 5-5　单向阀

（1）工作原理　依靠流体本身的压力变化，使关闭件在阀体内摆动或移动，来自动启闭管路，限制介质逆向流动。

（2）特点　①旋启式流动阻力较升降式小，密封性较升降式差；②升降式止回阀适用于装在水平管线上，而旋启式可以装在水平、垂直和倾斜的管线上。

6. 溢流阀

溢流阀又称安全阀也称保险阀，主要用于在压力超过规定标准时，从安全阀中可自动排出多余介质。多安装于锅炉房、减压器等。溢流阀可分为弹簧式、杠杆式和脉冲式。常用的溢流阀多为弹簧式，如图5-6所示。

（1）工作原理　通过弹簧的弹力抵压阀瓣，使之与阀座密封面结合。当介质压力高于弹簧的弹性力时，弹簧被压缩，介质自行排出；当介质压力降到与弹簧的弹性力相等时，密封面又重新开始密合，从而防止设备和管路的超压危险。

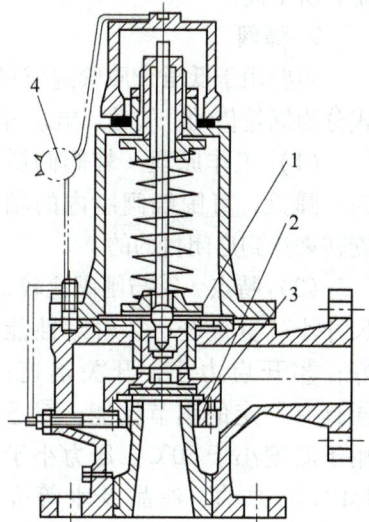

图5-6　溢流阀

1—阀瓣　2—反冲盘　3—阀座　4—铅封

（2）特点　①弹簧式溢流阀体积小，占用的空间小；②适用的范围广；③安装较方便；④灵敏度较高。

7. 减压阀

减压阀又名减压器（压力调节阀），主要用于蒸汽管路，可将蒸汽压力降低，并将此压力保持在一定的范围内不变。减压阀有活塞式、杠杆式、静重式、弹簧薄膜式和气动薄膜式等。常用的是活塞式减压阀。详见本章第二节内容。

8. 疏水器

疏水器又名回水盒，主要用于排除蒸汽管路内及各种蒸汽容器

225

中的冷凝水，也是阻止蒸汽通过的一类自动阀件。疏水器有钟形浮子式、浮桶式、热动力式、倒吊桶式和脉冲式等类型。其中，液体膨胀式、波纹管式疏水器适用于低压蒸汽采暖系统。应用较多的有热动力式和脉冲式疏水器。详见本章第三节内容。

由于疏水器类型较多，其工作原理和特点视具体的疏水器类型而有所不同。

9. 蝶阀

主要用于低压介质管道或设备上全开、全闭用。蝶阀按传动方式分为蜗轮传动、气动、电动等三种形式。如图 5-7 所示。

（1）工作原理　蝶阀阀瓣为一圆盘，可围绕阀座内的轴旋转来达到启闭目的的。

（2）特点　①与闸阀比较，尺寸小、重量轻；②密封性能好；③开启力小，开关迅速；④具有一定的调节性能；⑤适用于温度小于80℃、压力小于1MPa 的原油、油品及水等介质。

10. 球阀

球阀是一种广泛应用的新型阀门，球阀与旋塞属同类型阀门，只是球阀的关闭件是一通心球体。球阀主要用于管道的切断、分配和改向。如图 5-8 所示。

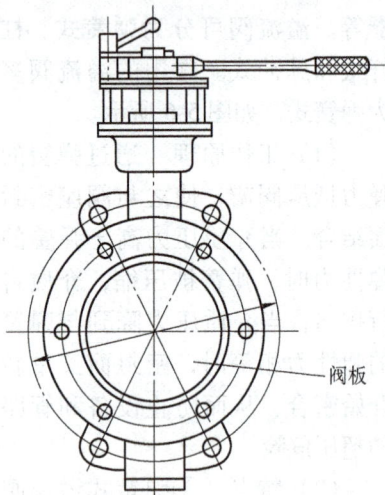

阀板

图 5-7　蝶阀

（1）工作原理　球阀的阀瓣为一通心球体，用球体绕阀体中心作旋转，以达到启闭目的的。

（2）特点　①开关迅速，操作方便，旋转90°即可开关；②结构简单，零件少，重量轻，密封面比旋塞易加工，且不易损伤；③流体阻力小，不能做调节流量用；④适用于低温、高压及粘度较大的介质和要求开关迅速的管道部位。目前，因密封材料尚未解决，

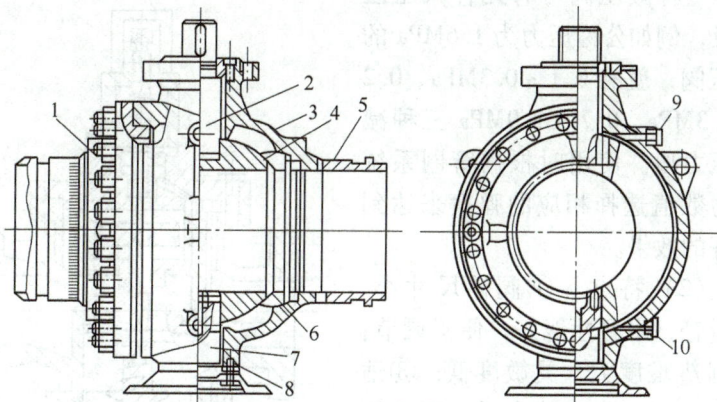

图 5-8　球阀

1—阀体盖　2—上阀杆　3—阀体　4—阀心　5—短节　6—阀座
7—下阀杆　8—轴承　9、10—密封油入口

还不能用于温度较高的介质。

第二节　减压阀

一、减压阀的工作原理与特点

减压阀主要用以降低和稳定介质的压力，使其压力符合用户系统的要求。下面主要以活塞式减压阀来介绍减压阀的原理与工作特点。

（1）活塞式减压阀的工作原理　是利用活塞改变阀瓣与阀座的间隙达到减压目的。这种减压阀主要由阀体、阀盖、活塞、弹簧主阀、脉冲阀和膜片等组成，如图 5-9 所示。阀体下部的主阀、弹簧支承主阀，使主阀与阀座处于密封状态。阀体上部的活塞与主阀阀杆相配合，在活塞受到介质压力后，推动主阀开启。阀盖内装有脉冲阀的弹簧阀座，阀座上附有膜片。最顶部装有调节弹簧和螺钉，可用来调整需要的工作压力。

227

一种减压阀可有几种减压压力段，例如公称压力为 1.6MPa 的减压阀，就有 0.1～0.3MPa、0.2～0.3MPa、0.7～1.0MPa 三种减压压力段。使用时根据管网系统压力数值选择相应的弹簧来达到较好的效果。

（2）特点　①阀体尺寸小、重量轻、耐温性能好，便于调节；②制造难度大，灵敏度低；③适用于空气、蒸汽等介质，不适用于液体；④用于输送不洁净的气体介质时，减压阀前应加装过滤器。

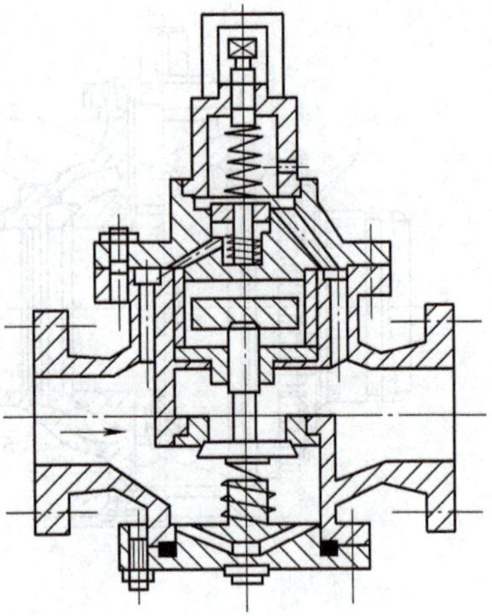

图 5-9　减压阀

二、减压阀的安装组成

减压阀安装组成有：减压阀、溢流阀、压力表、旁通管、泄水管、均压管及控制阀门等，如图 5-10 所示。其中各组成件的作用如下：

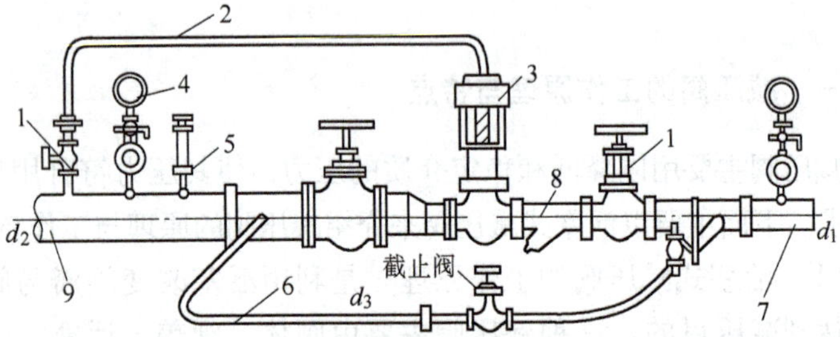

图 5-10　减压阀的组成示意图

1—截止阀　2—压气管　3—减压阀　4—压力表

5—溢流阀　6—旁通管　7—高压蒸汽管

8—过滤器　9—低压蒸汽管

溢流阀的作用：当减压阀失灵时，溢流阀可自动开启泄压，保证系统安全运行。

压力表的作用：便于观察压力阀前后的压力变化。

旁通管：减压阀发生故障需要更换时，可以临时流通，保证整个系统连续运行。同时还起临时减压的作用。

泄水管的作用：用于蒸汽管道减压时排出凝结水。

均压管的作用：管道压力波动时，可自动调节减压阀的启闭大小。

三、安装减压阀的注意事项

要掌握减压阀的安装注意事项。

1）减压阀组不宜设置在临时移动设备或容易受到冲击的部位，而应设置在振动小且有足够空间和便于检修的部位。

2）减压阀组的安装高度应距地面 1.2m 左右。且需设永久性操作台，距地面 3m 左右。

3）对于陈旧的减压阀和搁置较久的减压阀在安装前应先清洗。管路中的灰尘，砂粒等杂物，也须用水冲洗干净。

4）注意方向性，减压阀在安装时是有方向性的，阀体上的标识方向应与介质流通方向相同。

5）减压阀应直立装在水平管道上，阀盖与水平管垂直。

6）减压阀的低压侧应装安全阀，以保证减压阀运行的可靠性。安全阀的排气管应接至室外。为了防止安全阀的阀芯和阀座粘住，应定期对安全阀作手动或自动排气。

7）减压阀的两侧应装控制阀门，安装在减压阀后的管径应放大二号，并装上旁通管以便检修。

8）使用减压阀减压时，要求减压阀进出口的压差不小于 0.15MPa。为了便于减压阀的调压，减压阀组的前后应设压力表。

蒸汽系统的减压阀组前应设置疏水器。如系统中介质带渣物时，应在阀组前设置过滤器。

9）减压阀组安装结束后，应按设计要求对减压阀、安全阀进行试压、调整，并做出调整后的标志。

229

四、减压阀的安装

1）减压阀在安装前，应按设计的尺寸对减压阀组进行组装。

2）减压阀的阀体距墙面要求大于1200mm，应垂直安装在水平管路上，安装时应注意方向性，不得装反。减压阀的前后应安装法兰截止阀。而安装在减压阀后的管径应比减压阀的公称通径大两号，异径管采用管底平连接。均压管（薄膜式减压阀配管）应安装在管道的低压侧。

3）按支架形式可用型钢下料预制，在减压阀两端的截止阀外侧及旁通管上，按量尺做定位的标记，打墙洞栽支架，并用水平尺、线坠找平、找正。

4）待减压阀安装好后，应根据工作压力进行定压调试。弹簧式减压阀调试时，应先将减压阀两侧的球阀关闭（此时旁通管也处于关闭状态），再将减压阀的上手轮旋紧，下手轮旋开，使弹簧处于完全松弛状态。从注水小孔把水注满，以防止蒸汽将活塞的橡胶环损坏。打开前面的球阀（按蒸汽流动的方向顺序打开）旋松手轮，缓缓地旋紧下手轮，在旋下手轮的同时，注意观察阀后压力表，当达到要求读数时，打开阀后的球阀，再作进一步的校准。带有均压管的减压阀，其均压管用于管道压力波动时，可自动调节减压阀的启用大小。调试中注意其仅在小范围内压力波动时起作用，不能用均压管代替调压工序。

第三节　疏　水　器

一、疏水器的作用与工作原理

在蒸汽管道系统中，设置疏水器可以迅速有效地排除用汽设备和管道中的凝结水，阻止蒸汽漏损和排除空气，对于防止凝结水对设备的腐蚀、水击、振动及结冻胀裂管道，保证蒸汽系统安全正常运行，具有重要的作用。

在热力管道上常用的疏水器有以下几种：浮桶式疏水器、倒吊桶式疏水器和热动力式疏水器，分别如图 5-11～图 5-13 所示。其工作原理是：

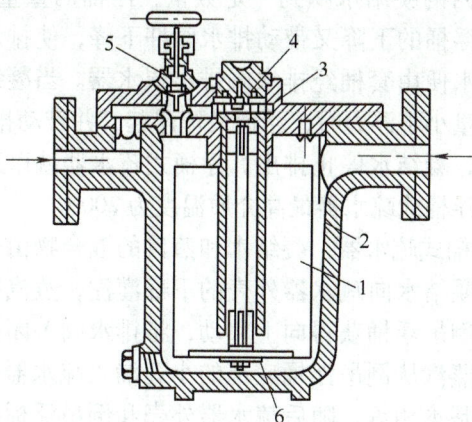

图 5-11　浮桶式疏水器

1—浮桶　2—外壳　3—顶针　4—阀孔
5—放气阀　6—可换重块

231

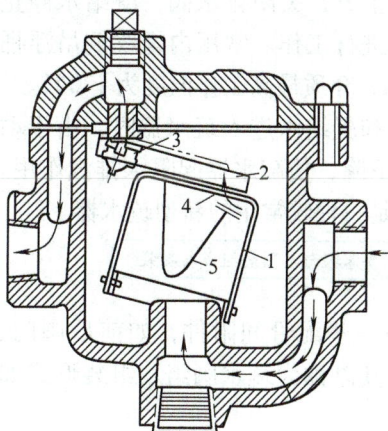

图 5-12　倒吊桶式疏水器

1—吊桶　2—杠杆　3—珠阀
4—快速排气孔　5—双金属弹簧片

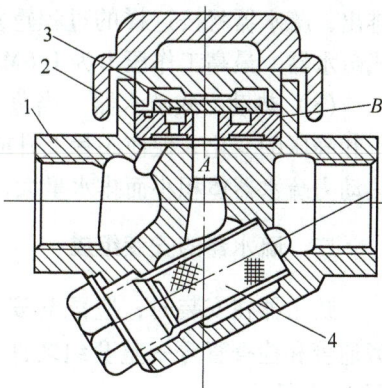

图 5-13　热动力式疏水器

1—阀体　2—阀盖　3—阀片　4—过滤器

（1）浮桶式疏水器　管路或设备中的凝结水和少量蒸汽不断地流入疏水器内，疏水器体内的凝结水液面升到一定的高度，就溢入浮桶，当浮桶内的凝结水积到一定数量，浮桶的重量超过浮力时，浮桶就下降，浮桶的下降又带动排水阀杆下降，使排水阀开启，这时浮桶内凝结水便由套桶经排水阀排出疏水器。当凝结水排到一定数量，浮桶重量小于浮力时，浮桶又被浮起，并带动排水阀杆上升，使排水阀关闭，凝结水停止排出。浮桶式疏水器就以这样的周期进行工作。常用浮桶式疏水器最高介质温度为200℃。

（2）倒吊桶式疏水器　凝结水和蒸汽的混合物由进水连接管进入倒吊浮桶，凝结水向疏水器外壳的下部灌注，蒸汽则被阻止在倒吊浮桶内，使倒吊浮桶获得向上移动，将排水阀关闭，阻止蒸汽漏失，只有少量蒸汽从倒吊浮桶底部的小孔漏入疏水器外壳，使倒吊浮桶内外水位基本相等，随后疏水器外壳和倒吊浮桶内的蒸汽进入凝结期。随着凝结水的增加，倒吊浮桶内外的压力基本相等，倒吊浮桶因自重大于浮力发生下降，使排水阀打开，凝结水便从排水阀排到排水连接管。浮桶下降一定行程之后，汽水混合物继续进入倒吊浮桶，使倒吊浮桶重新获得浮力上升，关闭排水阀，凝结水停止排出，疏水器就按这样的过程重复进行工作。常用内螺纹倒吊浮桶式疏水器，最高工作压力为1.6MPa，介质最高工作温度为170℃。

（3）热动力式疏水器　当蒸汽和凝结水进入疏水器时，由于动压和静压的变化，促使阀片上升或下降，使疏水器起阻水排汽作用。热动力疏水器体积小而排水量大，是一种较常用的新型疏水器。

二、疏水器的安装组成

> 要掌握疏水器的组成与安装。

疏水器在安装时，应配套安装一些配管和附件，如前后阀门、旁通管和检查管等一整套组装件，其总称为疏水阀组。组装形式如图5-14所示。

（1）疏水器前后阀门　在管路冲洗和初运行时，检修或更换疏水器时用以切断介质道路。在疏水器正常运行时常开。

（2）冲洗管　装在疏水器前面。管路在通汽运行之前要先用水冲洗，在系统冲洗和初运行时，打开冲洗阀门，用以排除污水和空

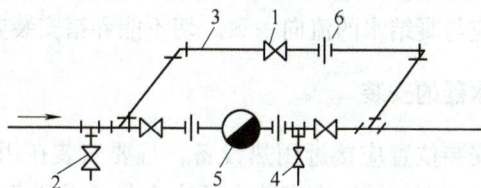

图 5-14　疏水器组装形式及连接

1—截止阀　2—冲洗管　3—旁通管　4—检查管
5—疏水器（带过滤网）　6—活接头

气。用冲洗管当作起动疏水器时，待冷凝水由浊变清时关闭。

（3）旁通管　蒸汽系统初运行时凝结着很大水量，已超过疏水器的排水能力，所以在冲洗管阀门关闭以后，打开旁通管阀门，用以排放大量凝结水。疏水器检修或更换时可短时间打开旁通管。系统正常运行中间是不允许打开旁通管阀门的，因为蒸汽会从旁通管窜入凝结水管道，影响后面用热设备正常工作和室外管网压力平衡。故疏水器安装形式中一般不设旁通管的。

（4）检查管　用以检查疏水器的工作状况。当系统运行疏水器工作时，打开检查管阀门，如果流出的是凝结水，说明疏水器工作正常；如果有蒸汽喷出，则说明疏水器工作失灵；如果汽、水均无流出，则说明疏水器内部堵塞，需要检修或更换。

（5）过滤器　采暖系统管路中有渣垢杂质，故疏水器前端必须设置过滤器。对热动力式疏水器因自身过滤作用，故不需要另装过滤器。过滤器或疏水器带有的过滤网需要经常清洗，以免堵塞。

三、安装疏水器的注意事项

1）疏水器应安装在便于检修的地方，并尽量靠近用热设备凝结水排水口之下。蒸汽管道疏水时，疏水器应安装在低于管道的位置。

2）安装应按要求设置好旁通管、检查管、单向阀、除污器、前后阀门等的位置。用汽设备应分别安装疏水器，多组用汽设备不能合用一个疏水器。

3）疏水器的进出口位置应保持水平，不可倾斜安装。疏水器阀体上的箭头应与凝结水的流向一致。切不能弄错安装方向。

四、疏水器的安装

疏水器安装位置应接近用热设备，且要安装在用热设备及管道凝结水排出口之下，同时在安装中还应充分考虑到旁通管、冲洗管、放气管、检查管及过滤器等之间的位置关系。

（1）旁通管安装　设置旁通管便于排除初期凝结水，但旁通管容易造成漏水，一般不宜装此管。对连续生产的用热设备，才应当安装，其安装形式为水平安装和垂直安装。

（2）冲洗管安装　在疏水器与前切断阀之前应装冲洗管，用于运行时排放冷凝水及空气，冲洗管一般向下安装，冲洗管上的阀门是闸阀。

（3）检查管安装　在疏水器和后切断阀之间应装检查管，以检查疏水器运行情况。如打开检查管上的闸阀，排水口大量冒汽，则说明疏水器已坏，需要及时检修。当冷凝水不需回收直接排入大气时，可不装此管。

（4）过滤器安装　疏水器与前截止阀之间应装设过滤器，防止水中污物堵塞疏水器。对脉冲式疏水器系统必须安装过滤器，而热动力式疏水器本身带有过滤装置，可以不设过滤器。

（5）前后切断阀安装　在疏水器前后应设置切断阀（冷凝水直接排至大气的疏水器后不设），切断阀应先选用闸阀，后选用截止阀。

（6）疏水器应装在管道和设备的排水口以下　如凝结水管高于蒸汽管道和设备的排水口，应安装单向阀。热动力式疏水器本身能起逆止作用，可不装单向阀。

（7）螺纹联接的疏水器　应安装一活接头，以便拆卸。疏水管道水平敷设时，管道应坡向疏水阀，防止产生水击现象。

（8）装在蒸汽管道翻身处的疏水器　与蒸汽管相连的一端，应高于蒸汽管排污阀150mm，排污阀应定期打开排污，以防止蒸汽管中沉积的污物超过疏水器与蒸汽管的相连部位。

第四节 采暖系统热力入口装置的安装

室外热力管道在进入建筑物时都需要设置热力入口装置。供暖管道的热力入口装置一般设在地下室；如果设在室外，地沟可以局部加宽，并且在其上方设置检查井。操作时进出的人孔须加盖，人孔进入地沟应偏于沟的一侧，应配合土建设置爬梯，便于维修与操作人员上下。

一、热力入口装置的组成

入口装置一般包括压力表、温度计、调压板部件、启闭阀门、除污器、放水管及阀门和放气管等。其作用是控制系统热媒的流入或关闭，检测热媒参数。除污器主要是过滤和清除管道系统的渣垢杂质，保证系统内水质的洁净，减少阻力和防止堵塞管路和管件。

二、热力入口装置的安装

1. 测绘定位

如图 5-15 所示，根据管道入口甩头位置及高度，用量尺确定供、回水总管的安装位置及支托架位置、高度，确定总入口各组件的安装位置，并作记号。按热水系统入口装置示意图中的标注尺寸进行下料、切断、坡口及焊接法兰、煨制弯头和焊接仪表表座。

2. 入口装置的组装

入口的压力表、温度计、测压板及热水入口的流量计和除污器按图 5-15 中所表示的位置划线，预留出丝堵及旋塞的位置。逐一进行组装。阀门、减压孔板，过滤器均采用法兰连接；管道采用焊接；仪表采用螺纹联接。均按相应工艺标准进行操作。

3. 管道安装

总管安装应按相应工艺标准采用焊接，并且在除锈防腐的基础上进行保温处理。

4. 附件安装

（1）压力表安装 ①压力表与表管之间应装设旋塞阀，以便吹

235

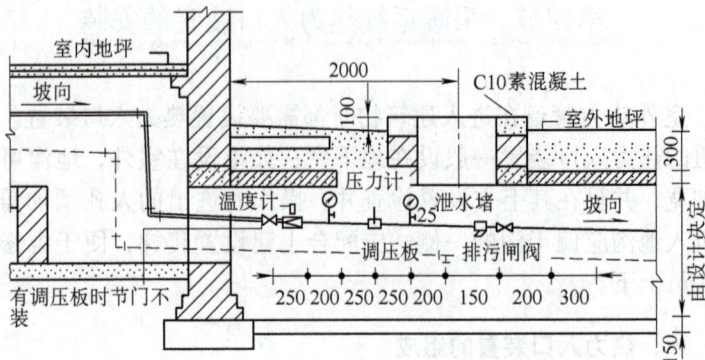

图 5-15　热力系统入口装置的示意图

洗管路和更换压力表。压力表应垂直安装，安装高度为 2.5m 以下。②压力表应安装有表弯，表弯用钢管时，其内径不小于 10mm。③压力表安装完后应在表盘上或表壳上划出明显的标志，标出最高工作压力。

（2）温度计安装　将直形内标式温度计安装在热力入口装置的水平管上。温度计安装时，其螺纹部分应涂白铅油，密封垫应涂机油石墨。温度计的标尺应朝便于观察的方向，底部应加入导热性能良好、不易发挥的机油，并且将感温包插至管中心。

（3）调压板安装　调压板安装时夹在两片法兰的中间，两侧加石棉橡胶垫片。减压孔板只允许在整个采暖系统经过冲洗干净后再进行安装。调压板采用的材料是不锈钢。调压板的安装与尺寸要求应符合规定。详见本套教材《中级管工》内容要求。

（4）阀门安装　排污闸阀采用法兰连接，其开关手柄应朝向外侧，以保证操作方便。

（5）除污器安装　除污器一般设置在热水采暖系统的入口供水总管上，锅炉循环水泵吸入口前以及调压装置前或其他小孔阀前。除污器从构造上可分为直通式（立式）除污器、卧式除污器。由简体、过滤网、排气管及阀门、排污管或丝堵组成。其过滤网、立式除污器采用的是 $\phi 4mm$ 的花管，卧式除污器采用的是 32 号 × 18 目

（1mm）镀锌、铁丝网。除污器的安装步骤是：①除污器装置在组装前应找准进出口方向，不得安反。②除污器装置上的型钢支架，必须避开排污口，并配合土建在排污口的下方设置排水坑。③除污器安装时，管道为焊接，阀门为法兰联接，应按相应工艺标准进行操作。④立式除污器顶部应设置排气阀，底部排污阀应用旋塞或闸阀。

第五节　常用测量仪表的安装

一、弹簧式压力表的安装

压力可以用绝对压力或相对压力来表示。表压通常是指相对压力，等于其绝对压力加大气压力。常用的压力仪表有弹簧式压力表和 U 形管压力计。

初级管工应掌握弹簧式压力表的使用和安装。

1. 弹簧式压力表的构造及原理

弹簧式压力表多用在水暖管道上，它可以直接反应指示出压力容器或管道的压力，是保证压力容器安全运行的重要仪表。弹簧式压力表主要由表盘、弹簧管、指针、齿轮、连杆等组成，如图 5-16 所示。

弹簧式压力表的工作原理是：当压力介质进入弹簧管内时，弹簧管内受压并产生膨胀。因弹簧管的一端已固定，而另一自由端 9 即向外伸展，端头通过连杆 3 带动扇形齿轮 4 和中心齿轮 5 转动，并带动指针 6 旋转，使表盘上的指针由无压时的零点位转到 A 点，表

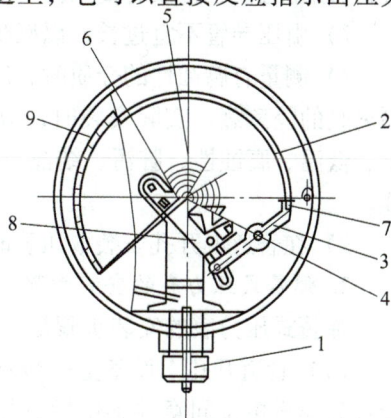

图 5-16　弹簧管式压力表结构示意图

1—固定端　2—弹簧管　3—连杆
4—扇形齿轮　5—中心齿轮
6—指针　7—刻度盘
8—扇形齿轮轴　9—自由端

盘上标定有压力值的刻度，表盘上 A 点指示的压力值即为介质的相对压力。

2. 弹簧式压力表的安装要求

弹簧管压力表的安装要求如下：

1）弹簧管压力表应经过校验，并带有铅封方可允许安装，无铅封者不能安装。

2）安装位置应便于观察、维护，并力求避免振动和高温的影响。不应安装在三通、弯头、异径管等附近，以免产生过大的误差。

3）压力表应垂直安装在直管段上，当安装位置较高时，压力表可以向前倾斜30°。

4）压力表与管道或设备连接处的内壁应保持平齐，不应有凸出物或毛刺，以保证能准确地测量静压力。

5）压力表在与管道或设备连接时，应装表弯管、三通旋塞及控制阀。安装在水平管段上的压力表，应选用圆形表弯；安装在垂直管上的压力表，宜选用 U 形表弯，以起缓冲作用。

6）从取压口到压力表之间还应装设切断阀门（尽量靠近取压口），以备检修压力表时使用。

7）引压导管不宜过长，以减少压力指示的迟缓。

8）测量有腐蚀性的介质时，应加装充有中性介质的隔离罐或带隔离膜的隔离罐。实际安装时，应针对被测介质的不同性质，如高温、低温、腐蚀性、脏污、结晶、沉淀、黏稠等采取相应的保护措施。

9）在管道上开孔安装取压管时，须在试压和吹洗前进行。

3. 弹簧式压力表的安装步骤 　要掌握重点内容。

弹簧式压力表的安装步骤是：

（1）管道开孔　设备上一般不允许随意开孔。不得已时，应在设计和建设单位同意并签字后方能开孔。在管道上开孔安装压力表时，应采用钻头钻孔或用气割开孔，气割后必须去掉毛刺熔渣，并锉光和清理。

（2）加工换扣接头　由于表接头螺纹通常与管螺纹不一致，安装表接头时，须先另配制换扣接头，换扣接头可按如图 5-17 进行加工。并将换扣接头安装在所开孔位置上。

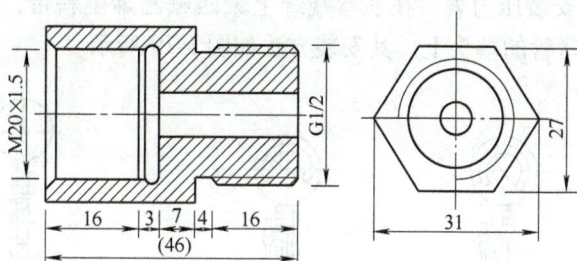

图 5-17　压力表的换扣接头

（3）安装表弯管及三通旋塞。

1）加工及安装表弯管　为了避免压力表直接与被测介质接触而损坏，应在压力表与管道的连接管上设置表弯管。表弯管可由市场采购或自行煨弯。以圆形表弯管为例，用无缝钢管煨制圆形表弯管，弯曲前应选稍小于圆环弯内圆的钢管改胎具，并将其固定于台钳上，用气焊加热弯曲管段，先煨圆环至如图 5-18a 所示位置，浇水冷却后，再煨弯立管弯，如图 5-18b 所示。表弯两端按有关规定套螺纹。

239

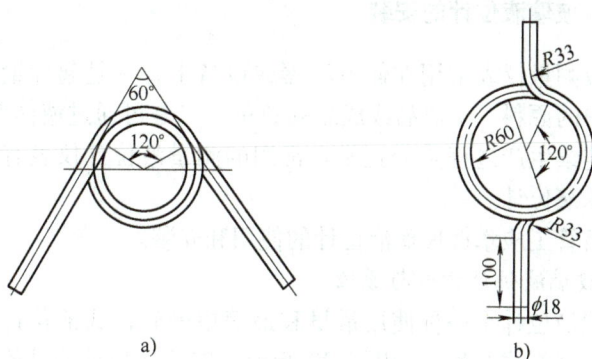

图 5-18　表弯管的加工示意图

a）环弯的弯曲　b）圆形表弯管

2）旋塞及控制阀　在压力表与表弯管间安装三通旋塞，以便于管道冲洗，零点校正及压力表校正。在取压口到压力计之间，应装设控制阀门，以备检修压力表时使用。

（4）安装压力表　在表弯端缠上聚四氟乙烯生料带，将压力表安装在表弯管的端头上。其安装方法如图 5-19 所示。

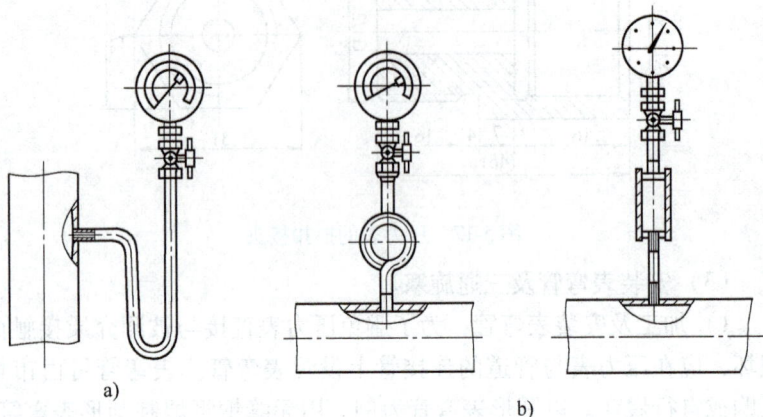

图 5-19　压力表安装图

a）压力表在垂直管上安装　b）压力表在水平管上安装

240

二、玻璃液位计的安装

液位测量仪表常用在储液容器或设备上，一是起计量作用，反映储罐中的原料、半成品或成品的数量；二是可通过液体变化情况，来反映连续生产过程是否正常。常用的测量液位计仪表有玻璃液位计和浮球液位计。

初级管工应掌握玻璃液位计的使用和安装。

1. 玻璃液位计构造与原理

玻璃液位计是一种使用最早和最简单的直读式液位计，有玻璃管式和玻璃板式两种，如图 5-20 所示。玻璃液位计的结构简单，工作可靠，无可动部件，价格低廉，但玻璃管液位计易损坏。大都用于敞口式密闭容器内液位的直接指示，不宜用于黏稠及深色介质的液位测量。

玻璃管液位计的测量范围为：液位 0～1.4m，介质温度≤100℃，工作压力≤1.6MPa。玻璃板液位计的测量范围为：液位 0～

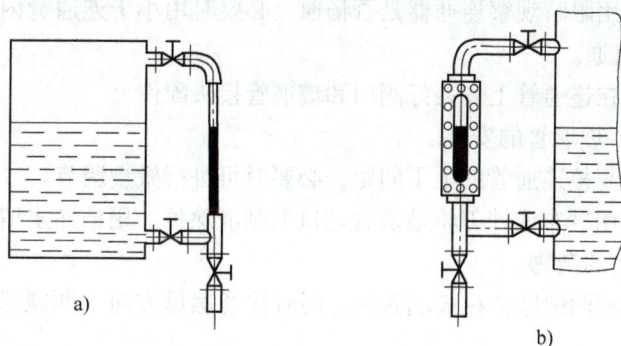

图 5-20 玻璃液位计示意图

a）玻璃管液位计 b）玻璃板液位计

1.7m，介质温度为 -40～250℃，工作压力≤4.0MPa，玻璃液位计是根据连通器的原理来实现的。

2. 玻璃液位计安装要求

1）玻璃液位计必须垂直安装，并应安装在便于观察和检修的地方。

2）玻璃管垫料为生料带或油浸石棉绳，用压环压紧，并用锁紧螺母锁住。

3）玻璃液面计上应设有排液阀门和接到地面的排液管。玻璃液位计各接头处不得渗漏。

4）玻璃液位计应有防护罩，以免玻璃管爆裂时伤人。

3. 玻璃液位计的安装步骤

（1）检查和准备 检查液位计所处位置环境是否满足液位计安装要求，检查玻璃管长度及规格是否和设计要求相符。石棉绳用油浸好。

（2）连通管的安装。

1）根据设计位置和玻璃管长度，在容器上画出上下连通管的开孔线，两孔中心应在一条垂直线上。

2）用气焊在容器上开孔。开孔时，其中一孔开出后，再复核一次另一孔的位置，确认无误后再开另一孔。

3）将连通管插入容器中焊接。连接管要有一定的长度，容器外侧一端要留有螺纹接口。插入深度不要过长，一般与容器内壁面相平即可。

4）用眼睛观察连通器是否畅通。必要时用小于连通管内径的硬物进行疏通。

5）在连通管上安装好阀门和玻璃管接头配件。

（3）玻璃管的安装。

1）复核连通管的上下间距，必要时可进行微量调节。

2）用砂布或锉刀将玻璃管端口毛刺清除掉。用洁净水清洗净玻璃管内壁的杂物。

3）将两螺母套在玻璃管上，同时注意螺母方向（两螺母方向相反）。

4）将玻璃管放在水表架上并调整好后，在上下接头中填入油浸石棉绳（或橡胶圈），用压环压紧。

5）锁紧螺母。如用扳手拧紧锁紧螺母，则不可用力太大，以免损坏玻璃管。

（4）水位计冲洗。

1）水位计的放水旋塞置于适当位置，开启旋塞放水，因汽水连通管的旋塞已处于开启位置，即可同时冲洗汽、水连通管及玻璃管。

2）冲洗完毕，先关闭水旋塞，再单独冲洗汽连通管与玻璃管。

3）打开进水旋塞，再次同时冲洗汽、水连通管和玻璃管。

4）关闭汽旋塞，再单独冲洗水旋塞、连管和玻管。

5）打开汽旋塞，关闭放水旋塞，水位计冲洗完毕后旋塞恢复到原来的位置。

第六节　常用管道阀门及测量仪表的安装技能训练实例

● 训练1　常用阀门的检查与安装

（一）阀门安装前的检查

1）仔细检查核对阀门型号、规格是否符合设计图样要求。

2）检查阀杆和阀瓣开启是否灵活，有无卡住和歪斜现象。

3）清除通口封盖，检查密封程度，阀瓣必须关闭严密。重要工程要做强度试验和严密性试验。

4）检查阀门有无损坏，螺纹式阀门的螺纹是否端正和完整无缺。

5）检查阀门垫料、填料及紧固零件（螺栓）是否适合于工作介质性质的要求。

6）阀门安装前对陈旧的或搁置较久的减压阀应拆卸。阀上的灰尘、砂粒等杂物须用水清洗干净。

（二）阀门安装的一般规定

1）阀门安装的位置不应妨碍设备、管道及阀体本身的操作、拆装和检修，同时要考虑到组装外形的美观。

2）立管上的阀门，在工艺允许的前提下，阀门手轮以齐胸高最适宜操作，一般以距地面 1～1.2m 为宜，且阀杆必须顺着操作者方向安装。

3）水平管道上的阀门，阀杆宜朝上安装或向左、右呈 45°斜装，或水平安装，不得向下安装。

4）并排立管上的阀门，其中心线标高最好一致，且手轮之间的净距不小于 100mm。为缩小管道间距，同一平面内平行管道上的阀门，应错开布置。

5）在水泵、换热器等设备上安装较重的阀门时，应设阀门架。在操作较多且又必须安装在距操作面 1.8m 以上的阀门时，应设置固定的操作平台。

6）一般阀门的阀体上都有箭头标志，箭头所指即为介质流动方向。安装阀门时，必须注意使箭头指向与管道介质流向相同，减压阀、单向阀、溢流阀、疏水阀、节流阀等均不得反装。

7）卧式升降单向阀只能安装在水平管路上。安装旋启式单向阀时，摇板旋转枢轴要保证水平。

8）浮筒式、热动力式疏水阀，要直立安装。

9）减压阀要直立地安装在水平管道上，不得倾斜。为了开启和检修方便，介质应由下而上通过阀盘。

10）闸阀（明杆阀门）不应安装在地下，以防阀杆锈蚀。

11）落地阀门手轮应朝上安装，且不得歪斜。为避免仰脸操作，所有阀门手轮均不得向下安装。

12）安装法兰式阀门时，应保证两法兰端面相互平行和同心，并不得使用双垫。

13）在管路上安装螺纹阀门时，为便于拆卸，要在阀门附近处安装活接头。

14）根据通过的介质、工作压力、工作温度和用途的不同，采用不同的填料或垫圈。

（三）阀门安装注意事项

1）阀门的阀体材料多用铸铁制作，性脆，故不得受重物撞击。

2）搬运阀门时，不允许随手抛掷。

3）吊运、吊装阀门时，绳索应拴在阀体与阀盖的连接法兰处，严禁拴在手轮或阀杆上。

4）阀门应安装在操作、维护和检修最方便的地方。

5）注意阀体上的箭头与介质的流向一致，截止阀、单向阀等不得装反。

6）安装螺纹阀门时，应保证螺纹完整无损，并在螺纹上缠麻丝，涂上厚漆或缠上四氟乙烯生料带。注意不要把麻丝挤到阀门里面去。螺纹旋转时，需用扳手卡住拧入管子一端的六角阀体，以保证阀体不变形或胀裂。

7）安装法兰阀门时，注意沿对角线方向拧紧联接螺栓，拧紧时用力要均匀，以防垫片跑偏或引起阀体变形与损坏。

8）阀门在安装时应保持关闭状态。

● 训练2　常用阀件的压力试验

阀件主要进行两种试验，一种是强度试验，另一种是严密性试验。

（一）阀件试验的一般规定

1）阀件在安装前应进行外观检查。

2）低压阀门应从每批（同制造厂、同规格、同型号、同时到货）中抽查10%，且至少抽查一个进行强度和严密性试验，若有不合格者再抽查20%，如再不合格则需逐个检查。

3）高、中压和输送有毒及易燃、易爆物质的阀门，均应逐个进行强度和严密性试验。

4）阀门的强度和严密性试验应用洁净水进行，工作介质为轻质油产品或温度高于120℃的石油、蒸馏产品的阀门，应用煤油进行严密性试验。

（二）**阀件的强度试验**

1）公称压力不大于32MPa的阀门，其试验压力为公称压力的1.5倍。

2）试验时间不少于5min，阀门壳体、填料无渗漏为合格。

3）试验时，首先注水，在注水的同时应排净阀体内的空气。然后用手压泵或试压泵进行加压，加压应缓慢进行，压力逐渐升至试验压力，不能急剧升压。在规定的持续时间内，压力保持不变、无渗漏现象发生则为合格件。

试验单向阀时，压力应当从进口一端引入，出口一端堵塞。试验闸阀、截止阀时，闸板或阀瓣应打开，压力从通路一端引入，另一端堵塞。试验带有旁通的阀件时，旁通阀也应打开。试验直通旋塞阀时，将塞子调整到全开位置，压力从通路的一端引入，另一端堵塞。对于三通旋塞阀，则应把塞子轮流调整到全开的各个工作位置进行试验。

（三）**阀件的严密性试验**

1）试验闸阀时，应保持闸阀体腔内的压力和通路一段压力相等。试验方法是将闸板关闭，介质从通路一端引入，在另一端检查其严密性。在压力逐渐消除后，再从通路的另一端引入试验介质，重复进行上述试验。或者在体腔内保持压力，从通路两端进行检查。

2）试验截止阀时，其阀杆应处于水平位置，将阀瓣关闭，试验介质按阀体上箭头指示的方向供给，在另一端检查其严密性。

3）单向阀在试验时，压力应从介质的出口通路一端引入，从另一端通路进行检查。

4）直通旋塞阀试验时，应将旋塞调整到全关闭位置，压力从一个通路引入，从另一端通路进行检查，然后将塞子旋转180°重复进行试验。

245

5）三通旋塞阀在试验时，应将其塞子轮流调整到关闭位置，从塞子关闭的一端通路进行检查。

6）节流阀不作严密性试验。

7）对阀体和阀盖的连接部分及填料部分的严密性试验，应在关闭件开启、通路封闭的情况下进行。

复习思考题

1. 阀门型号由哪几个单元组成？各代表什么？
2. 面对阀门实物，怎样来判断阀门的规格及性能？
3. 写出型号为 Z41W—16 和 J11T—16 两种阀门的名称及各种性能。
4. 阀门有哪些种类？
5. 常用阀门有哪些？各有何作用？
6. 闸阀、截止阀、单向阀的工作原理是什么？
7. 减压阀的工作原理是什么？选用减压阀时要注意些什么？
8. 减压阀安装要求有哪些？
9. 弹簧式减压阀如何调试定压？
10. 疏水阀主要有哪几种？性能特点如何？
11. 疏水阀主要安装在哪个系统，其作用是什么？
12. 疏水器如何安装？在阀组中是否一定要有旁通管？
13. 试绘出疏水器组装图，并说明各配管作用是什么。
14. 热力入口装置由哪些部分组成？
15. 简述弹簧式压力表的构造。
16. 弹簧管压力表的安装要求有哪些？
17. 表弯管和三通旋塞的作用是什么？
18. 玻璃式水位计安装程序是什么？

第六章

管道试压与防腐技术

培训学习目标 了解管道系统压力试验的目的和要求；掌握室内给水管道系统的压力试验、室内排水管道系统的灌水试验和采暖系统的试压和冲洗；掌握管道防腐的方法和技能。

第一节 室内给水管道系统的水压试验与冲洗

《建筑给水排水及采暖工程施工质量验收规范》（GB 50242—2002）中规定：阀门安装前，水暖管道安装结束后，应作强度和严密性试验。各种承压管道系统和设备应做水压试验，非承压管道系统和设备应做灌水试验。对有要求的管道系统还需进行清洗及消毒。

管道的水压试验包括管制品试压和管道系统试压两方面内容。前者是检查管制品本身的抗压强度和严密性，通常以相应管制品公称压力的倍数或者管道级别及管径对应的规定值作为试验压力值；后者主要检查各种管制品采用各种不同的连接方式组成一个系统后，其各种不同接口的抗压强度和严密性，试验压力值一般以系统设计压力（即系统工作压力）的倍数取值。

管道初级工只要掌握管道系统的水压试验即可。

一、试压前的准备

室内给水系统包括：室内生活用水、消防用水以及生活（生产）

与消防合用系统。

1) 试压前将试压用的管材、管件、阀件、压力表及试压泵等材料、机具准备好,并找好试压用水源(自来水)。压力表必须经过校验,其精度不得低于 1.5 级,且应具有良好的铅封。

2) 试压前应先将室内给水引入管外侧管端用堵板堵严,室内各配水设备一律不得安装,并将敞开管口堵严,在试压管道系统的最高点处设置排气阀,管路中各阀门均应打开。

3) 参加试压的人员要按岗分工,明确责任,熟悉试压分区或分段的划分范围,掌握试验压力标准:各种材质的给水管道试验压力均为工作压力的 1.5 倍,但不得小于 0.6MPa。

4) 连接临时试压管路及安装附件、试压泵,如图 6-1 所示。

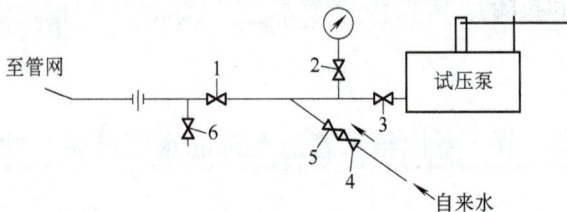

图 6-1　水压试验基本装置
1—进水阀门　2—压力表阀　3—试压泵出水阀
4—单向阀　5—补水阀　6—泄水阀

5) 最后对全系统进行全面检查,确认无敞口管头及遗漏项目后,即可向管路系统注水进行试压。

二、水压试验　　应掌握管道系统的水压试验方法。

室内给水管道系统根据工程不同,可先分段试验,后全系统试验,也可全系统只进行一次水压试验。具体操作步骤如下:

1. 注水

打开阀门如图 6-1 所示中的 1、2、5 阀门,自来水可不经过泵直接向系统进水,将管网中最高处配水点的阀门打开,以便排尽管中空气,待出水时关闭。待一段时间后,继续向系统内灌水,排气阀出水无气泡,则表明管道系统已注满水,可关闭排气阀。

2. 升压及强度试验

当管网中的压力表压力和自来水压力相同时，关闭阀 5，开启阀 3，起动试压泵使系统内的水压逐渐升高，先缓缓升至工作压力，停泵检查各类管道接口、管道与设备连接处，当阀门及附件、各部位无渗漏、无破裂时，可分 2~4 次将压力升至试验压力。待管道升至试验压力后，关闭阀 3，停泵并稳压 10min，对金属管及复合管而言，压力降不大于 0.02MPa，塑料管在试验压力下稳压 1h，压力降不大于 0.05MPa，表明管道系统强度试验合格。

3. 降压及严密性试验

强度试验合格后，将压力降至工作压力，在稳压条件下进行严密性试验，此时全系统的各部位仍无渗漏、裂纹，则表明系统的严密性合格。

在检验过程中如发现管道接口处渗漏，应及时作记号，泄压后进行修理，再重新试压，直至合格为止。只有强度试验和严密性试验均合格时，水压试验才算合格。

经建设单位、施工单位检查验收后将工作压力逐渐降至零。管道系统试压完毕。

4. 填写管道系统试压记录

试压合格后，如实填写"管道系统试验记录"（见表 6-1），严禁弄虚作假，将试压记录存入工程档案。并及时将系统的水泄空，防止积水冻结损害管道。

249

表 6-1　管道系统试验记录

单位工程名称 _____　　　　　　No _____

分部分项工程名称 _____　　　　　年　　月　　日

管线号	材质	设计参数			强度试验			严密性试验			其他试验	
		介质	压力	温度	介质	压力	鉴定	介质	压力	鉴定	名称	鉴定

（续）

管线号	材质	设计参数			强度试验			严密性试验			其他试验	
		介质	压力	温度	介质	压力	鉴定	介质	压力	鉴定	名称	鉴定

施工单位：_____　　部门负责人：_____　　技术负责人：_____

质量检查员：_____　　试验人员或班组长：_____

建设单位：_____　　部门负责人：_____　　质量检查员：_____

三、管道的冲洗、消毒

室内给水管道系统在交付使用前，必须用合格的饮用水加压冲洗，饮用水管道应用含氯水进行消毒，并经有关部门取样检验水质符合饮用水标准，方可使用。作为给水管道施工人员必须严肃认真进行给水管道水压试验、冲洗及消毒。具体操作步骤如下：

1）冲洗前将管道系统内孔板、滤网、水表等全部拆除，待冲洗后复位。用法兰短管临时接通管路。

2）从引入管控制阀前接上临时水源，关闭支立管上的阀门，只开启底层主干管上的阀门。

3）起动增压泵临时供给冲洗水，由专人观察出水口处水色变化，出口水色和透明度与入口处目测水色一致为合格。

4）底层主干管冲洗合格后，再依次吹洗干、立、支管，直至全系统冲洗完毕为止。

5）如实填写冲洗记录存入技术档案，将拆下的仪表部件复位。

6）在冲洗完毕使用前，应用每升水中含 20~30mg 的游离氯的氯水灌满管道进行消毒，含氯水在管中应留量24h。消毒以后再用饮用水冲洗，并经有关部门取样化验合格，方可交付验收使用。

第二节　室内排水管道系统的灌水试验

室内排水管道为非承压管道，为了防止排水管道堵塞和渗漏，确保建筑物的使用功能，室内排水管道应进行灌水试验，以检验管道、管件接口的严密性。

一、灌水试验的注意事项

1）应严格控制灌水高度和灌水时间，灌水高度不低于本层地面，灌水时间为15min后，二次补灌满水，待5min后液面不下降即为合格。

2）胶囊使用注意事项：胶囊存放时间过长时，应擦上滑石粉，放在阴凉干燥处保存。胶囊在管子内要躲开接管处，当胶囊托水高度在3m以内，如发现封堵不严漏水严重时，可放气调整胶囊所在位置。当胶囊托水高度达4m以上，可采用串联胶囊。检漏完毕，应将气放尽取出胶囊。

3）灌水试验必须及时，严禁在管道全部暴露下进行。排水管道未作灌水试验者不得隐蔽，并严禁进行下一道工序的操作。

4）排水主立管及水平干管管道均应做通球试验，通球半径不小于排水管道管径的2/3，通球率必须达到100%。

5）灌水和通球试验合格并验收后，应立即对管道进行防腐、防露等处理，管道应及时隐蔽。

6）参加检查的施工、质检、建设单位的有关人员中，如有一方缺员，不得进行灌水试验。灌水试验合格后，应由专人及时认真填写好灌水试验记录，技术部门应定期检查施工资料。

二、灌水试验

要掌握排水管道的灌水试验。

灌水试验的具体操作步骤如下：

（一）试漏前准备

1. 封闭排出管口

通向检查井的排出管管口，放入大于或等于管径的橡胶胆堵充气堵严。地下管道及底层立管可从立管检查口放入橡胶胆堵，并将上部管道堵严。各层地面以下的排水管口，用短管临时接至地面以上。地下管道甩出和横管末端甩出的清扫口，应加盖封闭。

2. 临时管路连接及胶囊封堵

将胶球、胶囊按图6-2所示组装后，对工具进行试漏检查，将胶囊放在盛满水的水盆中，用打气筒给胶囊充气，边充气、边检查胶囊、胶管接口处是否漏气。

灌水高度高于大便器上沿5mm，观察30min，无渗漏为合格。

打开检查口，先用钢卷尺在管外测量从检查口至被检查水平管的距离加斜三通以下50cm左右，记住这个尺寸，并量出从胶囊位置到胶管的长度，在胶管上作一记号，以便控制胶囊进入管内的位置，将胶囊由检查口慢慢送至测出的总长度的位置。然后向胶囊充气，并观察压力表值上升至0.07MPa为止，最高不超过0.12MPa。

（二）管道内灌水试验

1）用胶管从检查口向管道内灌水，边灌水边观察卫生器具的水位，直到符合要求的水位为止。

图6-2　室内排水管灌水试验
1—检查口　2—胶管
3—压力表　4—打气筒　5—胶囊

2）灌水高度及水面位置控制：①大小便冲洗池、水泥拖布池、水泥盥洗池，灌水量不少于槽（池）深的1/2。②水泥洗涤池不少于池深的2/3。③坐、蹲式大便器的水箱、大便槽冲洗水箱灌水量放至控制水位。④盥洗面盆类、洗涤盆、浴盆灌水量放水至溢水处。⑤蹲式大便器灌水量到水面高于大便器边沿5mm处。⑥地漏漏水至水面距地表面5mm以上，地漏边缘不得渗水。

3）灌水试漏时自始至终，应设专人检查监视容易跑水的部位，如排出管口、地下扫除口等处。若发现封堵不严或胶囊封堵不严造

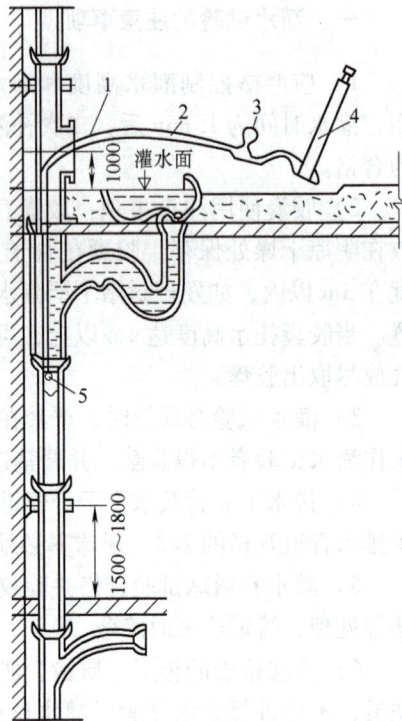

成管道漏水现象时，应立即停止向管道内灌水，并及时进行修复。待管口封堵、胶囊封闭严实及管道修复后，再重新开始做灌水试验。停止灌水后，应记录水面位置和停灌时间。

4）二次补灌及检查验收停灌 15min 后，在没有发现管道及接口渗漏的情况下，进行二次补灌满水，使管内水面上升至停止灌水时的水面位置，再次记录停灌时间。等 15min 后，施工人员、质检人员及建设单位有关人员，应共同检查管道内水位情况，若水面位置下降，则认为灌水试验不合格，施工人员应对管道及接口、堵口进行全面细致的检查、修复，重新按上述方法进行灌水试验，直至合格。若水面位置没有下降，则可认为灌水试验合格，应立即填写好排水管道灌水试验记录，有关检查人员签字盖章。

5）临时管路拆除。灌水试验合格后，将管道内的积水从室外排水口排空放净，并把临时试验接管全部拆除，各管口恢复标高。拆除管线时严禁污物落入管道内。

6）通球试验。为了防止铁丝、砂浆、钢筋、水泥及其他杂物卡在管道内，使管道过水断面缩小，排水管道灌水试验合格后，应做通球试验。

胶球按管道直径配用，胶球直径选用见表 6-2。

表 6-2　通球试验胶球直径的选择　　（单位：mm）

管径	150	100	75
胶球直径	100	70	50

通球试验顺序自上而下进行，在管内注入一定水量，将胶球从排水立管顶部投入，若胶球能顺利流出即认为通球试验合格。若通球过程遇到堵塞，未能流出，则认为通球试验不合格，应检查堵塞位置，及时疏通，直至通球畅通无阻为宜。通球完毕，填写通球试验记录。

第三节　室内采暖管道系统的试压、冲洗

室内采暖系统全部安装后，应进行管道系统试压，以保证其强度及严密性。管道在投产使用前，应对管道进行全面的清洗或吹扫，

以便将管道内的灰尘、砂及焊渣等杂物吹洗干净。室内采暖系统的试压，应根据建筑物的高度及系统的大小，采用全系统整体试压或分段分区试压。不管采用那种方式试压，系统低点的压力均应注意不能大于散热器所能承受的最大试验压力。

初级管工应掌握室内采暖系统中热水供应系统试压：管道保温之前试压，试验压力应符合设计要求，当设计未注明时，试验压力应为系统顶点工作压力加 0.1MPa，且顶点试验压力不应小于0.3MPa。

一、试压前的准备

1）检查管路、设备、阀件、固定支架、套管，安装必须正确。对系统每一连接处不得漏检。

2）校核试压用压力表的准确度。严禁使用失灵或不准确的压力表。

3）检查系统阀门的启闭状态，水压试验系统中阀门应全部关闭，待试压中需要时再打开。

4）试验管段与非试验管段的连接处应用法兰盲板隔断。

5）连接试压管路如图 6-1 所示。一般在系统进户入口供水管的甩头处与试压管路连接。在试压管路的试压泵端和系统的末端安装压力表及表弯管、旋塞。

二、系统试压

> 掌握采暖系统的试压方法。

1. 系统注水

开启试压管路中的阀门及排气阀，开始向采暖系统注水，待水灌满后，关闭排气阀和进水阀，停止注水。

2. 系统加压

开启试压泵的阀门，拧开压力表上的旋塞阀，通过试压泵向系统加压，并观察压力逐渐升高的情况，一般分 2～3 次升至试验压力。每加压一定数值时，应停下来对管道进行全面检查，无渗漏无变形等异常现象，方可继续加压。在试压过程中，若发现管道系统出现破裂变形等异常情况，应立即停止试压，并迅速放尽管道内的水，采取补救措施。

3. 试压检查

待管道升至试验压力后，停压时间为10min，然后将压力降至工作压力，进行全面检查：钢管或复合管在试验压力下稳压10min，压力降不大于0.02MPa；再降至工作压力检查，压力不降，且不渗不漏为合格。塑料管在试验压力下稳压1h，压力降不超过0.05MPa，降至1.15倍工作压力下稳压2h，压力降不超过0.03MPa，连接处不渗不漏为合格。对渗漏部分应及时作记号，待修复后按上述方法重新进行试压。

4. 填写记录

试压合格后，由专人及时填写管道试压记录。

室内采暖管道系统水压试验合格后，应对系统进行冲洗并清扫过滤器及除污器。系统冲洗完毕应充水、加热，进行试运行和调试（高级工要求），全部合格后才能使用。

三、系统水冲洗

1. 冲洗前准备

管道冲洗应按系统分段进行。首先应拆除不允许吹洗的管件，如孔板、调节阀心、过滤器、温度计和单向阀心等，用临时短管代替，并将拆下的管件妥善保管，待吹洗合格重新安装。其次对不允许吹洗的设备及管道应用法兰盲板隔开。

2. 供水干管、总立管的冲洗

先从供水干管的末端引入自来水，再将供水总立管入口处接往排水管道。打开排水口的闸阀和自来水管进口的闸阀，开始进行反复冲洗，冲洗水的排放管应接至可靠的排水井或排水沟里，以保证排泄畅通和安全。冲洗结束后，先关闭自来水进口闸阀，后关闭排水口闸阀。

3. 回水干管及分支点立管的冲洗

将上述排水出口连通管改接至回水管总出口外，自来水连通管则不变。将供水总立管上各个分环路的阀门一律关闭。先打开排水口的总阀门，再打开靠近供水总立管边的第一个立支管上的全部阀门，最后打开自来水入口处阀门，进行第一分支管的冲洗。冲洗结束时，先关闭进水口阀门，再关闭第一分支管上的阀门。按此顺序分别对第二、三……各环路上各根立支管及回水管进行冲洗。

4. 检查及循环清洗

当排入下水道的冲洗水，其水色和透明度与入口处相同，且无籽状物时，可认为冲洗合格。然后再以流速 1～1.5m/s 进行全系统循环清洗，连续循环 20h 以上，待排出口的循环水色透明即为合格。

5. 仪表、阀件复位

冲洗合格后，将临时短管拆除归库，妥善保管，以备再用。把拆除的仪表、阀件按相应工艺标准安装复位。

6. 填写记录

最后由专业人员及时填写管道冲洗记录。

第四节　管道的防腐施工

在工业与民用建筑中，大多数设备及管道安装完毕后均暴露在空气中或埋在土壤中。此时，这些设备或管道的金属表面会受空气中的水分、氧以及酸、碱、盐等的腐蚀，使金属管道外表和内壁不断地被腐蚀损坏，致使管壁逐渐减薄，严重的会发生穿孔漏泄，缩短使用年限，所以，管道安装完毕后，一般均要采用涂漆（刷漆）防腐措施。在金属管道外表面以涂料作防腐层是一种常用的重要防腐措施。

防腐涂料经过干燥固化而形成的涂膜不透气、不透水，牢固地结合在金属表面上，由于涂膜紧密无孔能把金属表面同外界严密隔绝，并且有一定的机械强度和弹性，从而阻止金属与外界介质进行反应，有效地防止金属的腐蚀。

一、涂料的组成

有机涂料简称涂料，俗称"油漆"，主要由液体、固体和辅助材料三部分组成。液体材料有成膜物质、稀释剂（溶剂），固体材料有颜料、体质料（填料），辅助材料有固化剂，增韧剂、催干剂、防潮剂和脱漆剂等组成。

成膜物质：也称为粘结剂、固着剂或漆料。它是经过加工的油料或树脂在溶剂中的溶液，能将颜料和体质颜料粘接在一起，形成牢固的附着到物体表面上的涂膜。常用的成膜物质有天然树脂、酚醛树脂、环氧树脂、过氯乙烯树脂、沥青和干性植物油等。

稀释剂（溶剂）：也称为稀料，是挥发性的液体，能溶解和稀释涂料，用以调节涂料的粘度以便于喷涂施工。常用的稀释剂（溶剂）有汽油、松节油、甲苯、丙酮、乙醇等。使用时应根据涂料的不同性质选择相应的稀释剂，否则会影响涂漆的效果和质量。

颜料：是一种微细粉末状有色物质，能使涂膜有一定的遮盖力和着色力。常用的颜料有铬黄、锌铬黄、铁红、锌钡白、钛白、红丹、铝粉、铜粉等。

填料：用来提高涂膜的机械强度、耐腐蚀性、耐热性和降低线胀系数等。常用的填料有硫酸钡、碳酸钙、滑石粉、高岭土、石英粉、瓷粉和石粉等。

此外，固化剂能促进涂膜的固化；增韧剂能增加涂膜的韧性和强性，改善涂膜的脆性；催干剂能加快涂膜的干燥时间，改善涂膜的性能。

二、常用的涂料及选用

257

按涂料（油漆）的作用划分，可分为底漆和面漆。底漆直接涂在金属表面作打底用，要求具有附着力强、防水和防锈性能良好的特点；面漆是涂在底漆上的涂层，要求具有耐光性、耐候性和覆盖性能特点，从而延长管道的使用寿命。

为了使面漆层更具有耐蚀性，往往在面漆上再涂 1~2 道清漆。清漆是不加入颜料和填料的液体涂料，呈浅黄褐色透明液状，既可单独涂刷，也是配制各种颜色涂料的基本液体漆料。常用的清漆有脂酸清漆、酚醛清漆和醇酸清漆三种。

涂料的品种繁多，性能和特点也各不相同，根据使用条件不同正确选择涂料，对保证防腐层的质量是十分重要的。选用时应考虑如下因素：

1）管道的使用条件（如腐蚀性介质的种类、温度和浓度等）应与涂料的适用范围一致，例如酸性介质宜选用酚醛清漆，碱性介质宜选用环氧树脂漆。

2）根据不同的管材选用不同的涂料，例如铝管表面不宜采用红丹防锈漆，而必须采用锌黄防锈漆。

3）考虑施工条件的可能性，例如缺乏高温烘干条件时，就不宜采用烘干型漆，而应采用自干固化型漆。

4）考虑经济效益，选择涂料时应选成本低而质量好的涂料。

5）各种涂料应正确配用，这样既可发挥某些涂料的优点，又可弥补另一种涂料的缺点。在配合中应注意底漆与面漆之间有一定的附着力且无不良作用，涂层与涂层之间应有相合性。

6）考虑美观性的装饰作用。涂漆在管道工程中除了有防腐的作用外，还具有装饰作用，并可作为标志。根据管内流动的介质不同，可选择不同颜色、不同质量的面漆。

三、涂漆防腐施工

要掌握涂漆防腐施工。

涂料施工一般应在管道试压合格后进行。

在金属管道及支架的表面一般都有金属氧化物、油污、浮土、浮锈等杂质存在。因此，涂漆施工前应先是对金属表面进行处理，当露出金属本色后再喷刷涂料防腐。

1. 钢管的表面处理

钢管的表面处理分为脱脂、除锈和酸洗三种，施工中应根据设计要求及具体条件来选择合理的处理方法。上面三种表面处理的方法，详见本书第三章有关内容。

2. 涂料的喷刷

涂漆一般采用刷漆、喷漆、浸漆和浇漆等方法，施工现场大多采用涂漆和喷涂两种方法。

涂料使用前，应先搅拌均匀。表面已起皮的涂料，应加以过滤，除去漆皮。然后根据喷涂方法的需要，选择相应的稀释剂将涂料稀释至适宜稠度，调成的涂料应及时使用。

（1）涂漆　就是用刷子将涂料往返地涂刷在管子表面，涂层应均匀，不得漏涂。对于管道安装后不易涂漆的部位，应预先涂漆。

涂漆施工宜在 5～40℃ 的环境温度下进行，并应有防火、防冻、防雨措施。现场涂漆一般应任其自然干燥，多层涂刷的前后间隔时间，应保证涂膜干燥，涂层未经充分干燥，不得进行下一工序施工。

（2）喷涂　就是利用压缩空气为动力，用喷枪将涂料喷成雾状，均匀地喷涂在钢管的表面上。用喷涂法得到的涂层，表面均匀光亮，质量好，耗料少，效率高，适用于大面积的喷涂工作。

喷涂时，操作环境应保持洁净，无风砂、灰尘，温度宜在 15～30℃，涂层厚度以 0.3～0.4mm 为宜。喷涂后，不得有流挂和漏喷现象。涂层干燥后，需用砂布打磨后再喷涂下一层。这样做的目的，是打掉涂层上的粒状物，使涂层平整，并可增加与下一层涂层之间的附着力。为了防止遗漏喷涂，前后两次涂料的颜色配比时可略有区别。

涂层的质量要求是，涂膜附着牢固均匀，颜色一致，无剥落、皱纹、气泡、针孔等缺陷；涂层应完整，无损坏、无漏涂现象。

第五节　管道试压与防腐的技能训练实例

259

● **训练1　给水管道的冲洗与消毒**

（一）管道冲洗的一般规定

热水、给水管道系统在投入使用前，必须用清水进行清洗，以清除管道内的焊渣等杂物。一般管道在压力检验合格后进行清洗。对于管道内杂物较多的管道系统，可在压力试验前进行清洗。

工作介质为液体的管道，一般应进行水冲洗，如不能用水冲洗或不能满足清洁要求时，可用空气进行吹扫，但应采取相应的措施。

如管道分支较多，末端截面积较小时，可将干管上的阀门拆掉

1～2个，分段进行冲洗。如管道分支不多，排水管可从管道末端接出。冲洗时，以系统内可能达到的最大压力和流量进行，直到出口处的水色和透明度与入口处目测一致为合格。

水冲洗的排放管应接入可靠的排水井或沟中，并保证排泄物畅通和安全。排放管的横截面不应小于被冲洗管截面的60%。管道冲洗后应将水排尽。需要时，可用压缩空气吹干或采取其他保护措施。

冲洗用水可根据管道工作介质选用饮用水、工业用水、澄清水或蒸汽冷凝液。如用海水冲洗时，则需用清洁水再次冲洗。奥氏体不锈钢管道不得使用海水或氯离子含量超过25mg/L的水进行冲洗。

管道冲洗时的流量不应小于设计流量或不小于1.5m/s的流速；冲洗应连续进行，当排出口的水色、透明度与入口处目测一致时即可取水化验。

冲洗时间应安排在用水量较小、水压偏高的夜间进行。

清洗前，应将管道系统内的流量孔板、滤网、温度计、调节阀阀心、单向阀阀心等拆除，待清洗合格后再重新装上。

（二）给水管道的冲洗

给水管道水冲洗工序，是竣工验收前的一项重要工作，冲洗前必须认真拟订冲洗方案，做好冲洗设计，以保证冲洗工作顺利进行。

1. 冲洗的一般程序

设计冲洗方案→贯彻冲洗方案→冲洗前检查→开闸冲洗→检查冲洗现场→目测合格关闸→出水水质化验。

2. 冲洗注意事项

1）准备工作。放水冲洗前需与管理单位联系，共同商定放水时间、用水量及取水化验时间等事宜。放水时以放水量大于管道总体积的3倍为宜，且要求水质外观澄清，宜安排在城市用水量较小、管网水压偏高的时间内进行。

2）放水口应有明显标志和栏杆，夜间应加标志灯等安全措施。

3）放水前，应仔细检查放水路线，确保安全、畅通。

4）开闸冲洗放水时，应先开出水闸门，再开来水闸门。

5）注意冲洗管段特别是出水口的工作情况，做好排气工作，并派人监护放水路线，有问题及时处理。支管线亦应放水冲洗。

6）检查沿线有无异常声响、冒水和设备故障等现象，检查放水口水质外观。

7）关闸。放水后应尽量使来水闸门、出水闸门同时关闭，如果做不到，可先关出水闸门，但留一两扣先不关死，待来水闸门关闭后，再将出水闸门全部关闭。

8）取水样化验。冲洗生活饮用水给水管道，放水完毕，管内应存水24h以上再化验。由管理单位进行取水样操作。

9）拆除冲洗设备。冲洗消毒进行完毕，及时拆除临时设施，检查现场，恢复原有设施。

（三）给水管道消毒

生活饮用水的给水管道在放水冲洗后，再浸泡24h，取出管道内水样进行细菌检查。如水质化验达不到要求标准的，应用漂白粉溶液注入管道内浸泡消毒，然后再冲洗，经水质部门检验合格后交付验收。

管道消毒步骤如下。

1. 漂白粉溶液的制备

1）计算漂白粉用量

$$Q = \frac{4}{3} \frac{VA}{B}$$

式中　Q——漂白粉用量（kg）；

　　　V——消毒管段存水体积（m^3）；

　　　A——管道中要求的游离氯含量，即每升水中含游离氯的质量（mg/L）；

　　　B——漂白粉质量分数（纯度）（%），标准纯度为25%。

当管道消毒要求含氯量300mg/L，漂白粉中氯的质量分数为25%，漂白粉的溶解率为75%时，则每100m管道消毒所需的漂白粉用量可参见表6-3。

2）材料、工具：漂白粉、自来水、小盆、大桶以及口罩、手套等劳保防护用品。

261

表 6-3　每 100m 管道消毒所需漂白粉用量

公称直径/mm	100	150	200	250	300	350	400	450	500
用量/kg	0.13	0.28	0.50	0.79	1.13	1.54	2.01	2.55	3.14
公称直径/mm	600	700	800	900	1000	1100	1200	1400	1500
用量/kg	4.53	6.16	8.05	10.18	12.57	15.21	18.10	24.64	28.28

3）溶解：先将硬块漂白粉压碎，在小盆中溶解成糊状，直至残渣不能溶解为止，除去残渣，再用水冲入大桶内搅匀，即可使用。

2. 注入漂白粉

漂白粉的注入方法可采用打泵机或水射器进行注入。打开放水口和进水闸门，应注意根据漂白粉溶液浓度和泵入速度调节闸门开启程度，控制管内流速，以保证水中游离氯含量在40mg/L以上。

3. 关闸

应在放水口放出水的游离氯含量为40mg/L以上时，方可关闸。

4. 泡管消毒

用漂白粉水浸泡24h以上。

5. 换自来水

放净氯水，放入自来水，关闸存水4h。

6. 取水化验

存水过后，取水化验，1L水中大肠菌数不超过3个和1mL水中的细菌总数不超过100个方为合格。符合标准才算消毒完毕。

● **训练 2　管道的涂漆防腐**

涂漆是对管道和设备进行防腐的主要方法，涂漆质量的好坏将直接关系到防腐效果。为保证涂漆质量，管工必须掌握涂装（刷漆）的操作技能并熟悉其注意事项。

（一）**涂漆要求**

1）涂漆操作的环境温度宜在15~35℃，相对湿度在70%以下。

2）涂漆环境中空气必须清洁、无煤烟、灰尘及水气。

3）室外涂漆遇雨、降雾时，应停止操作。

4）涂漆施工应在管道及设备试压合格后进行，未经试压的管道应留出焊缝部位及有关记号。

5）管道、设备安装完毕，凡不易涂漆的部位，应预先涂漆，如散热器靠墙的一侧。

6）涂漆前对被涂漆的管材表面必须清理干净，做到无锈、无油、无酸碱、无水、无灰尘，露出金属本色。铸铁散热器、钢管散热器，涂漆前必须将表面的铁锈、毛刺和内部的砂芯、砂粒等污物清除干净。

7）涂漆的种类、颜色、层数应按设计规定和要求施工。涂漆层数在两层以上时，要等前一层干燥后再涂下一层，每层厚度应均匀。

8）涂漆质量应符合下列要求：涂膜附着牢固，无剥落、皱纹、气泡和针孔等缺陷。

（二）涂漆准备

1）在涂漆前，必须先熟悉涂料的性能、用途、技术条件等，再根据规定正确使用，所用涂料必须有合格证书。

2）涂料不可乱混合，否则会产生不良后果。

3）色漆开桶后必须搅拌才能使用，如不搅拌均匀，对色漆的遮盖力和涂膜性能都有影响。

4）漆中如有粒状物，要用120目（0.125mm）钢丝网过滤后再使用。

5）涂料有单包装，也有多包装。多包装在使用时应按技术规定的比例进行调配。

6）根据选用涂料的要求，采用与涂料配套的稀释剂，调配到合适的粘度才能使用。

（三）涂漆常用刷具

涂漆常用的刷具很多，按形状分有圆形刷、扁形刷和歪脖形刷等几种。在涂漆施工中常以毛刷的软、硬来分类。硬毛刷主要用猪鬃制成，但天然漆刷多用牛尾、马尾或人发制成。软毛刷，常用狼毫、獾毛、绵羊毛和山羊毛等制作，其特点是毛软、刷纹细。

（四）涂料的调配

涂料俗称油漆，用催干剂、稀释剂和干性油进行调配。常用的催干剂有氧化铝、氧化锰及醋酸化合物。调配中，催干剂的添加量

（质量分数）不大于 5%。常用的稀释剂有挥发性强、能溶解各种油类的松节油（又称松香水、香蕉水）和 200 号汽油。干性油又称溶剂，是涂漆中用来粘接各种颜料的基本原料。其中天然干油有桐油、亚麻仁油及混合干油。添加天然干油的（油漆），涂膜表面光亮，能耐酸、耐碱、耐潮湿，故广泛采用。

（五）涂漆的操作

1. 涂漆方法

手工涂漆时应分层进行，每层应往复涂刷，纵横交错，并保持涂层均匀，不得漏涂，涂刷要均匀，每层不应涂得太厚，以免涂层起皱和附着不牢。

2. 涂漆程序

涂漆施工的程序是否合理，对涂层的质量影响很大。涂漆施工程序如下：

1）第一层底漆或防锈漆直接涂在工件表面上，与工件表面紧密结合，起防锈、防腐蚀、防水、层间结合的作用。第二层面漆（调合漆和磁漆），涂漆应精细，使工件获得要求的色彩。第三层是罩光清漆。

一般底漆与防锈漆应涂刷一道到二道，第二层的颜色最好与第一层颜色略有区别，以便检查第二层有无漏涂现象。每层涂漆不宜过厚，以免起皱和影响干燥，如发现不干皱皮、流挂、露底时，需进行修补或重新涂刷。

2）表面涂调合漆时，要尽量涂得薄而均匀，如果涂料的覆盖力较差，也不允许任意增加厚度，而应分几次涂覆，每层涂膜厚度一般不宜超过 $30\sim40\mu m$。每涂一层漆后应留有充分干燥时间，待前一层真正干燥后再涂下一层。

3）面漆上的罩光漆，可以用一定比例的辅漆和磁漆混合罩光。

4）无保温层的管道一般应先涂两遍防锈漆，再涂一遍调合漆。有保温层的管道，一般涂两遍调合漆。

（六）管道着色

管道着色涂漆除了防腐还有装饰和辨认作用，特别是工厂厂区各种工业管道很多，为了便于操作管理和辨认，在不同介质的管道表面和保温层表面，涂上不同颜色的涂料（油漆）和色环。管道涂漆及色环的颜色见表6-4。

表6-4　管道涂漆及色环的颜色

管道名称	颜色		管道名称	颜色	
	基本色	色环		基本色	色环
生活饮水管	绿	—	工业用水管	绿	—
雨水管	黑	绿	油管	黄	红
热力网供水管	绿	黄	压缩空气管	浅蓝	
热力网回水管	白	褐	循环冷水管	蓝	白
液化气管	黄	—	循环热水管	蓝	红
通风管	灰	—	下水管道	黑	
过热蒸汽管道	红	黄	上水管	蓝	—
蒸汽废汽管	红	绿	消防用水管	绿	红、蓝
自然凝结水管	绿	红	工业用水与消防用水合用管	黑	橙黄

复习思考题

1. 给水水压试验目的是什么？
2. 系统试压前应具备哪些条件？应注意的事项有哪些？
3. 简述室内给水系统试压的操作要点。
4. 给水管道为什么要进行冲洗与消毒？如何进行？
5. 简述给水管道清洗过程的操作步骤。
6. 说明室内排水管道的灌水试验方法及合格标准。
7. 简述排水管道灌水试验的要求。
8. 底层排水横管、立管如何做灌水试验？
9. 说明热力管网的水压试验的方法和要求。
10. 简述热水系统水冲洗的步骤。
11. 管道防腐的意义是什么？
12. 涂料有哪几部分组成？应该怎样正确选择涂料？
13. 涂料的喷刷有哪几种方法？质量要求有哪些？
14. 管道防腐操作工序是怎样进行的？

试 题 库

知识要求试题

一、判断题（对画√，错画×）

1. 把管道看成一条线，用单根线条表示管道画出的图称为管道单线图。　　　　　　　　　　　　　　　　　　　　　（　　）

2. 管道正等测图中，它的 3 个轴测轴之间的夹角为 120°。
　　　　　　　　　　　　　　　　　　　　　　　　　　（　　）

3. 某图样标注比例为 1∶50，图样上量出管子的长度为 20mm，它的实际长度应为 1000mm。　　　　　　　　　　　　　　（　　）

4. 管道系统轴测图分为管道正等测图和管道斜等测图两大类。
　　　　　　　　　　　　　　　　　　　　　　　　　　（　　）

5. 无缝钢管管径以公称通径×壁厚来表示，如 $DN100 \times 4$。
　　　　　　　　　　　　　　　　　　　　　　　　　　（　　）

6. 管道坡度用"i"表示，坡向用单面箭头，箭头指向高的一端。　　　　　　　　　　　　　　　　　　　　　　　　　　（　　）

7. 压力管道标注标高时，宜标注管中心标高。　　　　　（　　）

8. 在排水系统图中，卫生器具不画出来，只画出存水弯和器具排水管。　　　　　　　　　　　　　　　　　　　　　　　（　　）

9. 图样上的尺寸单位均以"米"为单位。　　　　　　　（　　）

10. 一般以新建建筑物的底层室内主要地坪面定为该建筑物绝对

标高的零点。　　　　　　　　　　　　　　　　　　　　（　　）

11. 在给水系统图中，卫生器具不画出来，只画出水嘴、冲洗水箱等图例符号。　　　　　　　　　　　　　　　　　（　　）

12. 管道双线图是一种将管壁画成一条线的表示方法。（　　）

13. 室内给水管道系统图，一般按用水设备、支管、立管、干管及引入管的顺序识读。　　　　　　　　　　　　　　（　　）

14. 室内采暖施工图上的采暖立管一般都进行编号，编号写在直径为 8~10mm 的圆圈内。　　　　　　　　　　　　　（　　）

15. 标准图是室内采暖管道施工图的一个重要组成部分，供热管、回水管与散热器之间的具体连接形状、详细尺寸和安装要求，一般都由标准图反映出来。　　　　　　　　　　　（　　）

16. 压强单位为 N/m^2，$1N/m^2 = 1Pa$（帕）。　　　　（　　）

17. $1mH_2O$ 等于 98.1kPa，$1mH_2O$ 等于 $1000kgf/cm^2$。（　　）

18. 绝对温度以 T_k 表示，0℃即为 -273.15K。　　　（　　）

19. 温度的测定目前常用摄氏温标（℃）和国际温标（K）。

　　　　　　　　　　　　　　　　　　　　　　　　（　　）

20. 公称通径等于管子的实际外径，采用国际标准符号 DN 表示。　　　　　　　　　　　　　　　　　　　　　　（　　）

21. 为了增强铸铁管的防腐蚀性能，在管子的外表面往往涂防锈漆。　　　　　　　　　　　　　　　　　　　　　　（　　）

22. 白铁管是由无缝钢管镀锌而成的，主要输送水、煤气等。

　　　　　　　　　　　　　　　　　　　　　　　　（　　）

23. 镀锌钢管材质软，焊接性能好，常采用焊接连接方式。

　　　　　　　　　　　　　　　　　　　　　　　　（　　）

24. 用作铸铁管接口密封材料的水泥一般是强度等级 32.5（325号）以上的硅酸盐水泥。　　　　　　　　　　　　　（　　）

25. 聚四氟乙烯化学稳定性差，不能作为输送腐蚀性介质的管道螺纹联接的填料。　　　　　　　　　　　　　　　　（　　）

26. 根据能承受的压力，给水铸铁管可分为低压、中压和高压 3个压力级别。　　　　　　　　　　　　　　　　　　（　　）

267

27. 阀门类别用汉语拼音字母表示，如闸阀代号为"Z"。
（　　）

28. 明杆式闸阀适用于腐蚀性介质及室内管道上，暗杆式闸阀适用于非腐蚀性介质及安装操作位置受限制的地方。（　　）

29. 减压阀不仅适用于蒸汽、空气等清洁气体介质，也适用于液体的减压。
（　　）

30. 单向阀一般适用于清洁介质，对有颗粒和粘度较大的介质不适用。
（　　）

31. 蝶阀适用于高温、高压场所，但启闭较慢。（　　）

32. 壁厚不同的管子焊接组对时，当薄件厚度大于 10mm 外壁错边量即管子厚度差不应大于 5mm。
（　　）

33. 对接管子的对口对好后，宜用定位焊固定。定位焊缝的长度一般为 10～15mm，高度为 2～4mm 且不应超过管壁厚度的 2/3。
（　　）

34. 对接管子的对口对好后，用定位焊固定。定位焊焊缝内如发现裂纹气孔缺陷，应及时处理
（　　）

35. 管道敷设顺序一般是先装地上，后装地下，先装小管，后装大管。
（　　）

36. 铸铁管承插连接时，连接的工序一般分为管材检查和接口前准备、打麻丝（或橡胶圈）、打接口材料和养护 4 个阶段。（　　）

37. 拌好的自应力水泥砂浆应在 2h 内用完。（　　）

38. 室内给水管道不宜穿过沉降缝、伸缩缝，如必须穿过时，宜采取有效措施。
（　　）

39. 给水系统中使用的阀门，在一般情况下，管径大于 50mm 时采用截止阀。
（　　）

40. 给水立管一般应在底层高出地坪 1m 处装设阀门，阀门后应设活接头。
（　　）

41. 冷、热水立管平行安装时，热水立管应装设在冷水立管的右侧。
（　　）

42. 冷、热水管平行安装时，热水管应在冷水管的上面。
（　　）

43. 室内给水横管宜有 0.002 ~ 0.005 坡度坡向泄水装置。

（　　）

44. 当给水水箱的进、出水管共管时，出水管上应设止回阀。

（　　）

45. 室内消火栓应分布在建筑物的各层中，并宜设在楼梯间、门厅、走廊等显眼易取用的地点。（　　）

46. 排水铸铁管承插接口可用石棉水泥、纯水泥等作填料，也可用水泥砂浆抹口。（　　）

47. 室内排水排出管端部与排水立管连接宜采用两只 45° 弯头连接，在弯头下面砌筑砖支墩。（　　）

48. 排水横管坡度应符合设计要求，一般不得小于最小坡度，但也不宜大于 0.15。（　　）

49. 住宅室内排水塑料管伸缩节一般安装高度为距地坪 2.0m。

（　　）

50. 室内排水排出管穿越承重墙或基础时应预留孔洞，一般上部净空不小于 0.15m。（　　）

51. 伸顶通气管高出屋面不得小于 1.0m，且必须大于最大积雪厚度。（　　）

52. 做灌水试验时，雨水管道的灌水高度必须达到每根立管最上部的雨水漏斗。（　　）

53. 卫生器具安装位置的坐标、标高应正确，允许偏差：单独器具 20mm，成排器具 10mm。（　　）

54. 洗脸盆水嘴红色为热水嘴，装在左侧。（　　）

55. 低温热水采暖，供水温度为 95℃。（　　）

56. 供热管道有热胀冷缩现象，故应在适当部位采取各种补偿措施。（　　）

57. 室内热水供应管道，禁止使用镀锌钢管。（　　）

58. 连接散热器的支管应水平，不设坡度。（　　）

59. 工作压力不大于 0.07MPa 的蒸汽采暖系统，应以系统顶点工作压力的两倍作水压试验，同时，在系统低点不得小于 0.25MPa。

（　　）

269

60. 热水采暖和热水供应系统要进行冲洗，目的是清除从运输、保管到施工时残留在管内的杂物和铁锈等。　　　（　　）

61. 管道系统严密性试验的目的是检查管道的力学性能。
　　　　　　　　　　　　　　　　　　　　　　　　（　　）

62. 管道强度试验的目的是检查管道的力学性能。（　　）

63. 管道试压前，管道接口处，应先做好防腐及保温。（　　）

64. 管道系统试压时，应将压力缓缓上升至试验压力，如发现问题，允许带压修理。　　　　　　　　　　　　　　（　　）

65. 管道系统水压试验应用洁净水作介质。　　　（　　）

66. 管道系统进行吹扫和清洗，是为了保证系统内部清洁，清除管道内的铁屑、铁锈、焊渣等污物。　　　　　　　（　　）

67. 管道油漆分为底漆和面漆，红丹酚醛防锈漆是常用的面漆。
　　　　　　　　　　　　　　　　　　　　　　　　（　　）

68. 管道涂漆前，金属表面粘有较多油污时，可用汽油或质量分数为5%的烧碱溶液清刷，等干燥后再除锈。　　　（　　）

69. 防腐用底漆是直接涂在金属表面作打底用，底漆有很强附着力，防水和防锈性能良好。　　　　　　　　　　（　　）

70. 管道涂漆施工一般应在试压前进行。　　　　（　　）

71. 管道表面的除锈方法有人工除锈、机械除锈、喷砂除锈和酸洗除锈等方法。　　　　　　　　　　　　　　　（　　）

72. 高空作业的要点是防止坠落和砸伤，操作时不准往下或往上抛材料、工具等物体。　　　　　　　　　　　　（　　）

73. 使用錾子（凿子）时，錾子头部呈蘑菇状时，应用砂轮磨掉后再使用，否则锤击时碎片易伤人。　　　　　（　　）

74. 作用在单位面积上流体静压力，称为单位静压力。（　　）

75. 流量是指单位时间内通过过流断面的流体体积。（　　）

76. 输送介质工作压力大于10MPa的管道称为高压管道。
　　　　　　　　　　　　　　　　　　　　　　　　（　　）

77. 仪表管路敷设时应尽量减少弯曲和交叉，且弯管处不得使用活接头。　　　　　　　　　　　　　　　　　　（　　）

78. 热力管道一般选用钢管，如采用螺纹联接时，应采用厚白漆

和麻丝做填料。 （ ）

79. 流速是指单位时间内流体所通过的距离。 （ ）

80. 仪表管道管件内部的油垢应使用洁净水浸洗。 （ ）

81. 画图的原则是先看到的管线全部画出，后看到的管线断开。

（ ）

82. 画管道轴测图时，应按简化缩短率1：1量取线段作图。

（ ）

83. 民用建筑中，最低层不必设置检查口，一般每隔两层设一个检查口。 （ ）

84. 小便槽排水支管管径不得小于75mm。 （ ）

85. 污水立管上部的伸顶通气管径一般与污水管径相同。

（ ）

86. 底层生活污水管道应考虑采取单独排出方式。 （ ）

87. 排水管道的坡度，一般情况下采用最小坡度。 （ ）

88. 排水管道的横管与横管，横管与立管的连接宜采用45°三通、90°斜三通管件。 （ ）

89. 室内消防给水系统有室内消火栓给水系统、自动喷洒及水幕消防系统等。 （ ）

90. 给水引入管与排水排出管交叉铺设时垂直净距不得小于0.5m，且给水管应在排水管上面。 （ ）

91. 给水管道不得穿过伸缩缝、沉降缝和抗振缝。 （ ）

92. 给水横管宜有0.002～0.005的坡度坡向泄水装置，以利维修。 （ ）

93. 民用建筑厕所间排水立管应尽量离开大便器。 （ ）

94. 室内排出管穿越承重墙时应预留孔洞，管顶上部净空一般不小于0.1m。 （ ）

95. 散热器一般布置在外墙窗台下，也有布置在内墙的。

（ ）

96. 散热器一般为暗装，楼梯间的散热器应尽量布置在顶部。

（ ）

97. 采暖系统运行前应对整个系统进行冲洗，以清除杂物。（　　）

98. 阀门安装时，手柄朝向必须向上。（　　）

99. 法兰安装时，可用强紧螺栓的方法消除歪斜。（　　）

100. 水表安装不分方向均可。（　　）

101. 设计无规定时，室内给水系统试验压力不小于 0.6Pa。（　　）

102. 自然循环采暖系统是靠供回水容积差来进行循环的。（　　）

103. 工作温度为 - 16℃ 的管道为低温管道。（　　）

104. 阀门安装前，应从每批阀门中抽查一个进行强度和严密性试验，若不合格，则要逐个试验检查。（　　）

105. 硬聚氯乙烯管的工作温度不允许超过 40℃。（　　）

106. 管道阀门及附件，不得直接埋地，严禁其他管道穿越。（　　）

107. 两管组对时，壁厚大于 15mm 时，错口不得大于 1.5mm。（　　）

108. 管子铰板（又叫带螺纹）的前挡板，可以控制板牙，当前挡板逆时针转动时，四个牙体同时向本体边缘散开，当顺时针转动时，牙体向本体中心聚拢。（　　）

109. 减压阀安装时，不需考虑介质流向。（　　）

110. 承插口灌铅前除管口要处理干净，使其必须干燥外，还可以在承插口内灌入少量全损耗系统用油，以防灌铅时产生放炮现象。（　　）

111. 涂漆（油漆）时的环境温度一般不大于 5℃，以保证施工质量。（　　）

112. 涂漆时应根据金属材料来选择底漆的品种。（　　）

113. 在阀门型号 J41W-16P 中表示阀体的材料为耐酸钢。（　　）

114. 阀门型号 A27T-10 表示的为溢流阀。（　　）

115. 在阀门型号 J41-16K 中，K 表示阀体的材料为碳素结构钢。
（　　）

116. 在阀门型号 Z41W-16P 中，"W"表示密封面直接在阀门体上加工。（　　）

117. 单向阀的阀盖上涂有红色涂料（油漆），表示密封圈材料为不锈钢。（　　）

118. 在立管上应每隔两层设置检查口，但在最低层和有卫生器具的最高层必须设置。（　　）

119. 在法兰连接中，特殊情况下，可以使用斜垫片或双垫片。
（　　）

120. 单向阀的阀体上涂有红色涂料（油漆），表示密封圈材料为不锈钢。（　　）

二、选择题（将正确答案的序号填入括号内）

（一）单选题

1. 在正立投影面上得到的视图称为（　　）。
A. 主视图　　　B. 俯视图　　　C. 左视图　　　D. 右视图

2. 俯视图在管道工程图中称为（　　）。
A. 立面图　　　　　　　　B. 平面图
C. 左侧立面图　　　　　　D. 右侧立面图

3. 每个视图都可以反映物体两方面尺寸，左视图反映物体的（　　）。
A. 长和高　　　B. 长和宽　　　C. 高和宽

4. 根据国家标准规定，热水管的规定代号为（　　）。
A. R　　　　　B. S　　　　　C. X　　　　　D. H

5. 管道施工图中，主要管线常用（　　）来表示。
A. 粗实线　　　B. 细实线　　　C. 细点划线　　　D. 波浪线

6. 标高值应以（　　）为单位。
A. mm　　　　B. cm　　　　C. m　　　　D. in

7. 在一般图样中，标高值宜注写到小数点后（　　）位。
A. 1　　　　　B. 2　　　　　C. 3　　　　　D. 4

8. 管道施工图可分为基本图和详图，详图包括节点图、大样图和（　　）。

A. 流程图　　　B. 平面图　　　C. 立面图　　　D. 标准图

9. 图样比例的代号为（　　）。

A. N　　　　　B. M　　　　　C. S　　　　　D. H

10. 室内外重力管道一般宜标注（　　）标高。

A. 管中心　　　B. 管顶　　　　C. 管内底　　　D. 管外底

11. 一管道实际长度为 5m，它在图样上的长度为 1cm，则该图样的比例为（　　）。

A. 1：50　　　B. 1：500　　　C. 50：1　　　D. 500：1

12. 1MPa 等于（　　）Pa。

A. 10　　　　　B. 10^2　　　　C. 10^3　　　　D. 10^6

13. 1kgf/cm² 等于（　　）Pa。

A. 9.81　　　B. 98.1　　　C. 9.81×10^2　　　D. 98.1×10^3

14. DN100 管子的（　　）为 100mm。

A. 外径　　　　B. 内径　　　　C. 公称通径　　D. 平均内径

15. 某管段长 30m，坡度为 0.003，高端的标高为 2.000m，则低端的标高为（　　）m。

A. 1.100　　　B. 1.910　　　C. 1.997　　　D. 1.700

16. 低压流体输送钢管（普通钢管）能承受（　　）压力。

A. 1MPa　　　B. 2MPa　　　C. 3MPa　　　D. 10MPa

17. 普通无缝钢管一般由（　　）钢制成。

A. Q235　　　B. 10 钢、20 钢　C. 合金　　　D. 不锈

18. 聚四氟乙烯生料带用作（　　）连接的管道的密封材料。

A. 螺纹　　　　B. 法兰　　　　C. 承插　　　　D. 焊接

19. 麻丝白铅油作密封填料的管道可输送（　　）以下的热水、煤气等。

A. 80℃　　　B. 100℃　　　C. 120℃　　　D. 150℃

20. 排水铸铁管用于重力流排水管道，连接方式为（　　）。

A. 承插　　　　B. 螺纹　　　　C. 法兰　　　　D. 焊接

21. 选择螺杆长度时，应在法兰紧固后使螺杆突出螺外部的长度

不大于（　　）倍螺距。

　　A. 1　　　　　　B. 2　　　　　　C. 3　　　　　　D. 4

22. 每种阀门都用一个特定型号表示，阀门型号由（　　）个
单元组成。

　　A. 5　　　　　　B. 6　　　　　　C. 7　　　　　　D. 8

23. 阀门型号中，用一位阿拉伯数字表示阀门连接形式，例如法
兰联接代号为（　　）。

　　A. 1　　　　　　B. 2　　　　　　C. 3　　　　　　D. 4

24. Z44T-10 型阀门，其公称压力为（　　）MPa。

　　A. 0.001　　　　B. 0.1　　　　　C. 1　　　　　　D. 10

25. （　　）是一种自动排泄蒸汽管道的凝结水，并能阻止蒸汽
流出的阀件。

　　A. 减压阀　　　B. 疏水器　　　C. 溢流阀　　　D. 蝶阀

26. （　　）阀一般适用于低温、低压流体且需作迅速全启和全
闭的管道。

　　A. 旋塞　　　　B. 闸　　　　　C. 截止　　　　D. 隔膜

27. 焊接连接的管道，管壁厚度（　　）mm 的管子需经加工坡
口后方可焊接。

　　A. ≥1.5　　　　B. ≥2.5　　　　C. ≥3.5　　　　D. ≥4.5

28. 相同壁厚的管道组对时，其内壁应平齐，内壁错边量Ⅰ、Ⅱ
级焊缝不应超过壁厚的（　　），且不大于1mm。

　　A. 5%　　　　　B. 10%　　　　　C. 15%　　　　　D. 20%

29. 管子对口时应检查平直度。当距离接口中心200mm处测量，
允许偏差1mm/m，但全长允许偏差最大不超过（　　）mm。

　　A. 1　　　　　　B. 5　　　　　　C. 10　　　　　　D. 15

30. （　　）形坡口适用于双面焊的大口径厚壁管道。

　　A. L　　　　　　B. V　　　　　　C. U　　　　　　D. X

31. 管子对口对好后，宜用定位焊固定，每个口至少定位焊
（　　）处。

　　A. 2　　　　　　B. 3~5　　　　　C. 5~7　　　　　D. 8

32. 直线管道连接时，两相邻的环形焊缝间距应大于管径，并不

得小于（　　）mm。

A. 50　　　　　B. 80　　　　　C. 100　　　　　D. 150

33. 管子环焊缝距支、吊架边不小于（　　）mm，不得紧贴墙壁和楼板，更不得将焊缝置于套管内。

A. 50　　　　　B. 80　　　　　C. 100　　　　　D. 150

34. 石棉水泥接口材料的质量配比为：水：石棉绒：水泥等于（　　）。

A. 1：3：7　　　B. 7：3：1　　　C. 3：7：1　　　D. 1：7：3

35. 石棉水泥接口的养护时间为（　　）h。

A. 12　　　　　B. 24　　　　　C. 36　　　　　D. 48

36. 管螺纹加工完后，断螺纹或缺螺纹不得超过螺纹全扣数的（　　）。

A. 5%　　　　　B. 10%　　　　C. 15%　　　　D. 20%

37. 消防用水水压，一般建筑通常要保证消火栓接出水枪的充实水柱不小于（　　）mH_2O。

A. 6　　　　　B. 7　　　　　C. 10　　　　　D. 13

38. 生活储水池距化粪池不应小于（　　）m。

A. 2　　　　　B. 3　　　　　C. 10　　　　　D. 20

39. 室内给水碳素结构钢管立管垂直允许偏差为：每米为（　　）mm，全长5m以上累计误差不大于8mm。

A. 1　　　　　B. 2　　　　　C. 5　　　　　D. 10

40. 设计无规定时，室内给水系统试验压力不小于（　　）Pa。

A. 0.5　　　　B. 0.6　　　　C. 0.8　　　　D. 1.0

41. 给水系统中使用的阀门，在一般情况下，当管径大于（　　）mm时，应采用闸阀。

A. 32　　　　　B. 40　　　　　C. 50　　　　　D. 75

42. 室内给水立管管卡安装时，在楼层不超过（　　）m时，每层须安装一个。

A. 2.8　　　　B. 3　　　　　C. 4　　　　　D. 5

43. 给水横支管明装时，当横支管管径≤32mm时，管子外壁距墙尺寸为（　　）mm。

A. 15　　　　B. 20～25　　　C. 25～30　　　D. 50

44. 给水引入管穿过承重墙或基础时，应预留洞口，且管顶上部净空不得小于建筑物沉降量，一般不小于（　　）m。

A. 0.1　　　　B. 0.15　　　C. 0.2　　　　D. 0.25

45. 给水引入管安装时应有一定坡度，坡度不应小于（　　），坡向室外管道或坡向阀门井、水表井。

A. 0.002　　　B. 0.003　　　C. 0.005　　　D. 0.15

46. 普通消防系统的消火栓在室内的间距不应大（　　）m。

A. 10　　　　B. 20　　　　C. 30　　　　D. 50

47. 室内消火栓栓口中心距地面高度为（　　）m。

A. 1.0　　　　B. 1.1　　　　C. 1.2　　　　D. 1.3

48. 室内排水排出管自建筑物至排水检查井中心的距高不宜小于（　　）m。

A. 1　　　　B. 2　　　　C. 3　　　　D. 10

49. 室内排水排出管做灌水试验，其灌水高度应不低于底层地面高度，满水（　　）min，再灌满延续5min，液面不下降为合格。

A. 5　　　　B. 10　　　　C. 15　　　　D. 20

50. 排水立管检查口设置高度为（　　）m（检查口中心至地面的高度）。

A. 1　　　　B. 1.2　　　　C. 1.5　　　　D. 1.8

51. 在室内排水立管上应每隔两层设置一个检查口，但两检查口间距不得大于（　　）m。

A. 5　　　　B. 10　　　　C. 15　　　　D. 20

52. 地漏应安装在地面最低处，其算子顶面应低于设置处地面（　　）mm。

A. 20　　　　B. 10　　　　C. 5　　　　D. 2

53. 洗脸盆安装高度（自地面至器具上边缘）为（　　）mm。

A. 800　　　　B. 1000　　　C. 1100　　　D. 1200

54. 洗脸盆水嘴（上配水）中心距地面高度为（　　）mm。

A. 250　　　　B. 500　　　　C. 800　　　　D. 1000

55. 采暖管道安装，管径大于（　　）mm 宜采用焊接和法兰联接。

A. 25 　　　　 B. 32 　　　　 C. 40 　　　　 D. 50

56. 如无设计要求，热水采暖和热水供应管道及汽水同向流动的蒸汽和凝结水管道，坡度一般为（　　　）。

A. 0.003 　　　　　　　　　 B. 0.005

C. 0.002 ~ 0.005 　　　　　 D. ≮ 0.005

57. 室内采暖和热水供应系统立管安装时，当管径大于 32mm 时，管道外表面与墙壁抹灰面的距离为（　　　）mm。

A. 25 ~ 35 　　　 B. 30 ~ 50 　　　 C. 紧贴 　　　 D. 大于 50

58. 散热器支管长度大于（　　　）m 时，应在中间安装管卡或托钩。

A. 1 　　　　 B. 1.5 　　　　 C. 2 　　　　 D. 3

59. 采暖系统作水压试验，在 5min 内压力降低不大于（　　　）MPa 为合格。

A. 0.01 　　　 B. 0.02 　　　 C. 0.03 　　　 D. 0.05

60. 管道系统的强度试验是检查（　　　）。

A. 管道连接的严密性 　　　 B. 管路的力学性能

C. 管材的强度 　　　　　　 D. 管件的强度

61. 管道系统的水压试验应在环境温度（　　　）以上进行，当气温低于 0℃时，应采取防冻措施。

A. 0℃ 　　　 B. 5℃ 　　　 C. 10℃ 　　　 D. 25℃

62. 各种管道在投入使用前，必须进行清洗，工作介质为液体的管道，一般应进行（　　　），以消除管内杂物。

A. 水冲洗 　　　　　　　　 B. 工作介质冲洗

C. 压缩空气吹扫 　　　　　 D. 蒸汽吹扫

63. 当管道系统水压试验压力设计无规定时，中、低压地上管道的强度试验压力为（　　　）（p 指工作压力）。

A. 1.25p 　　　 B. 1.5p 　　　 C. 2p 　　　 D. 3p

64. 管道系统水压试验时，系统最高点应装（　　　）。

A. 排水阀 　　　 B. 放气阀 　　　 C. 单向阀 　　　 D. 截止阀

65. 管道系统吹扫和清洗，应在（　　　）进行。

A. 强度试验和严密性试验前

B. 强度试验和严密性试验后

C. 强度试验后，严密性试验前

D. 强度试验前，严密性试验后

66. 管道系统吹洗的顺序一般按（　　）依次进行。

A. 主管、支管、疏排水管

B. 支管、主管、疏排水管

C. 疏排水管、支管、主管

D. 疏排水管、主管、支管

67. 碳钢管道防腐常用的底漆有（　　）。

A. 红丹油性防锈漆　　　　　　　B. 沥青漆

C. 硝基漆　　　　　　　　　　　D. 酚醛漆

68. 钢管表面用酸洗除锈，所用的酸液为（　　）。

A. 醋酸　　　　B. 盐酸　　　　C. 硝酸　　　　D. 甲酸

69. 管道表面用酸洗除锈，酸洗后要用清水洗涤，并用（　　）中和，再用热水冲洗 2～3 次，并干燥。

A. 质量分数为 10% 的烧碱溶液

B. 质量分数为 10% 的碳酸钠溶液

C. 质量分数为 50% 的烧碱溶液

D. 质量分数为 50% 的碳酸钠溶液

70. 为操作、管理和维修方便，应在不同介质的管道表面涂不同颜色和色环。生活给水管的基本色为：（　　）。

A. 黄　　　　　B. 绿　　　　　C. 白　　　　　D. 黑

71. 高空作业安装（　　）mm 以上管子应用链条钳，不得使用铰管钳。

A. $DN32$　　　B. $DN40$　　　C. $DN50$　　　D. $DN100$

72. 管道工在（　　）m 以上高空架设管道时，应搭脚手架或采取其他措施后方可进行施工。

A. 10　　　　　B. 6　　　　　C. 4　　　　　D. 3

73. 以大气压强为零点起算的压强值称为（　　）。

A. 绝对压强　　B. 相对压强　　C. 真空压强　　D. 静压强

279

74. 管道安装前，对管件内部油垢应使用（   ）清洗。

A. 丙酮　　　　B. 煤油　　　　C. 汽油　　　　D. 酒精

75. 画管道正等测图时，一般选用（   ）为上下方向。

A. OX 轴　　　　　　　　　B. OZ 轴

C. OY 轴　　　　　　　　　D. OX 和 OZ 轴

76. 热水管道的最低点应设在放水位置，放水阀直径一般为热水管道直径的（   ）左右，但不少于 20mm。

A. 1/2　　　　B. 1/5　　　　C. 1/8　　　　D. 1/10

77. 聚丙烯管道的（   ）性能较差。

A. 耐热性　　　B. 耐蚀性　　　C. 热稳定性　　　D. 抗拉强度

78. 在工程上，从压力表上读得的压强值即为（   ）。

A. 绝对压强　　B. 相对压强　　C. 真空压强　　D. 静压强

79. DN65mm 以下的塑料管采用承插连接时，可采用（   ）连接。

A. 一次插入法　　　　　　　B. 一次插入焊接法

C. 承插胶合　　　　　　　　D. 承插胶合焊接

80. 塑料管在仓库堆放时，其库内温度不得高于（   ）。

A. 40℃　　　　B. 35℃　　　　C. 30℃　　　　D. 50℃

81. 法兰密封结构中螺栓硬度应比螺母硬度（   ）。

A. 高　　　　　B. 低　　　　　C. 相等　　　　D. 高低均可

82. 给水引入管与排水管的水平净距不得小于（   ）m。

A. 0.5　　　　B. 1.0　　　　C. 1.5　　　　D. 2.0

83. 给水引入管穿越承重墙或基础时，一定要预留洞口，管顶上部净空一般不得小于（   ）m。

A. 0.1　　　　B. 0.2　　　　C. 0.3　　　　D. 0.4

84. 给排水管道平行敷设时，管外壁最小允许间距为（   ）m。

A. 0.5　　　　B. 1.0　　　　C. 1.5　　　　D. 2.0

85. 给排水管道交叉敷设时，管外壁最小允许间距为（   ）m，且给水管在污水管上面。

A. 0.1　　　　B. 0.15　　　　C. 0.2　　　　D. 0.5

86. 室内消火栓口离地面高度为（　　）m。

　A. 1.0　　　　　B. 1.1　　　　　C. 1.2　　　　　D. 1.3

87. 检查口的设置高度，从地面至检查口中心一般为（　　）m，并高出该层卫生器具上边缘0.15m。

　A. 1.0　　　　　B. 1.1　　　　　C. 1.2　　　　　D. 1.5

88. 凡连接大便器的排水管段，其管径不得小于（　　）mm。

　A. 50　　　　　B. 75　　　　　C. 100　　　　　D. 150

89. 排水横管不宜过长，一般不超过（　　）m，且应尽量少转弯，有一定坡度，以保证水流畅通。

　A. 5　　　　　B. 10　　　　　C. 15　　　　　D. 20

90. 伸顶通气管管顶高出屋面不得小于（　　）m，并大于最大积雪厚度。

　A. 0.2　　　　　B. 0.3　　　　　C. 0.5　　　　　D. 1.0

91. 在经常有人停留的平屋面上，通气管应高出屋面（　　）m以上，考虑防雷装置。

　A. 1.2　　　　　B. 1.5　　　　　C. 1.8　　　　　D. 2.0

92. 污水管起点的清扫口与管道相垂直的墙面的距离不得小于（　　）m。

　A. 0.1　　　　　B. 0.15　　　　　C. 0.2　　　　　D. 0.4

93. 考虑到组装方便，柱形铸铁散热器的组装片数不宜超过（　　）片。

　A. 10　　　　　B. 15　　　　　C. 20　　　　　D. 25

94. 室内管道的施工，各部分管道按（　　）顺序进行。

　A. 先支管后干管，先大口径后小口径

　B. 先干管后支管，先大口径后小口径

　C. 先支管后干管，先小口径后大口径

　D. 先干管后支管，先小口径后大口径

95. 管道焊接时，相邻两环焊缝之间的距离应大于管径，并不得小于（　　）mm。

　A. 200　　　　　B. 150　　　　　C. 100　　　　　D. 250

96. 管道的最突出部分（如法兰）距墙壁或桁架式管架的内边

缘的距离不应小于（　　）mm。

A. 80　　　　B. 100　　　　C. 150　　　　D. 200

97.（　　）密封面的法兰严密性最好。

A. 平面　　　B. 凸凹面　　　C. 榫槽面　　　D. 光滑面

98. 阀体涂漆颜色为灰色，表示阀体材料为（　　）。

A. 碳素结构钢　B. 不锈钢　　C. 合金钢　　D. 灰铸铁

99. 管道的最突出部分（如法兰）距墙壁或桁架式管架内边缘的距离不应小于（　　）mm。

A. 50　　　　B. 100　　　　C. 150　　　　D. 200

100. 工作压力为 1.2MPa，*DN*150mm 法兰密封面与管道中心线的垂直度的允许偏差为（　　）mm。

A. ±1　　　　B. ±2　　　　C. ±3　　　　D. ±4

101. 涂漆施工宜在（　　）的环境温度下进行，并应有防火、防冻和防雨措施。

A. 5~40℃　　B. 20℃　　　C. 10~30℃　　D. 0~20℃

102. 玻璃管液位计的玻璃管长度一般在（　　）mm 之间，工作压力不超过1MPa。

A. 200~1000　　　　　　B. 300~1200

C. 400~1400　　　　　　D. 500~1700

103. 在阀门型号 X13W-6 中，1 表示（　　）。

A. 内螺纹联接　B. 外螺纹联接　C. 法兰联接　　D. 焊接

104. 在阀门型号 J41H-16 中，表示阀体材料为（　　）。

A. 铸钢　　　B. 不锈钢　　　C. 灰铸铁　　　D. 合金钢

105. 普通水、煤气钢管适用于工作压力小于或等于（　　）MPa 的管道。

A. 0.6　　　　B. 1.0　　　　C. 1.6　　　　D. 0.1

106. 螺纹联接时，如下操作要求不正确的是（　　）。

A. 管钳合适

B. 填料逆时针缠绕

C. 管钳不可过分用力，以防打滑或损坏

D. 不允许倒拧找正

107. 下列哪些立管在穿楼板时，必须加装套管（　　　）。

A. 消防管　　　B. 排水管　　　C. 采暖管　　　D. 给水管

108. 一公称通径为 65mm 的管子，英制尺寸表示为（　　　）。

A. 1/2in　　　B. 2in　　　C. 2 1/2in　　　D. 3in

109. 需要动力操作的阀门是（　　　）。

A. 单向阀　　　B. 减压阀　　　C. 疏水阀　　　D. 蝶阀

110. 异径三通中，当支管的公称通径大于直管的公称通径时称其为（　　　）。

A. 中大三通　　B. 中小三通　　C. 大中三通　　D. 小中三通

111. 压力表安装要求中，不符合规定的有（　　　）。

A. 压力表应有铅封

B. 介质温度高时，应设表弯管

C. 表盘大小与安装高度无关

D. 应垂直安装

112. DN50mm 不能用来表示管径的管道是（　　　）。

A. 黑铁管　　　　　　　　　B. 无缝钢管

C. 排水铸铁管　　　　　　　D. 塑料管件

113. 下列不属于焊接钢管配件的是（　　　）。

A. 补心　　　B. 管箍　　　C. 对螺纹　　　D. 管堵

114. 铸铁管在穿越公路或铁路时，其承插口的填料最好采用（　　　）。

A. 青铅　　　　　　　　　　B. 石棉水泥

C. 自应力水泥　　　　　　　D. 膨胀水泥

115. 阀门安装中，哪种说法错误（　　　）。

A. 减压阀应垂直安装

B. 溢流阀应垂直安装

C. 单向阀只能水平安装

D. 热动力式疏水阀可在任意位置管道上安装

116. 单向 116 阀在强度试验中，压力应从（　　　）引入，在严密性试验时，压力应从（　　　）引入。

A. 进口，出口　　　　　　　B. 出口，出口

C. 进口，进口   D. 出口，进口

117. 下列管道中输送的介质是无压流的有（　　）。

A. 给水管   B. 排水管   C. 煤气管   D. 通风管

118. 一阀门型号 Z942W-1 中 9 表示（　　）。

A. 驱动方式   B. 连接方式

C. 结构方式   D. 公称压力

119. 工业管道按介质压力分，高压管道的压力范围是（　　）。

A. 0.1～1.6MPa   B. 1.6～10MPa

C. 10～100MPa   D. <0.1MPa

120. 管式淋浴器连接连蓬头的出水横管中心离地平面高度要求，男的是（　　）。

A. 2240mm   B. 2100mm   C. 2200mm   D. 1900mm

（二）多选题

1. 一个标准大气压相当于（　　）。

A. 760mmHg   B. 0.101MPa

C. 0.098MPa   D. 1.033kgf/cm^2

2. 手轮涂漆颜色为红色，表示密封圈材料为（　　）。

A. 碳素结构钢   B. 青铜   C. 不锈钢   D. 黄铜

3. 管道施工图可分为基本图和详图，详图包括：（　　）。

A. 节点图   B. 大样图   C. 流程图   D. 标准图

4. 管道交叉表示方法是（　　）。

A. 先投影到的管道全部完整显示

B. 后投影到的管道断开

C. 在单线图中都不用断开

D. 在双线图里用虚线表示

5. 管道施工图可分为基本图和详图两大部分，基本图包括：（　　）。

A. 图样目录、施工说明书、设备材料表

B. 流程图

C. 平面图、立（剖）面图

D. 系统轴测图

6. 识读各种管道施工图，一般应遵循的原则是（　　）。

A. 从整体到局部　　　　　　B. 从大到小

C. 从粗到细　　　　　　　　D. 从支到主

7. 截止阀的特点，叙述正确的是（　　）。

A. 结构简单，可以调节流量

B. 启闭容易，制造和维修方便

C. 流体阻力小

D. 只能单向流动

8. 管道敷设顺序一般是（　　）。

A. 先装地下，后装地上

B. 先装大管道，后装小管道

C. 先装支吊架，后装管道

D. 先装干管，后装支管

9. 水表安装要求正确的是：（　　）。

A. 水表应安装在查看方便、不受曝晒、不受污染和不易损坏处

B. 引入管上水表宜装在室内

C. 表前后装设阀门

D. 水表应水平安装，水表外壳箭头方向与水流方向须一致

10. 管道试压应先做好（　　）准备工作。

A. 试压方案　　　　　　　　B. 检漏方法的确定

C. 试压机具的准备　　　　　D. 阀门的安装

11. 管道涂漆施工，涂层质量有的要求是：（　　）。

A. 涂膜附着牢固　　　　　　B. 涂层均匀无剥落、流挂

C. 涂层完整，无损坏　　　　D. 无漏涂

12. 温标互换中，摄氏度1℃等于（　　）。

A. −273K　　　　　　　　　B. +274K

C. 0°F　　　　　　　　　　　D. 297/5°F

13. 流体具有哪些特性：（　　）。

A. 延伸性　　　B. 膨胀性　　　C. 粘滞性　　　D. 压缩性

14. 流体在管道内所受的阻力有（　　）。

A. 沿程阻力　　B. 空气阻力　　C. 总体阻力　　D. 局部阻力

15. 管道内流体的阻力与（　　　）有关系。

A. 附件的多少　　　　　　　　B. 管径的大小

C. 流体的流速　　　　　　　　D. 管路的长度

16. 管子台虎钳的使用方法与要求，正确的有（　　　）。

A. 管子台虎钳必须垂直和牢固地固定在工作台上，并不得伸出工作台边缘

B. 装夹脆性或软性的工件时，应用布、铜皮等包裹工件夹持部分

C. 装夹工件时，必须穿上保险销

D. 旋转螺杆时，用力适当，严禁用锤击或加装套管的方法扳紧手柄

17. 管子钳的使用方法与要求，正确的有（　　　）。

A. 扳动管子钳的手柄时，可在手柄上加套管

B. 管子钳可以拧紧六角头螺栓等带棱工件

C. 不得将管子钳当作撬杠或锤子使用

D. 扳转钳柄要稳，不允许因拧过头而用倒拧的方法进行找正

18. 砂轮切割机的正确使用方法是（　　　）。

A. 在操作过程中不得松开按钮

B. 操作者的身体不得对准砂轮片

C. 砂轮片可以正反转

D. 松开手柄按钮即可切断电源

19. 正投影法的投影特性有（　　　）。

A. 积聚性　　　　B. 直观性　　　　C. 真实性　　　　D. 类似性。

20. 三视图的投影规律是：（　　　）。

A. 高平齐　　　　B. 宽相等　　　　C. 长对正　　　　D. 深平齐

21. 下面各种图中不属于轴测图的有：（　　　）。

A. 立面图　　　　B. 平面图　　　　C. 流程图　　　　D. 系统图

22. 一般给水系统图应采用的比例是（　　　）。

A. 1:20　　　　B. 1:50　　　　C. 1:100　　　　D. 1:200

23. 有关标高的标注，正确的说法有（　　　）。

A. 管道标高一般以建筑物底层室内地坪面作为正负零

B. 比基准高时作正号（＋）表示，也可以不写正号

C. 比基准低时必须用负号（－）表示

D. 标高一般标注到小数点后一位

24. 规格用公称通径表示的管子有（　　）。

   A. 镀锌钢管   B. 不锈钢管

   C. 铸铁管   D. 硬聚氯乙烯

25. 给水阀门井的编号顺序，应为（　　）。

   A. 从水源到用户   B. 先支管后干管

   C. 应从上游到下游   D. 从干管到支管再到用户

26. 排水检查井的编号顺序，应为（　　）。

   A. 从水源到用户   B. 先支管后干管

   C. 应从上游到下游   D. 从干管到支管再到用户

27. 在识读管道工程施工图时，一般应遵循的原则是（　　）。

   A. 从整体到局部   B. 从大管到小管

   C. 从主干管到立、支管的原则   D. 顺着流体的流向来看

28. 给水引入管穿越承重墙及基础时，正确的安装应该是（　　）。

   A. 应预留孔洞

   B. 应加套管

   C. 管顶上部净空间不宜小于 0.15m

   D. 待管道安装完毕，应把洞口空隙填满，外抹强度等级 52.5（525 号）的水泥砂浆

29. 管道系统图一般采用正面斜等测投影绘制，亦即（　　）。

A. OX 轴处于水平位置

B. OZ 轴铅垂

C. OY 轴一般与水平线成 45°夹角

D. 三轴的变形系数都是 1。

30. 根据轴测图投影的性质，在管道系统图中的识读中，下面说法正确是：（　　）。

   A. 与轴向平行的管道反映实长

   B. 与 XOZ 坐标面不平行的管道反映实长

C. 与 XOZ 坐标面平行的管道反映实长

D. 与 XOY 坐标面平行的管道反映实长

31. 管道系统图的下面画法中，正确的有（   ）。

A. 给水管道采用粗实线   B. 排水管道用细实线

C. 管道器材用图例表示   D. 卫生器具省略不画。

32. 在阀门型号的表示方法中，阀体材料单元可以省略的有（   ）。

A. 对于公称压力≥1.6MPa 的灰铸铁阀体

B. 公称压力≥2.5MPa 的碳素结构钢阀体

C. 对于公称压力≤1.6MPa 的灰铸铁阀体

D. 公称压力≤2.5MPa 的碳素结构钢阀体

33. 在阀门的识别时，可以从阀门的正面标志识别到（   ）。

A. 公称压力   B. 工作压力

C. 介质流动方向   D. 阀体的材料

34. 下列阀门在安装时没有方向性的是（   ）。

A. 闸阀   B. 截止阀   C. 旋塞阀   D. 球阀

35. 闸阀的特点是：（   ）。

A. 闸阀安装有方向性

B. 全开启时介质流动阻力较小

C. 密封性能较好

D. 密封面磨损后，不便于修理

36. 截止阀在施工中应用较广泛，根据其结构可分为（   ）。

A. 直通式   B. 悬启式   C. 直流式   D. 直角式

37. 下面有关与单向阀的说法中，正确的有（   ）。

A. 只允许水流单向流动

B. 当水流方向相反时，阀门自动关闭

C. 按结构分为升降式和旋启式

D. 卧式升降式止回阀只用于水平管道

38. 下面阀门中，属于自动阀的有（   ）。

A. 单向阀   B. 减压阀   C. 截止阀   D. 溢流阀

39. 球阀是一种广泛应用的新型阀门，球阀主要作用是（   ）。

A. 切断　　　　B. 分配　　　　C. 改向　　　　D. 分流

40. 下列阀门中在安装时有方向性的有（　　）。

A. 球阀　　　　B. 截止阀　　　C. 减压阀　　　D. 疏水阀

41. 安装法兰阀门时，正确的操作是（　　）。

A. 法兰之间端面要平行

B. 可以使用双垫

C. 紧螺栓时要对称进行

D. 法兰面之间要保持同心度

42. 一种减压阀可有几种减压压力段，公称压力为 1.6MPa 的减压阀，有：（　　）三种减压压力段。

A. 0.2～0.3MPa　　　　　　　B. 0.7～1.0MPa

C. 0.1～0.3MPa　　　　　　　D. 1.0～1.6MPa

43. 减压阀的安装，不正确的是（　　）。

A. 减压阀在安装时是有方向性的

B. 应直立装在水平管道上，阀盖与水平管垂直

C. 减压阀的低压侧应装溢流阀，以保证减压阀运行的可靠性

D. 减压阀组只在阀后设压力表

E. 减压阀后的管径应比阀前的大二号

44. 在蒸汽管道系统中，设置疏水器的作用是（　　）。

A. 可以迅速有效地排除用汽设备和管道中的凝结水

B. 阻止蒸汽漏损和排除空气

C. 可以防止凝结水对设备的腐蚀

D. 可以防止水击、振动及结冻胀裂管道

45. 疏水器安装时，正确的是（　　）。

A. 应安装在便于检修的地方

B. 可以安装在管道的最高处

C. 疏水器的进出口位置应保持水平，不可倾斜安装

D. 疏水器安装时无方向性

46. 关于弹簧管压力表的安装要求，下面说法中正确的是（　　）。

A. 无铅封者不能安装

B. 安装在垂直管上的压力表，宜选用 U 形表弯

C. 安装在水平管段上的压力表，应选用圆形表弯

D. 应安装在三通、弯头、异径管等附近

47. 下列管道中在交付使用前要进行冲洗或消毒的是（　　）。

A. 排水管道　　B. 热水管道　　C. 蒸汽管道　　D. 给水管道

48. 排水管道在灌水试验时，灌水高度及水面位置控制应为：
（　　）。

A. 盥洗面盆类、洗涤盆、浴盆灌水量放水至溢水处

B. 蹲式大便器灌水量到水面高于大便器边沿 5mm 处

C. 地漏漏水至水面距地表面 5mm 以上，地漏边缘不得渗水

D. 大小便冲洗池灌水量不少于槽（池）深的 1/2

49. 管道涂漆防腐时，面漆中使用的清漆主要有（　　）。

A. 脂酸清漆　　　　　　　　　B. 酚醛清漆

C. 醇酸清漆　　　　　　　　　D. 环氧树脂漆

50. 涂料防腐时，涂料的选用原则是（　　）。

A. 考虑施工条件的可能性原则

B. 考虑经济上的效益原则

C. 考虑各种涂料的正确配用原则

D. 考虑美观性的装饰作用原则

51. 公称直径又称为（　　）。

A. 名义直径　　B. 外径　　　　C. 内径　　　　D. 公称通径

52. 下列管道中属于低压流体输送用的焊接钢管的是（　　）。

A. 黑铁管　　　　　　　　　　B. 白铁管

C. 无缝钢管　　　　　　　　　D. 不锈钢管

53. 塑料管道的规格是：（　　）。

A. 外径　　　　B. 内径　　　　C. 公称直径　　D. 公称通径

54. 焊接管道常用的连接形式有（　　）。

A. 法兰连接　　　　　　　　　B. 螺纹连接

C. 焊接　　　　　　　　　　　D. 承插连接

55. 无缝钢管常用的连接方法有（　　）。

A. 承插连接　　　　　　　　　B. 焊接

C. 螺纹连接   D. 法兰连接

56. 铸铁给水管道常用的连接方法有（　　）。

A. 承插连接   B. 焊接

C. 法兰连接   D. 螺纹连接

57. 下列管件中，能够实现变径的有（　　）。

A. 弯头   B. 补心   C. 异径管   D. 异径三通

58. 下列管件中，能够实现变向的有（　　）。

A. 弯头   B. 三通   C. 四通   D. 异径管

59. 关于螺纹连接的填料，正确的说法是（　　）。

A. 螺纹处加填充材料是为了增加管螺纹接口的严密性

B. 为了维修时的方便

C. 管子输送介质温度在 120℃ 以内时，可使用油麻丝和铅油做填料

D. 当输送介质温度在 –180～250℃ 时，也可用聚四氟乙烯生料带

60. 螺纹联接中管钳的正确使用是（　　）。

A. 拧紧螺纹时，应选用适宜的管钳

B. 不准用套管加长钳把进行操作

C. 使用管钳时要右手扶稳管钳的头部，左手压钳把

D. 不允许因拧过头而用倒拧的方法找正

61. 螺纹联接中，填料的正确操作是（　　）。

A. 麻和生料带应按顺时针方向从管头往里缠绕

B. 麻和生料带应按逆时针方向从管头往里缠绕

C. 要求螺纹接口端部洁净，在管螺纹根部应有外露螺纹

D. 不管那种填料在连接中只能使用一次，若螺纹拆卸，应重新更换

62. 坡口的对口中，不正确的要求是（　　）。

A. 管子对口应尽量做到外壁平齐

B. 管子对口应尽量做到内壁平齐

C. 内壁错边量应符合：等厚对接焊缝不应超过管壁厚度的 10%，且不大于 1mm

D. 内壁错边量应符合：不等厚对接焊缝不应超过厚壁管管壁厚度的20%，且不大于2mm

63. 管道焊接连接，焊缝的位置应是（　　）。

A. 钢板卷管同一筒节上两相邻纵缝之间的距离应不小于300mm

B. 焊缝中心线距管子弯曲起点不应小于管子外径且不小于100mm

C. 焊缝与支吊架边缘的距离不应小于50mm

D. 公称通径小于150mm时，管道两相邻对接坡口中心线间的距离应小于管子外径

64. 平焊钢法兰用的法兰盘通常是用（　　）和号钢加工的。

A. Q235　　　　B. Q255　　　　C. 20　　　　D. 45

65. 法兰联接时，法兰垫圈的选择正确的是：（　　）。

A. 一般水暖管道、中低压工业管道采用硬垫圈

B. 高温高压和化工管道上多采用硬垫圈

C. 一般水暖管道、中低压工业管道采用软垫圈

D. 高温高压和化工管道上多采用硬垫圈

66. 镀锌钢管常用的切断方法是（　　）。

A. 锯削　　　　B. 刀割　　　　C. 磨削　　　　D. 錾切

67. 管道除锈的方法有（　　）。

A. 人工除锈　　　　　　　　B. 机械除锈

C. 喷砂除锈　　　　　　　　D. 酸洗除锈

68. 支架按用途分为（　　）。

A. 活动支架　　B. 固定支架　　C. 导向支架　　D. 吊架

69. 下面各项中属于固定支架的有（　　）。

A. 滚珠支架　　　　　　　　B. 卡环式固定支架

C. 挡板式固定支架　　　　　　D. 立管卡子及托钩

70. 活动支架的定位原则是（　　）。

A. 墙不作架　　　　　　　　B. 托稳转角

C. 中间等分　　　　　　　　D. 不超最大

71. 支托架的安装方法有（　　）。

A. 膨胀螺栓固定安装　　　　　　B. 埋墙安装

C. 抱柱安装　　　　　　　　D. 预埋铁件安装

72. 吊架在安装时应注意（　　　）。

A. 无热位移的管道，其吊杆应垂直安装

B. 无热位移的管道，其吊杆应倾斜安装

C. 有热位移的管道，吊杆应在热位移相反方向，按 1/2 伸长量偏斜安装

D. 有热位移的管道，吊杆应在热位移相同方向，按 1/2 伸长量偏斜安装

73. 室内给水管道的布置方式有（　　　）。

A. 下行上给式　　　　　　　B. 上行下给式

C. 中行分给式　　　　　　　D. 环状式

74. 给水管道布置时，应该注意的有（　　　）。

A. 力求长度最短，尽可能呈直线走向

B. 一般与墙、梁、柱平行布置

C. 埋地给水管道应避免布置在可能被重物压坏或设备振动处

D. 管道不得穿过生产设备基础。

75. 关于给水管道干管安装的要求，下列说法中正确的是（　　　）。

A. 明装管道的，沿墙敷设时，管外皮与墙面净距一般为 30 ~ 50mm

B. 暗装管道的干管宜有 0.002 ~ 0.003 的坡度坡向泄水装置

C. 明装管道的，沿墙敷设时，管外皮与墙面净距一般为 300 ~ 500mm

D. 暗装管道的干管宜有 0.02 ~ 0.03 的坡度坡向泄水装置

76. 给水管道不宜穿过建筑物的伸缩缝、沉降缝，当管道必须穿过时需采取必要的技术措施，如（　　　）。

A. 安装伸缩节　　　　　　　B. 预先设置套管

C. 利用螺纹扣弯头短管　　　D. 安装一段橡胶软管

77. 水表的选择原则正确的是（　　　）。

A. 公称通径小于或等于 50mm 时，应采用旋翼式水表

B. 公称通径小于或等于 50mm 时，应采用螺翼式水表

293

C. 公称通径大于50mm时，采用螺翼式水表

D. 在干式和湿式水表中应优先选用湿式水表。

78. 关于水表的安装，下列说法中正确的是（　　）。

A. 水表前后均应设置阀门

B. 只在水表前设置阀门

C. 水表的前后应安装补心或活接头

D. 水表安装时有方向性，应注意其安装方向

79. 对卫生器具布置的最小间距的要求有（　　）。

A. 大便器至对面墙壁的最小净距应不小于460mm

B. 大便器与洗脸盆并列，从大便器的中心至洗脸盆的边缘应不小于350mm

C. 洗脸盆距镜子底部的距离为200mm

D. 洗脸盆设在大便器对面，两者净距不小于760mm

80. 关于自然循环热水系统的叙述，错误的是（　　）。

A. 又称为重力循环热水采暖系统

B. 又称为机械循环热水采暖系统

C. 是依靠水温不同而形成的容积差，来推动水在系统中循环的

D. 是依靠机械力来推动水在系统中循环的

81. 采暖系统管路布置原则是（　　）。

A. 管线走向要简捷，节省管材并减小阻力

B. 便于调节热水流量和平衡压力

C. 有利于排除系统中的空气；有利于泄水

D. 有利于吸收热伸缩；保证系统安全正常的运行

82. 采暖干管安装时，正确的安装是（　　）。

A. 应具有一定的坡度，通常为0.003，不得小于0.002

B. 当干管与膨胀水箱连接时，干管应向膨胀水箱做成向上的坡度

C. 当干管与膨胀水箱连接时，干管应向膨胀水箱做成向下的坡度

D. 通常干管坡向末端装置。干管的高位点设排气装置；低位点设泄水装置

83. 采暖干管和支管在变径时，正确的选择是（　　）。

A. 供、回水干管取管顶平的偏心异径管

B. 供气干管取管底平的偏心异径管

C. 凝结水干管取同心变径接管

D. 异径管的选用与介质无关

84. 采暖立管明装，布置在外墙墙角及窗间墙处。立管的管卡选择是（　　）。

A. 当层高小于或等于 5m 时，每层须安 1 个

B. 管卡距地面 1.5～1.8m

C. 层高大于 5m 时，每层不少于 2 个

D. 两管卡须匀称安装

85. 采暖管道穿过墙壁和楼板时，要加装套管（　　）。

A. 一般房间采用镀锌铁皮套管

B. 厨房和卫生间应用钢套管

C. 一般房间采用钢套管

D. 厨房和卫生间应用铁皮套管

86. 套管直径大小选择原则是（　　）。

A. 当导管直径小于或等于 65mm 时，套管直径比导管直径大两号

B. 当导管直径小于或等于 65mm 时，套管直径比导管直径小两号

C. 当套管直径小于或等于 80mm 时，套管直径比导管直径大一号

D. 当套管直径小于或等于 80mm 时，套管直径比导管直径大两号

87. 片式散热器组对数量，一般要求是（　　）。

A. 细柱形散热器（每片长度 50～60mm）25 片

B. 粗柱形散热器（每片长度 82mm）20 片

C. 长翼形散热器（大 60 每片长度 280mm）6 片

D. 其他片式散热器每组的连接长度不宜超过 1.6m

88. 洗脸盆的水管安装中，冷热水管的安装位置是（　　）。

A. 冷水竖管在右边，热水竖管在左边

B. 冷水竖管在左边，热水竖管在右边

C. 冷水竖管在上边，热水竖管在下边

D. 冷水竖管在下边，热水竖管在上边

89. 沿程阻力和局部阻力大小都与（　　）有关。

A. 流速　　　　　　　　B. 运动状态

C. 附件的多少　　　　　　　D. 管道的长短

90. 给水铸铁管用于重力流排水管道，不能采用的连接方式为（　　）。

A. 承插　　　　B. 螺纹　　　　C. 法兰　　　　D. 焊接

91. 下列阀门中属于自动阀门的有（　　）。

A. 单向阀　　　　B. 闸阀　　　　C. 截止阀　　　　D. 减压阀

92. 关于压力表的安装要求，符合规定的有（　　）。

A. 压力表应有铅封

B. 介质温度高时，应设表弯管

C. 表盘大小与安装高度无关

D. 应垂直安装

93. 下列管道中输送的介质是有压流的是（　　）。

A. 给水管　　　　　　　　　B. 排水管

C. 煤气管　　　　　　　　　D. 采暖管

94. 疏水阀组安装时，应该注意的事项有（　　）。

A. 尽可能靠近热设备或冷凝水排出口

B. 尽可能远离热设备或冷凝水排出口

C. 安装时应注意其方向性

D. 安装时可以不注意方向性

95. 散热器支管的坡度不能装反，以免形成（　　），影响采暖介质的流动。

A. 供水支管内形成"气囊"

B. 供水支管内形成"水袋"

C. 回水支管内形成"气囊"

D. 回水支管内形成"水袋"

96. 热水采暖系统局部散热器不热的产生原因是（　　）。

A. 管内被污物堵塞

B. 进水管坡度错误

C. 阀门开关失灵

D. 管道接法不佳，如 T 形三通，造成水流不畅

97. 排水管道堵塞的原因有（　　）。

A. 管道敷设坡度太小或有倒坡现象

B. 水中杂质在管内沉淀下来

C. 排水量过大

D. 卫生器具没装存水弯

98. 室内给水管道的支撑可用（   ）。

A. 钩钉　　　　B. 管卡　　　　C. 吊环　　　　D. 托架

99. 用水器具下水口连接的排水横管道最容易堵塞，不得使用（   ）。

A. 正三通　　　　　　　　B. 羊角三通

C. 正四通　　　　　　　　D. 支管带有弯度的四通

100. 给水引入管的安装，正确的方法是（   ）。

A. 有不小于0.003的坡度坡向室内

B. 引入管上应装设控制阀门

C. 有不小于0.003的坡度坡向室外

D. 引入管上应装设单向阀

技能要求试题

一、疏水阀组的安装

1. 考件图样（图 1）

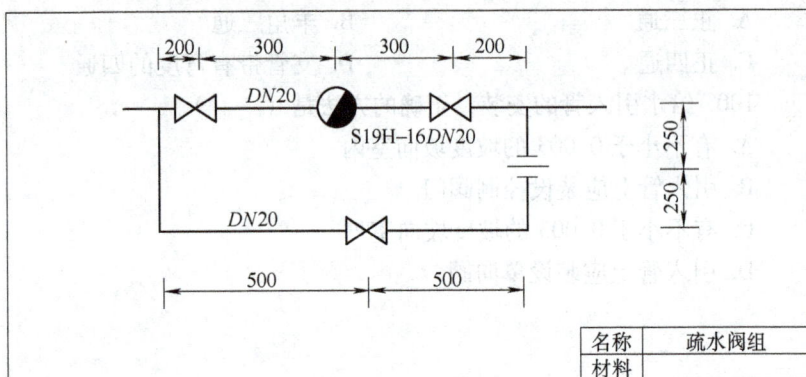

图 1　疏水阀组

2. 准备要求

1）场地的准备。

2）管材的准备和管件及疏水阀件的准备。

3）工具的准备。

3. 考核内容

（1）考核要求

1）管子切断。

2）管子套螺纹。

3）管件的选择。

4）阀组的安装。

（2）时间定额　根据试件和大纲要求　本次考核时间总工时 120min，准备工时 20min，加工工时 100min。

（3）安全文明生产

1）正确执行安全技术操作规程。

2）按企业有关文明生产的规定，做到工作地整洁，工件、工具摆放整齐。

4. 配分、评分标准（表1）

表1　疏水阀组安装的评分表

序号	考核项目	考核内容	配分	评分标准	考核记录	扣分	得分
1	疏水器安装	1. 疏水器安装应水平 2. 方向应正确 3. 疏水阀前后设截止阀，间距为300mm，允许偏差为2mm 4. 疏水器安装密封性要好	10 10 10 10	1. 不水平不得分 2. 方向不正确不得分 3. 超过允许偏差扣1~10分 4. 密封不好不得分			
2	管道安装	1. 安装尺寸要保证允许偏差为2mm 2. 管道连接严密 3. 管道表面整洁	10 5 5	1. 超过允许偏差每处扣2分，最多扣10分 2. 连接不严密不得分 3. 不整洁不得分			
3	管道附件安装	1. 截止阀安装方向正确 2. 阀门安装严密 3. 活接头方向正确 4. 活接头尺寸要准确	5 5 5 5	1. 方向不正确不得分 2. 阀门不严密不得分 3. 方向不正确不得分 4. 尺寸不准确不得分			
4	材料选用	1. 管材选用合理 2. 密封材料选用合理	5 5	1. 选用不合理不得分 2. 选用不合理不得分			
5	安全文明生产	遵守安全操作规程，正确使用工、机具、操作现场整洁	6	按达到规定的标准程度评定，一项不符合要求扣2分			
		安全用电，防火，无人身和设备事故	4	因违规操作发生重大人身或设备事故，此题按0分计			
6	分数合计		100				

二、管道组件的连接

1. 考件图样（图2）

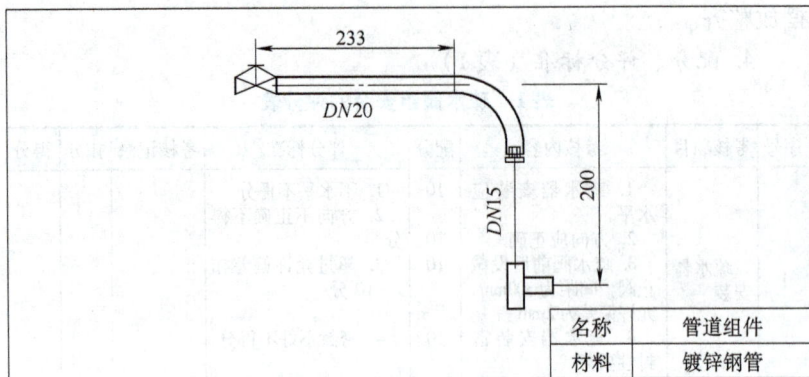

图 2　管道组件的连接

2. 准备要求

1）管材的准备和工具的准备。

2）场地的准备。

3. 考核内容

（1）考核要求

1）管子下料。

2）管子切断。

3）管子套螺蚊。

4）管子的连接。

5）部件的安装。

6）外观检查。

（2）时间定额　根据试件和大纲要求　本次考核时间总工时90min，准备工时10min，加工工时80min。

（3）安全文明生产

1）正确执行安全技术操作规程。

2）按企业有关文明生产的规定，做到工作地整洁，工件、工具摆放整齐。

三、管子的法兰联接

1. 考件图样（图 3）

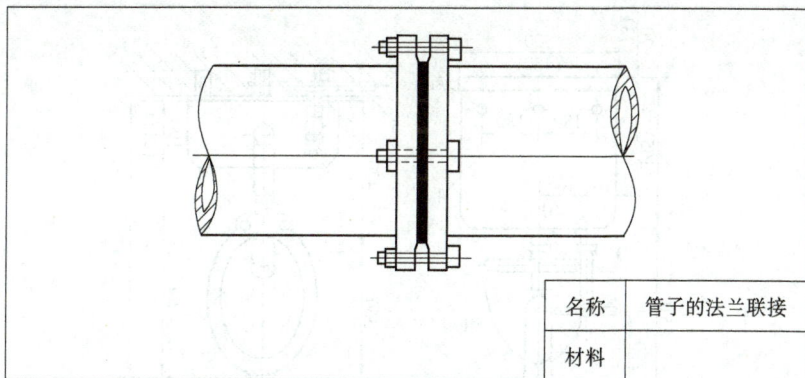

名称	管子的法兰联接
材料	

图 3　管子的法兰联接

2. 准备要求

1）场地的准备。

2）管材的准备和法兰组件的准备。

3）工具的准备。

3. 考核内容

（1）考核要求

1）法兰组对。

2）垫圈和螺栓的选择。

3）螺栓的拧紧联接。

4）法兰连接的质量评定。

5）密封性能检查。

（2）时间定额　根据试件和大纲要求　本次考核时间总工时 100min，准备工时 20min，加工工时 80min。

（3）安全文明生产

1）正确执行安全技术操作规程。

2）按企业有关文明生产的规定，做到工作地整洁，工件、工具摆放整齐。

四、坐式大便器的安装

1. 考件图样（图4）

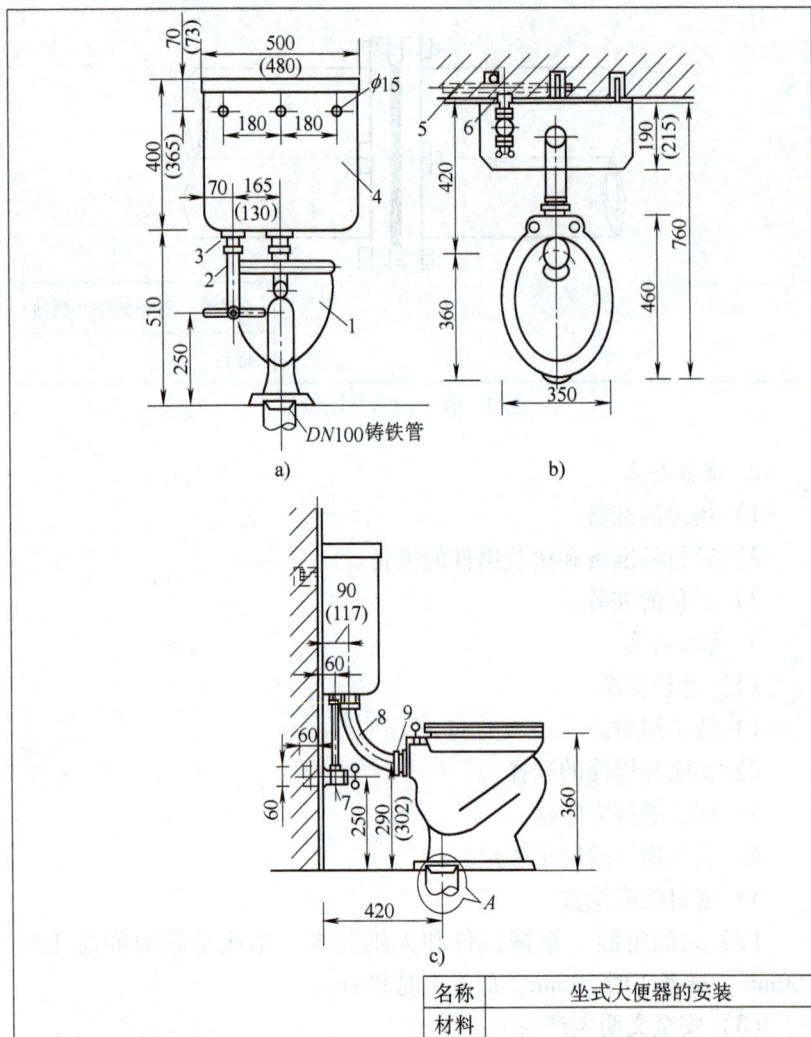

图 4　坐式大便器的安装

1—坐式大便器　2—水箱进水管　3—浮球阀 *DN*15mm　4—低水箱　5—给水管

6—三通　7—角阀 *DN*15mm　8—冲洗管及配件 *DN*50mm　9—锁紧螺母 *DN*50mm

2. 准备要求

1) 场地的准备。

2) 卫生器具的准备和管件的准备。

3) 工具的准备。

3. 考核内容

(1) 考核要求

1) 底座的设置。

2) 给水管道安装。

3) 水箱安装。

4) 大便器安装。

5) 冲洗管及配件安装。

6) 坐便器与排水管连接。

(2) 时间定额 根据试件和大纲要求 本次考核时间总工时240min，准备工时40min，加工工时200min。

(3) 安全文明生产

1) 正确执行安全技术操作规程。

2) 按企业有关文明生产的规定，做到工作地整洁，工件、工具摆放整齐。

五、水表的安装

1. 考件图样（图5）

2. 准备要求

1) 场地的准备。

2) 水表的选择和附件的准备。

3) 工具的准备。

3. 考核内容。

(1) 考核要求。

1) 水表附件的选择。

2) 水表的安装。

3) 附件的安装。

4) 安装位置与尺寸。

303

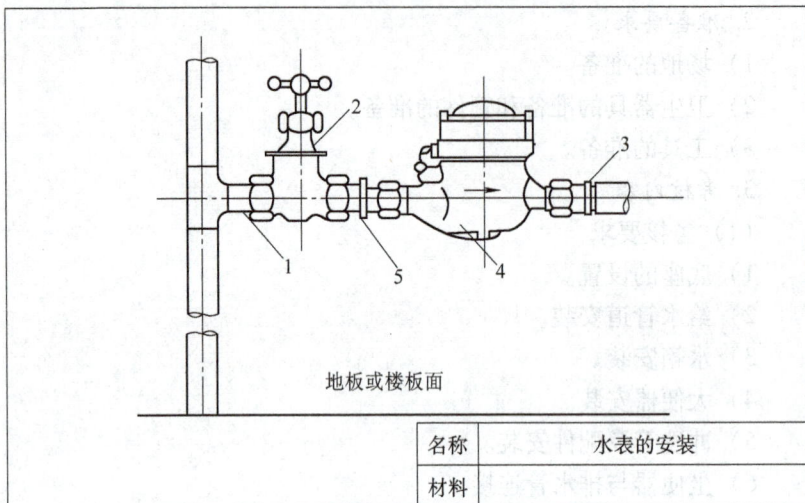

名称	水表的安装
材料	

图 5　水表的安装

1—短管　2—阀门　3、5—补心　4—水表

（2）时间定额　根据试件和大纲要求本次考核时间总工时 120min，准备工时 20min，加工工时 100min。

（3）安全文明生产

1）正确执行安全技术操作规程。

2）按企业有关文明生产的规定，做到工作地整洁，工件、工具摆放整齐。

六、散热器的组对

1. 考件图样（图 6）

2. 准备要求

1）场地的准备。

2）散热器组件的准备。

3）工具的准备。

3. 考核内容

（1）考核要求

1）散热器组件数量的选择。

2）散热器的组对。

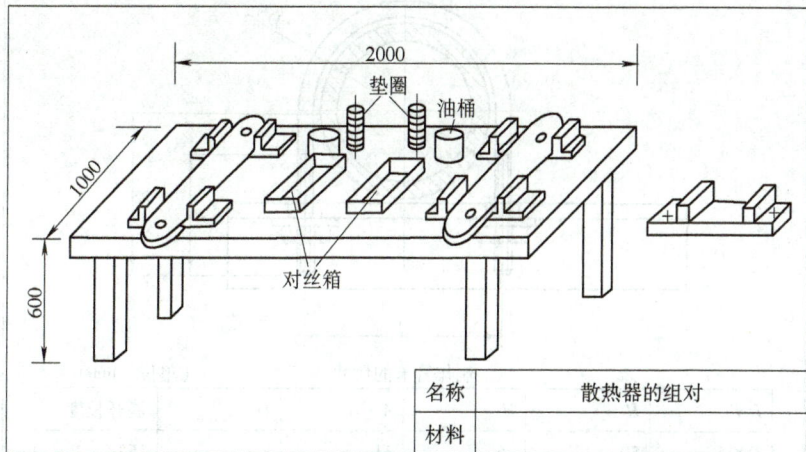

名称	散热器的组对
材料	

图 6　散热器的组对

3）散热器组对工具的正确使用。

（2）时间定额　根据试件和大纲要求　本次考核时间总工时 180min，准备工时 40min，加工工时 140min。

（3）安全文明生产

1）正确执行安全技术操作规程。

2）按企业有关文明生产的规定，做到工作地整洁，工件、工具摆放整齐。

七、单管管卡的制作

1. 考件图样（图 7）

2. 准备要求

1）场地的准备。

2）材料的准备。

3）工具的准备。

3. 考核内容

（1）考核要求

1）圆钢的选择与下料。

2）圆钢铰螺纹操作。

305

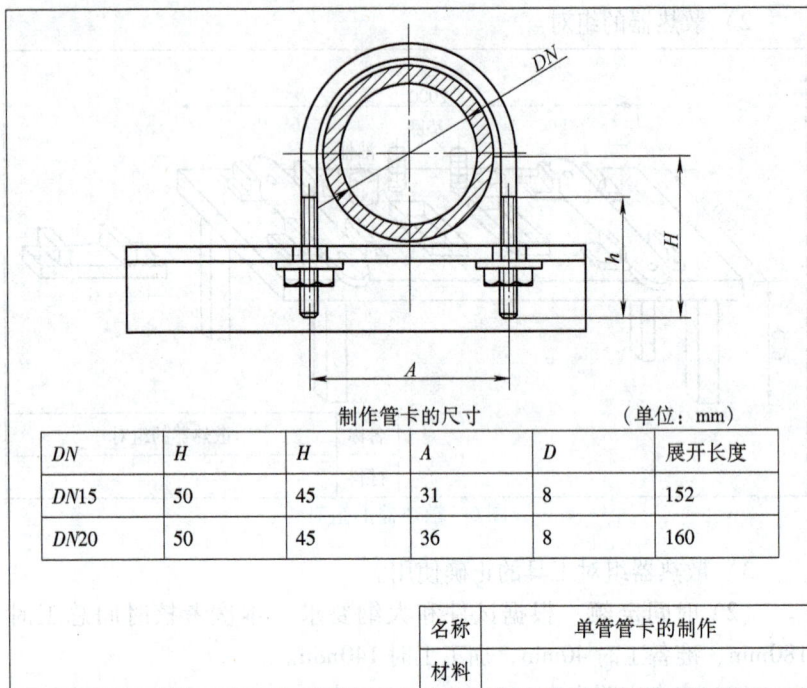

制作管卡的尺寸　　　　　　　（单位：mm）

DN	H	H	A	D	展开长度
DN15	50	45	31	8	152
DN20	50	45	36	8	160

名称	单管管卡的制作
材料	

图7　单管管卡的制作

3）管卡的制作。

4）单管管卡制作的要求。

（2）时间定额　根据试件和大纲要求　本次考核时间总工时120min，准备工时30min，加工工时90min。

（3）安全文明生产

1）正确执行安全技术操作规程。

2）按企业有关文明生产的规定，做到工作地整洁，工件、工具摆放整齐。

八、洗脸盆的安装

1. 考件图样（图8）

2. 准备要求

1）场地的准备。

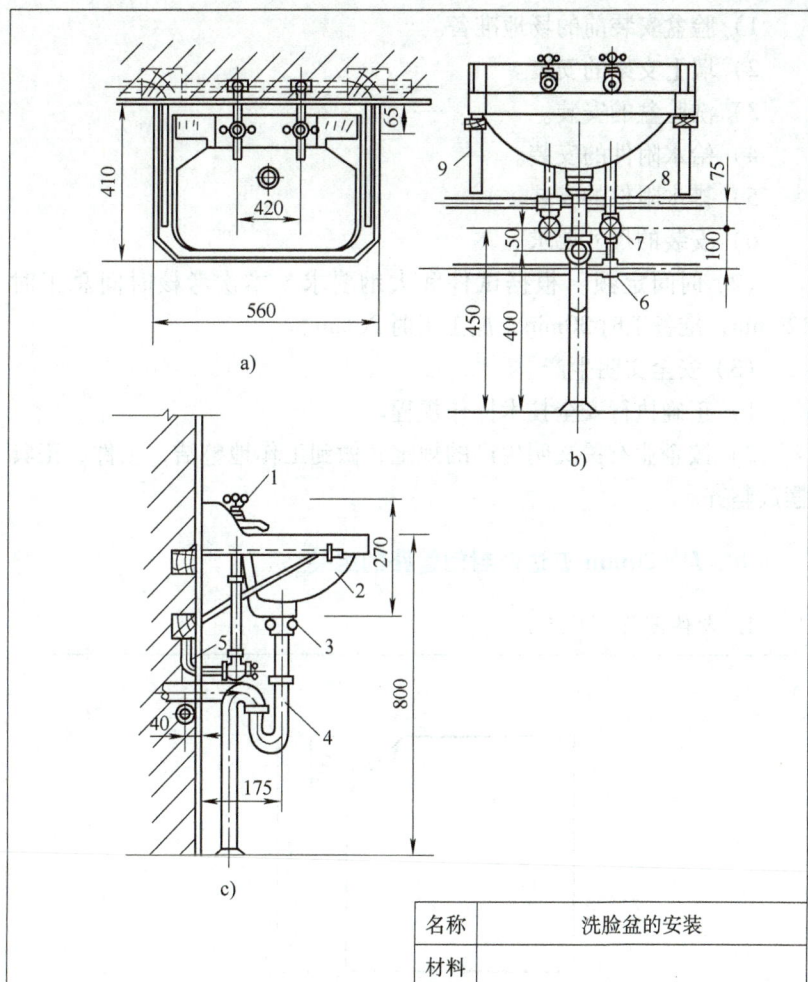

名称	洗脸盆的安装
材料	

图 8　洗脸盆的安装

1—水嘴　2—洗脸盆　3—排水栓　4—存水弯　5—弯头

6—三通　7—角式截止阀及冷水管　8—热水管　9—托架

2）材料的准备。

3）工具的准备。

3. 考核内容

（1）考核要求

1) 脸盆安装前的场地准备。

2) 墙上支架的安装。

3) 洗脸盆的安装。

4) 给水附件的安装。

5) 排水附件的安装。

6) 安装的尺寸要求。

(2) 时间定额　根据试件和大纲要求　本次考核时间总工时 120min，准备工时 30min，加工工时 90min。

(3) 安全文明生产

1) 正确执行安全技术操作规程。

2) 按企业有关文明生产的规定，做到工作地整洁，工件、工具摆放整齐。

九、DN 20mm 五边形封闭管路的组装

1. 考件图样（图 9）

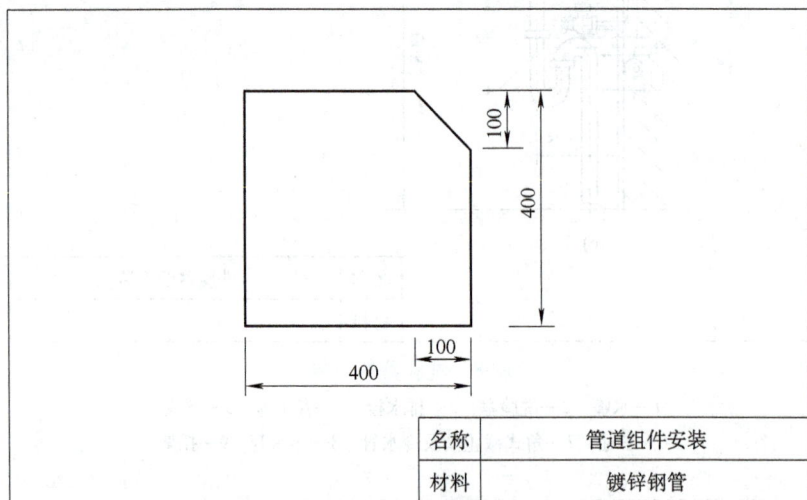

名称	管道组件安装
材料	镀锌钢管

图 9　管路的组装

2. 准备要求

1) 管材的准备和工具的准备。

2）场地的准备。

3. 考核内容

（1）考核要求

1）管子下料。

2）管子切断。

3）管子套螺纹。

4）管子的连接。

5）部件的安装。

6）外观检查。

（2）时间定额　根据试件和大纲要求　本次考核时间总工时90min，准备工时10min，加工工时80min。

（3）安全文明生产

1）正确执行安全技术操作规程。

2）按企业有关文明生产的规定，做到工作地整洁，工件、工具摆放整齐。

十、管式淋浴器的安装

1. 考件图样（图10）

2. 准备要求

1）管材的准备和工具的准备。

2）场地的准备。

3. 考核内容

（1）考核要求

1）管子下料。

2）管子切断。

3）管件阀门的选择。

4）管件淋浴器的安装。

5）安装尺寸的要求。

（2）时间定额　根据试件和大纲要求　本次考核时间总工时100min，准备工时10min，加工工时90min。

（3）安全文明生产

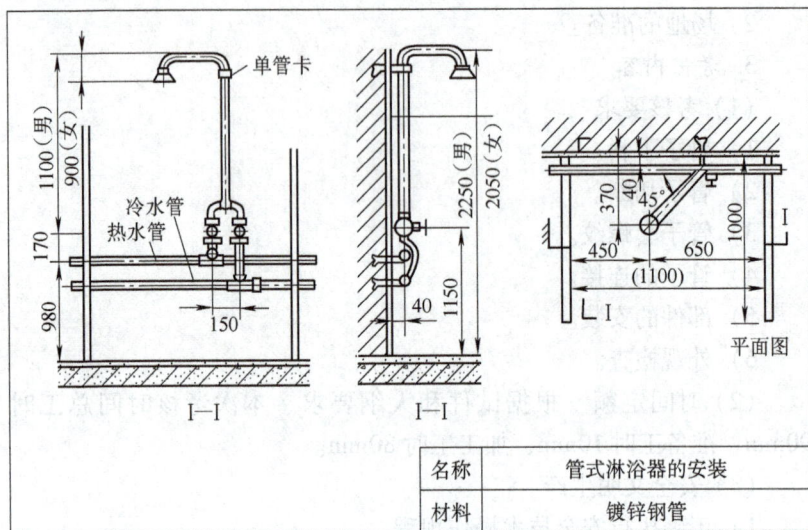

名称	管式淋浴器的安装
材料	镀锌钢管

图10　管式淋浴器的安装

1）正确执行安全技术操作规程。

2）按企业有关文明生产的规定，做到工作地整洁，工件、工具摆放整齐。

模拟试卷样例

一、判断题（对画√，错画×，画错倒扣分，每题1分，共20分）

1. 把管道看成一条线，用单根线条表示管道画出的图称为管道单线图。 （   ）

2. 管道正等测图中，它的3个轴测轴之间的夹角为120°。 （   ）

3. 无缝钢管管径以公称通径×壁厚来表示，如 $DN100 \times 4$。 （   ）

4. 管道坡度用"i"表示，坡向用单面箭头，箭头指向高的一端。 （   ）

5. 压力管道标注标高时，宜标注管中心标高。 （   ）

6. 室内采暖施工图上的采暖立管一般都进行编号，编号写在直径为8~10mm的圆圈内。 （   ）

7. 公称通径等于管子的实际外径，采用国际标准符号 DN 表示。 （   ）

8. 为了增强铸铁管的防腐蚀性能，在管子的外表面往往涂防锈漆。 （   ）

9. 白铁管是由无缝钢管镀锌而成的，主要输送水、煤气等。 （   ）

10. 根据能承受的压力，给水铸铁管可分为低压、中压和高压3个压力级别。 （   ）

11. 单向阀一般适用于清洁介质，对有颗粒和粘度较大的介质不适用。 （   ）

12. 管道敷设顺序一般是先装地上，后装地下，先装小管，后装大管。 （   ）

13. 拌好的自应力水泥砂浆应在 2h 内用完。 （　　）

14. 给水系统中使用的阀门，在一般情况下，管径大于 50mm 时采用截止阀。 （　　）

15. 冷、热水立管平行安装时，热水立管应装设在冷水立管的右侧。 （　　）

16. 排水横管坡度应符合设计要求，一般不得小于最小坡度，但也不宜大于 0.15。 （　　）

17. 住宅室内排水塑料管伸缩节的安装高度一般为距地坪 2.0m。 （　　）

18. 室内排水排出管穿越承重墙或基础时应预留孔洞，上部净空一般不小于 0.15m。 （　　）

19. 供热管道有热胀冷缩现象，故应在适当部位采取各种补偿措施 （　　）

20. 管道涂漆施工一般应在试压前进行。 （　　）

二、选择题（将正确答案的序号写在每题的括号内，每题 1 分，共 80 分)

（一）单选题

1. 根据国家标准规定，热水管的规定代号为（　　）。

A. R B. S C. X D. H

2. 在一般图样中，标高值宜注写到小数点后（　　）位。

A. 1 B. 2 C. 3 D. 4

3. 1MPa 等于（　　）Pa。

A. 10 B. 10^2 C. 10^3 D. 10^6

4. DN100 管子的（　　）为 100mm。

A. 外径 B. 内径 C. 公称通径 D. 平均内径

5. 某管段长 30m，坡度为 0.003，高端的标高为 2.000m，则低端的标高为（　　）m。

A. 1.100 B. 1.910 C. 1.997 D. 1.700

6. 低压流体输送钢管（普通钢管）能承受（　　）压力。

A. 1MPa B. 2MPa C. 3MPa D. 10MPa

7. 聚四氟乙烯生料带用作（　　）连接的管道的密封材料。

A. 螺纹　　　　B. 法兰　　　C. 承插　　　　D. 焊接

8. 阀门型号中，用一位阿拉伯数字表示阀门连接形式，例如法兰联接代号为（　　）。

A. 1　　　　　B. 2　　　　　C. 3　　　　　D. 4

9. Z44T-10 型阀门，其公称压力为（　　）MPa。

A. 0.001　　　B. 0.1　　　　C. 1　　　　　D. 10

10. 焊接连接的管道，管壁厚度（　　）mm 的管子须进行坡口后方可焊接。

A. ≥1.5　　　B. ≥2.5　　　C. ≥3.5　　　D. ≥4.5

11. 直线管道连接时，两相邻的环形焊缝间距应大于管径，并不得小于（　　）mm。

A. 50　　　　 B. 80　　　　 C. 100　　　　D. 150

12. 管螺纹加工完后，断螺纹或缺螺纹不得超过螺纹全螺纹数的（　　）。

A. 5%　　　　B. 10%　　　C. 15%　　　　D. 20%

13. 设计无规定时，室内给水系统试验压力不小于（　　）Pa。

A. 0.5　　　　B. 0.6　　　　C. 0.8　　　　D. 1.0

14. 室内给水立管管卡安装时，在楼层不超过（　　）m 时，每层须安装一个。

A. 2.8　　　　B. 3　　　　　C. 4　　　　　D. 5

15. 给水横支管明装时，当横支管管径≤32mm 时，管子外壁距墙尺寸为（　　）mm。

A. 15　　　　 B. 20～25　　C. 25～30　　D. 50

16. 给水引入管安装时应有一定坡度，坡度不应小于（　　），坡向室外管道或坡向阀门井、水表井。

A. 0.002　　　B. 0.003　　　C. 0.005　　　D. 0.15

17. 室内消火栓栓口中心距地面高度为（　　）m。

A. 1.0　　　　B. 1.1　　　　C. 1.2　　　　D. 1.3

18. 在室内排水立管上应每隔两层设置检查口，但两检查口间距不得大于（　　）m。

A. 5　　　　　B. 10　　　　　C. 15　　　　　D. 20

19. 地漏应安装在地面最低处，其算子顶面应低于设置处地面（　　）mm。

A. 20　　　　　B. 10　　　　　C. 5　　　　　D. 2

20. 洗脸盆安装高度（自地面至器具上边缘）为（　　）mm。

A. 800　　　　B. 1000　　　　C. 1100　　　　D. 1200

21. 如无设计要求，热水采暖和热水供应管道及汽水同向流动的蒸汽和凝结水管道，其坡度一般为：（　　）。

A. 0.003　　　　　　　　　B. 0.005

C. 0.002～0.005　　　　　D. ≮0.005

22. 采暖系统作水压试验，在5min内压力降低不大于（　　）MPa为合格。

A. 0.01　　　　B. 0.02　　　　C. 0.03　　　　D. 0.05

23. 管道系统的水压试验应在环境温度（　　）以上进行，当气温低于0℃时，应采取防冻措施。

A. 0℃　　　　　B. 5℃　　　　C. 10℃　　　　D. 25℃

24. 管道系统水压试验时，系统最高点应装（　　）。

A. 排水阀　　　B. 放气阀　　　C. 单向阀　　　D. 截止阀

25. 管道系统吹洗的顺序一般按（　　）依次进行。

A. 主管、支管、疏排水管

B. 支管、主管、疏排水管

C. 疏排水管、支管、主管

D. 疏排水管、主管、支管

26. 为操作、管理和维修方便，应在不同介质的管道表面涂不同颜色和色环。生活给水管的基本色为（　　）。

A. 黄色　　　　B. 绿色　　　　C. 白色　　　　D. 黑色

27. 管道安装前，对管件内部油垢应使用（　　）

A. 丙酮　　　　B. 煤油　　　　C. 汽油　　　　D. 酒精

28. 聚丙烯管道的（　　）性能较差。

A. 耐热性　　　　　　　　　B. 耐蚀性

C. 热稳定性　　　　　　　　D. 抗拉强度

29. 在工程上，从压力表上读得的压强值即为（　　）。

A. 绝对压强　B. 相对压强　C. 真空压强　D. 静压强

30. 塑料管在仓库堆放时，其库内温度不得高于（　　）。

A. 40℃　　　B. 35℃　　　　C. 30℃　　　　D. 50℃

31. 给排水管道交叉敷设时，管外壁最小允许间距为（　　）m，且给水管在污水管上面。

A. 0.1　　　B. 0.15　　　C. 0.2　　　D. 0.5

32. 在经常有人停留的平屋面上，通气管应高出屋面（　　）m以上，考虑防雷装置。

A. 1.2　　　B. 1.5　　　C. 1.8　　　D. 2.0

33. 考虑到组装方便，柱形铸铁散热器的组装片数不宜超过（　　）片。

A. 10　　　　B. 15　　　　C. 20　　　　D. 25

34. 阀体涂漆颜色为灰色，表示阀体材料为（　　）。

A. 碳素结构钢　　　　　　B. 不锈钢

C. 合金钢　　　　　　　　D. 灰铸铁

35. 下列立管在穿楼板时，（　　）必须加装套管。

A. 消防管　　B. 排水管　　C. 采暖管　　D. 给水管

36. 一公称通径为 65mm 的管子，英制尺寸表示为（　　）。

A. 1/2in　　B. 2in　　　C. $1\frac{1}{2}$in　　D. 3in

37. 需要动力操作的阀门是（　　）。

A. 单向阀　　B. 减压阀　　C. 疏水阀　　D. 蝶阀

38. 下列各项中不属于焊接钢管配件的是（　　）。

A. 补心　　　B. 管箍　　　C. 对丝　　　D. 丝堵

39. 单向阀在强度试验中，压力应从（　　）引入，在严密性试验时，压力应从（　　）引入。

A. 进口，出口　　　　　　B. 出口，出口

C. 进口，进口　　　　　　D. 出口，进口

40. 管式淋浴器连接连蓬头的出水横管中心离地平面高度要求，男的是（　　）。

A. 2240mm   B. 2100mm

C. 2200mm   D. 1900mm

（二）多选题

1. 手轮涂漆颜色为红色，表示密封圈材料为（　　　）。

A. 碳素结构钢   B. 青铜

C. 不锈钢   D. 黄铜

2. 管道施工图可分为基本图和详图，详图包括（　　　）。

A. 节点图   B. 大样图   C. 流程图   D. 标准图

3. 管道交叉表示方法是（　　　）。

A. 先投影到的管道全部完整显示

B. 后投影到的管道断开

C. 在单线图中都不用断开

D. 在双线图里用虚线表示

4. 一个标准大气压相当于（　　　）。

A. 760mmHg   B. 0.101MPa

C. 0.098MPa   D. 1.033kgf/cm^2

5. 识读各种管道施工图，一般应遵循的原则是（　　　）。

A. 从整体到局部   B. 从大到小

C. 从粗到细   D. 从支到主

6. 管道敷设顺序一般是（　　　）。

A. 先装地下，后装地上

B. 先装大管道，后装小管道

C. 先装支吊架，后装管道

D. 先装干管，后装支管

7. 关于水表的安装要求，正确的是（　　　）。

A. 水表应安装在查看方便、不受曝晒、不受污染和不易损坏处

B. 引入管上水表宜装在室内

C. 表前后装设阀门

D. 水表应水平安装，水表外壳箭头方向与水流方向须一致

8. 管道试压应先做好的准备工作包括：（　　　）。

A. 准备试压方案   B. 确定检漏方法

C. 准备试压机具　　　　　　D. 安装阀门

9. 管道涂漆施工中，对涂层质量的要求是（　　　）。

A. 涂膜附着牢固　　　　　　B. 涂层均匀无剥落、流挂

C. 涂层完整，无损坏　　　　D. 无漏涂

10. 温标互换中，摄氏度1℃等于（　　　）。

A. −273K　　　B. +274K　　　C. 0°F　　　D. 297/5°F

11. 流体的特性是具有（　　　）。

A. 延伸性　　　B. 膨胀性　　　C. 粘滞性　　　D. 压缩性

12. 管道内流体的阻力与（　　　）有关系。

A. 附件的多少　　　　　　　B. 管径的大小

C. 流体的流速　　　　　　　D. 管路的长度

13. 关于管子台虎钳的使用方法与要求，正确的是（　　　）。

A. 管子台虎钳必须垂直和牢固地固定在工作台上，并不得伸出工作台边缘

B. 装夹脆性或软性的工件时，应用布、铜皮等包裹工件夹持部分

C. 装夹工件时，必须穿上保险销

D. 旋转螺杆时，用力适当，严禁用锤击或加装套管的方法扳紧手柄

14. 关于管钳的使用方法与要求，正确的是：（　　　）。

A. 扳动管子钳的手柄时，可在手柄上加套管

B. 管钳可以拧紧六角头螺栓等带棱工件

C. 不得将管子钳当作撬杠或锤子使用

D. 扳转钳柄要稳，不允许因拧过头而用倒拧的方法进行找正

15. 砂轮切割机的正确使用方法是：（　　　）。

A. 在操作过程中不得松开按钮

B. 操作者的身体不得对准砂轮片

C. 砂轮片可以正反转

D. 松开手柄按钮即可切断电源

16. 有关标高的标注，正确的说法是（　　　）。

A. 管道标高一般以建筑物底层室内地坪面作为正负零

B. 比基准高时作正号（＋）表示，也可以不写正号

C. 比基准低时必须用负号（－）表示

D. 标高一般标注到小数点后一位

17. 规格用公称通径表示的管子有（　　）。

A. 镀锌钢管　　　　　　　　B. 不锈钢管

C. 铸铁管　　　　　　　　　D. 硬聚氯乙烯

18. 给水阀门井的编号顺序，应为（　　）。

A. 从水源到用户

B. 先支管后干管

C. 应从上游到下游

D. 从干管到支管再到用户

19. 排水检查井的编号顺序，应为（　　）。

A. 从水源到用户

B. 先支管后干管

C. 应从上游到下游

D. 从干管到支管再到用户

20. 在识读管道工程施工图时，一般应遵循的原则是（　　）。

A. 从整体到局部

B. 从大管到小管

C. 从主干管到立、支管的原则

D. 顺着流体的流向来看

21. 在阀门型号的表示方法中，阀体材料单元可以省略的有（　　）。

A. 公称压力≥1.6MPa 的灰铸铁阀体

B. 公称压力≥2.5MPa 的碳素结构钢阀体

C. 公称压力≤1.6MPa 的灰铸铁阀体

D. 公称压力≤2.5MPa 的碳素结构钢阀体

22. 下列阀门中在安装时有方向性的有（　　）。

A. 球阀　　　　B. 截止阀　　　C. 减压阀　　　D. 疏水阀

23. 安装法兰阀门时，正确的操作是（　　）。

A. 法兰之间端面要平行

B. 可以使用双垫

C. 紧螺栓时要对称进行

D. 法兰面之间要保持同心度

24. 在蒸汽管道系统中，设置疏水器的作用是（　　）。

A. 可以迅速有效地排除用汽设备和管道中的凝结水

B. 阻止蒸汽漏损和排除空气

C. 可以防止凝结水对设备的腐蚀

D. 可以防止水击、振动及结冻胀裂管道

25. 安装疏水器时，正确的做法是（　　）。

A. 应安装在便于检修的地方

B. 应安装在管道的最高处

C. 疏水器的进出口位置应保持水平，不可倾斜安装

D. 疏水器安装时无方向性

26. 关于弹簧管压力表的安装要求，下面说法中正确的是（　　）。

A. 无铅封者不能安装

B. 安装在垂直管上的压力表，宜选用 U 形表弯

C. 安装在水平管段上的压力表，应选用圆形表弯

D. 应安装在三通、弯头、异径管等附近

27. 排水管道在灌水试验时，灌水高度及水面位置控制应为（　　）。

A. 盥洗面盆类、洗涤盆、浴盆灌水量放水至溢水处

B. 蹲式大便器灌水量到水面高于大便器边沿 5mm 处

C. 地漏漏水至水面距地表面 5mm 以上，地漏边缘不得渗水

D. 大小便冲洗池灌水量不少于槽（池）深的 1/2

28. 涂料防腐时，涂料的选用原则是（　　）。

A. 考虑施工条件的可能性原则

B. 考虑经济上的效益原则

C. 考虑各种涂料的正确配用原则

D. 考虑美观性的装饰作用原则

29. 公称通径又称为（　　）。

A. 名义直径　　B. 外径　　　　C. 内径　　　　D. 公称直径

30. 塑料管道的规格是（　　　）。

A. 外径　　　　B. 内径　　　C. 公称直径　　D. 公称通径

31. 焊接管道常用的连接形式有（　　　）。

A. 法兰联接　　B. 螺纹联接　　C. 焊接　　　　D. 承插连接

32. 下列管件中，能够实现变径的有（　　　）。

A. 弯头　　　　B. 补心　　　　C. 异径管　　　D. 异径三通

33. 管道除锈的方法有（　　　）。

A. 人工除锈　　　　　　　　　B. 机械除锈

C. 喷砂除锈　　　　　　　　　D. 酸洗除锈

34. 活动支架定位原则是（　　　）。

A. 墙不作架　　　　　　　　　B. 托稳转角

C. 中间等分　　　　　　　　　D. 不超最大

35. 给水管道布置时，应该注意（　　　）。

A. 力求长度最短，尽可能呈直线走向

B. 一般与墙、梁、柱平行布置

C. 埋地给水管道应避免布置在可能被重物压坏或设备振动处

D. 管道不得穿过生产设备基础

36. 关于水表的选择原则，正确的是（　　　）。

A. 公称通径小于或等于 50mm 时，应采用旋翼式水表

B. 公称通径小于或等于 50mm 时，应采用螺翼式水表

C. 公称通径大于 50mm 时，采用螺翼式水表

D. 在干式和湿式水表中应优先选用湿式水表

37. 卫生器具布置的最小间距的要求有（　　　）。

A. 大便器至对面墙壁的最小净距应不小于 460mm

B. 大便器与洗脸盆并列，从大便器的中心至洗脸盆的边缘应不
小于 350mm

C. 洗脸盆距镜子底部的距离为 200mm

D. 洗脸盆设在大便器对面，两者净距不小于 760mm

38. 有关于自然循环热水系统的叙述，错误的是（　　　）。

A. 又称为重力循环热水采暖系统

B. 又称为机械循环热水采暖系统

C. 是依靠水温不同而形成的容积差，来推动水在系统中循环的

D. 是依靠机械力来推动水在系统中循环的

39. 采暖干管安装时，正确的安装是（　　）。

A. 应具有一定的坡度，通常为 0.003，不得小于 0.002

B. 当干管与膨胀水箱连接时，干管应向膨胀水箱做成向上的坡度

C. 当干管与膨胀水箱连接时，干管应向膨胀水箱做成向下的坡度

D. 通常干管坡向末端装置。干管的高位点设排气装置；低位点设泄水装置

40. 洗脸盆的水管安装中，冷热水管的安装位置是（　　）。

A. 冷水竖管在右边，热水竖管在左边

B. 冷水竖管在左边，热水竖管在右边

C. 冷水竖管在上边，热水竖管在下边

D. 冷水竖管在下边，热水竖管在上边

答案部分

知识要求试题答案

一、判断题

1 √	2 √	3 √	4 √	5 ×	6 ×	7 √	8 √
9 ×	10 ×	11 √	12 √	13 ×	14 √	15 √	16 √
17 ×	18 ×	19 √	20 ×	21 ×	22 ×	23 ×	24 √
25 ×	26 √	27 ×	28 √	29 ×	30 √	31 ×	32 √
33 √	34 √	35 ×	36 √	37 ×	38 √	39 ×	40 ×
41 ×	42 √	43 √	44 √	45 √	46 ×	47 √	48 √
49 ×	50 √	51 ×	52 √	53 √	54 √	55 √	56 √
57 ×	58 ×	59 √	60 √	61 ×	62 √	63 ×	64 ×
65 √	66 √	67 ×	68 √	69 √	70 ×	71 √	72 √
73 √	74 √	75 √	76 √	77 √	78 ×	79 √	80 ×
81 √	82 √	83 ×	84 √	85 √	86 √	87 ×	88 √
89 √	90 ×	91 √	92 √	93 ×	94 √	95 √	96 ×
97 √	98 ×	99 ×	100 ×	101 ×	102 √	103 ×	104 ×
105 ×	106 √	107 √	108 ×	109 ×	110 √	111 ×	112 √
113 √	114 √	115 ×	116 √	117 ×	118 √	119 ×	120 ×

二、选择题

（一）单选题

1. A	2. B	3. C	4. A	5. A	6. C	7. C
8. D	9. B	10. C	11. B	12. D	13. D	14. C
15. B	16. B	17. B	18. A	19. C	20. A	21. B
22. C	23. D	24. C	25. B	26. A	27. C	28. B
29. C	30. D	31. B	32. C	33. A	34. A	35. B
36. B	37. B	38. C	39. B	40. B	41. C	42. D
43. B	44. A	45. B	46. D	47. B	48. C	49. C
50. A	51. B	52. C	53. A	54. D	55. B	56. A
57. B	58. B	59. B	60. B	61. B	62. A	63. A
64. B	65. B	66. A	67. A	68. B	69. D	70. B
71. C	72. B	73. B	74. B	75. B	76. D	77. B
78. B	79. A	80. A	81. A	82. B	83. A	84. A
85. B	86. B	87. A	88. C	89. B	90. B	91. D
92. B	93. C	94. A	95. A	96. B	97. C	98. A
99. B	100. B	101. A	102. B	103. A	104. C	105. A
106. B	107. C	108. C	109. D	110. A	111. C	112. B
113. C	114. A	115. C	116. D	117. B	118. A	119. C
120. A						

（二）多选题

1. A B D	2. B D	3. A B D	4. A B D
5. A B C D	6. A B C D	7. A B D	8. A B C D
9. A C D	10. A B C D	11. A B C D	12. B D
13. B C D	14. A D	15. A B C	16. A B C D
17. C D	18. A B D	19. A C D	20. A B C
21. A B C	22. B C D	23. A B C	24. A C D
25. A D	26. B C	27. A D	28. A C D
29. A B C D	30. A C D	31. A C D	32. B C
33. A C	34. A C D	35. A B C D	36. A C D

37. A B C D
38. A B D
39. A B C
40. B C D

41. A C D
42. A B C
43. A B C E
44. A B C D

45. A B C
46. A B C
47. B C D
48. A B C D

49. A B C
50. A B C D
51. A D
52. A B

53. C D
54. A B C
55. B D
56. A C

57. B C D
58. A B C
59. A B C D
60. A B D

61. A C D
62. A D
63. A B C
64. A B C

65. B C
66. A B C
67. A B C D
68. A B

69. B C D
70. A B C D
71. A B C D
72. A C

73. A B C D
74. A B C D
75. A B
76. A C D

77. A C D
78. A C D
79. A B C D
80. A C

81. A B C D
82. A B D
83. A B C
84. A B C D

85. A B C D
86. A C
87. A B C D
88. A D

89. A B
90. B D
91. A D
92. A B D

93. A C D
94. A C
95. A D
96. A B C D

97. A B
98. A B C D
99. B D
100. B C

模拟试卷答案

一、判断题

1. √	2. √	3. ×	4. ×
5. √	6. √	7. ×	8. ×
9. ×	10. √	11. √	12. ×
13. √	14. ×	15. ×	16. √
17. ×	18. √	19. √	20. ×

二、选择题

（一）单选题

1. A	2. C	3. C	4. C
5. B	6. B	7. A	8. D
9. C	10. C	11. C	12. B
13. B	14. D	15. B	16. B
17. B	18. B	19. C	20. A
21. A	22. B	23. B	24. B
25. A	26. B	27. B	28. B
29. B	30. A	31. B	32. D
33. C	34. A	35. C	36. C
37. D	38. C	39. B	40. C

（二）多选题

1. B D	2. A B D	3. A B D	4. A B D
5. A B C	6. A B C D	7. A C D	8. A B C
9. A B C D	10. B D	11. B C D	12. A B C
13. A B C D	14. C D	15. A B D	16. A B C
17. A C D	18. A D	19. B C	20. A D

21. B C   22. B C D   23. A C D   24. A B C D
25. A B C   26. A B C   27. A B C D   28. A B C D
29. A D   30. C D   31. A B C   32. B C D
33. A B C D   34. A B C D   35. A B C D   36. A C D
37. A B C D   38. A C   39. A B D   40. A D

参 考 文 献

1 建设部人事教育司组织编写. 水暖工. 北京：中国建筑工业出版社，2002

2 邢丽贞主编. 市政管道施工技术. 北京：化学工业出版社，2004

3 乐嘉龙主编. 学看给水排水施工图. 北京：中国电力出版社，2002

4 公安部消防局编. 建筑消防设施工程技术. 北京：新华出版社，1998

5 张闻民，王绍民主编. 暖卫与通风工程施工技术，1999

6 中国市政工程西北设计研究院主编. 给水排水设计手册. 北京：中国建筑工业出版社，2002

7 王继明主编. 给水排水管道工程. 北京：清华大学出版社，1993

8 王旭编. 管道施工简明手册. 上海：上海科学技术出版社，1992

9 简明管道工手册编写组编. 简明管道工手册. 第 2 版. 北京：机械工业出版社，1998

10 顾顺符，潘秉勤主编. 管道工程安装手册. 北京：中国建筑工业出版社，1987

11 范郑达谦主编. 给水排水工程施工. 北京：中国建筑工业出版社，1998

12 范瓅初. 给水工程. 北京：中国建筑工业出版社，1999

13 许世昌. 给水排水塑料管道设计施工手册. 北京：中国建筑工业出版社，2003

14 GB 50015—2003 建筑给水排水设计规范. 北京：中国计划出版社，2004

15 张宪吉主编. 管道施工技术. 北京：高等教育出版社，1995

16 管道工. 北京：中国劳动社会保障出版社，2002

17 田会杰编. 水暖工. 北京：中国环境科学出版社，1997

18 尹桦主编. 管工基本技术（修订版）. 北京：金盾出版社，2001

19 李公藩编著. 塑料管道施工. 北京：中国建材出版社，2001

20 段成君等编. 简明给排水工手册. 北京：机械工业出版社，2000

21 赵基兴. 建筑给排水实用新技术. 上海：同济大学出版社，2000

22 给水排水制图标准（GB/T 50106—2001）. 北京：中国计划出版社，2002

读者信息反馈表

为了更好地为您服务，有针对性地为您提供图书信息，方便您选购合适图书，我们希望了解您的需求和对我们教材的意见和建议，愿这小小的表格为我们架起一座沟通的桥梁。

姓　名		所在单位名称		
性　别		所从事工作（或专业）		
通信地址			邮　编	
办公电话		移动电话		
E-mail				
1. 您选择图书时主要考虑的因素（在相应项前画✓） （　）出版社　（　）内容　（　）价格　（　）封面设计　（　）其他 2. 您选择我们图书的途径（在相应项前画✓） （　）书目　（　）书店　（　）网站　（　）朋友推介　（　）其他				
希望我们与您经常保持联系的方式： 　　　　　　□ 电子邮件信息　　□ 定期邮寄书目 　　　　　　□ 通过编辑联络　　□ 定期电话咨询				
您关注（或需要）哪些类图书和教材：				
您对我社图书出版有哪些意见和建议（可从内容、质量、设计、需求等方面谈）：				
您今后是否准备出版相应的教材、图书或专著（请写出出版的专业方向、准备出版的时间、出版社的选择等）：				

非常感谢您能抽出宝贵的时间完成这张调查表的填写并回寄给我们，您的意见和建议一经采纳，我们将有礼品回赠。我们愿以真诚的服务回报您对机械工业出版社技能教育分社的关心和支持。

请联系我们——

地址　北京市西城区百万庄大街 22 号　机械工业出版社技能教育分社

邮编　100037

社长电话　（010）88379080，88379083；68329397（带传真）

E-mail　jnfs@ mail. machineinfo. gov. cn

机械工业出版社网址：http：//www. cmpbook. com

教材网网址：http：//www. cmpedu. com